SV

Band 567 der Bibliothek Suhrkamp

Siegfried Kracauer
Georg

Suhrkamp Verlag

Der Text folgt der Ausgabe von Siegfried Kracauers Schriften, Band 7, Frankfurt am Main 1973.

Erste Auflage 1977

Druck: Nomos Verlagsgesellschaft, Baden-Baden
Printed in Germany

Georg

1

Als Georg vor der Haustür stand, war es genau neun Uhr. »Um neun also«, hatte Frau Heinisch gestern am Telefon gesagt, »ich freue mich sehr.« Aus Angst, daß ein zu pünktliches Erscheinen als ungewandt gelten könnte, läutete Georg nicht, sondern machte kehrt und ging um den Häuserblock herum. Es fröstelte bereits, und überhaupt hätte er den Abend lieber mit Fred verbracht. Aber die Einladung abzulehnen, war nicht gut möglich gewesen, nachdem er einmal seine Empfehlung bei Frau Heinisch abgegeben hatte. Wie ihm jetzt einfiel, erklärte sich die Lautlosigkeit in den Straßen einfach daraus, daß die Trambahnen nicht fuhren. Am Vormittag sollte es einem Extrablatt zufolge zu blutigen Zusammenstößen zwischen den Streikenden und der Polizei gekommen sein. Obwohl auch im Sommer Streiks stattgefunden hatten, verband er doch unwillkürlich mit ihnen die Vorstellung von Kälte. Übrigens erfolgten Straßenkämpfe gewöhnlich in seiner Abwesenheit, ohne daß er sie je mit Vorbedacht mied.

»Das ist wundervoll, daß Sie mir endlich das Vergnügen machen«, empfing ihn Frau Heinisch. Trotz der Ausgedehntheit des Häuserblocks, den er umstrichen hatte, war noch niemand zugegen. Sie lächelte, und Georg lächelte höflich zurück. Ihre Stimme war sanft. »Was sagen Sie zu dem Streik? Die Revolution ist in ein schwieriges Stadium getreten, und wir alle müssen unsere Kräfte aufs äußerste anspannen. Sie treffen es heute abend besonders gut. Wir erwarten nämlich einen Herrn Berg, der aber in Wirklichkeit nicht so heißt. Er wird uns interessante Dinge erzählen . . .« Georg erfuhr, daß es sich um eine bekannte auf der Durchreise befindliche Persönlichkeit handelte, die wegen ihrer Teilnahme an der Münchener Räterevolution steckbrieflich verfolgt wurde. Frau Heinisch verschwieg ihm den Namen. Aus dem Hintergrund blitzte eine Glasvitrine, auf dem Tisch lag ein rotes Buch. Die Besucher, die nach und nach den Salon füllten, gedachten alle bei ihrem Eintritt sofort des Streiks; als kämen sie aus einem Schneegestöber und müßten zunächst die Flokken abschütteln. Georg kannte niemanden von ihnen, während sie sämtlich miteinander verbunden waren. »Er wird bald hier sein«, begrüßte Frau Heinisch jeden neuen Gast. Er war Herr Berg. Manchmal nannte sie ihn nur Berg, woraus zu schließen war, daß es außer dem weiteren Kreis noch einen intimen Zirkel der Eingeweihten gab. Seinen Mittelpunkt bildete ersichtlich Frau Bonnet, eine üppige Dame in Schwarz, deren Anwesenheit Georg befangen machte, weil er sich erinnerte, ihren Namen schon öfter auf den Litfaßsäulen gelesen zu haben. Sie hielt Vortragszyklen über die Revolution und die neue Zeit. Ihre Schwärze rührte weniger von dem Kleid her, als von den Augenbrauen, die sich wie eine Urwaldzone ohne Lichtung über die Nase hinzogen. Als sie zu sprechen begann, schien der ganze Urwald zu flammen, eine solche Helligkeit strömte von ihr aus. Die schwarze Hülle war geschwunden, und ein strahlender Innenraum tat sich auf, dem schöne Melodien entstiegen. Dabei nahm sie eigentlich nur wie andere auch die Arbeiter in Schutz und verurteilte das Vorgehen der Polizei. Aber das waren keine gewöhnlichen Arbeiter mehr, sondern Menschen, deren Inneres gleich dem ihren strahlte, und sogar die Polizei bestand aus irregeleiteten Brüdern und Schwestern. Alle stimmten wie selbstverständlich zu, und Georg folgte äußerlich ihrem Beispiel. Er schämte sich, denn er war noch nie auf den Gedanken gekommen, daß die Menschen im Grunde gut sein könnten. So sehr er sich jetzt bemühte, an ihre Güte zu glauben, es wollte ihm nicht gelingen, und er wurde nur immer trauriger. Ein Mädchen neben ihm starrte fortwährend Frau Bonnet an, über der wieder der Urwald zusammengewachsen war. Das Mädchen trug ein buntes Gewand und machte große Augen, die vor Ergriffenheit glühten. Wahrscheinlich brannte es inwendig, sein Gesicht war so bleich. »Die Sache mit Tschudi ist nachgerade ein Skandal«, sagte ein Herr, der hinter einer Stuhllehne stand. Frau Heinisch befand sich auf einmal bei Georg und flüsterte ihm zu, daß der Herr der Mann von Frau Bonnet sei und seinen Künstlerberuf seit langem vernachlässige, um, wie seine Frau, für die Verwirklichung des Sozialismus zu kämpfen. »Die Menschen sind heute wundervoll aufgeschlossen.« Da Georg sich keine Blöße geben wollte, blieb er lieber zugeschlossen und vermied, sich bei ihr zu erkundigen, was es mit Tschudi für eine Bewandtnis habe. Sie erhob sich schon wieder. Daß Herr Bonnet sich über Tschudi entrüstete, war gar nicht so leicht zu erraten. Sein gelangweilter Tonfall erweckte vielmehr den Eindruck, als ob ihm Tschudi völlig gleichgültig sei, und wenn er Schweinerei sagte, klang es wie ein einziges Gähnen. »Danke sehr«, erwiderte Georg, froh, einmal sprechen zu dürfen, und erbat sich zwei Stück Zucker zum Tee. Durch das viele Gähnen war offenbar Herr Bonnet im Lauf der Jahre immer mehr ausgereckt worden; wie ein feiner Haarstrich wehte er hin und her, und seine Frau hätte ihn mühelos in schwarze Tücher wickeln und forttragen können. Leider wurden nur ein paar Keks gereicht, die von Tschudi nicht abzulenken vermochten. Die ganze Gesellschaft vernahm mit Genugtuung, daß er in einem Artikel des heutigen »Morgenboten« an den Pranger gestellt worden war. Referendar Dr. Wolff, der den Artikel erwähnte, kannte ihn fast auswendig, und Georg beschloß bei sich, die Zeitung gleich morgen früh nachzulesen. Frau Heinisch sah unruhig nach der Uhr. Sie sprachen vom »Morgenboten«, wann kam endlich Herr Berg. Die Zeitung hatte sich aus einem kleinen Lokalblatt entwickelt, das unmittelbar nach Kriegsende von linksradikaler bürgerlicher Seite angekauft worden war. In den seither verstrichenen knappen zwei

Jahren habe sie einen außerordentlichen politischen Einfluß gewonnen. Ihre Haltung sei sozialistisch; nicht ganz sozialistisch – sie stritten sich über die Haltung. Einige der Anwesenden, die mit Dr. Petri, dem Besitzer des »Morgenboten«, anscheinend befreundet waren, rühmten seine Gesinnung. Bei dem Wort Gesinnung schlug eine lodernde Flamme aus Frau Bonnet. »Hoffentlich hat uns Berg nicht vergessen«, fuhr Fräulein Samuel los, »ich wollte ihn für unsere Protestversammlung morgen keilen. Wir werden eine kräftige Resolution abschließen, und Berg muß unbedingt reden.« Das Ansinnen brachte Frau Heinisch auf. »Unmöglich. Er hat mir in der Frühe erst erklärt, daß er sich vorläufig unter keinen Umständen in der Öffentlichkeit zeigen werde . . .« Sie gebärdete sich, als sei Berg ein geheimer Schatz, zu dessen persönlicher Hüterin sie bestellt war. Niemand durfte ihn sehen. Georg hatte das Gefühl, in einem Kahn zu fahren, der steuerlos hin und her getrieben wurde. Auf den Wellen vor ihm erschien zum Greifen nah Fräulein Samuel, eine abgewetzte Person mit schwach gekrümmtem Rücken und stahlharten Brillengläsern, die ihr auf der Nase saßen, wie Paragraphen vor einem Text. Wenn sie die Brille abnahm und wischte, kam der Text in seiner ganzen Nüchternheit nackt zum Vorschein. Ihr Organ, das sie geflissentlich dämpfte, war eigentlich dazu bestimmt, einen riesigen Versammlungsraum zu durchdringen, in dem nie Konzerte stattfinden. Längst hatte der Kahn Georg abgeschüttelt, und nun blieb er am Ufer zurück und beobachtete aus der Ferne, wie der Referendar sich das rote Buch vom Tisch holte, in ihm blätterte und es dann wieder zurücklegte. Hinter dem Nebel, der aus den Worten aufstieg und sie umwob, verschwamm das Gesicht des Referendars so völlig mit dem Salon, daß es sich nicht von ihm sondern ließ. Er war noch ein junger Mann, und seine Frau wirkte viel älter als er. Egon nannte sie ihn einmal, aber er hörte nicht hin.

Fraglich war nur, ob der Salon sich ursprünglich ihm angepaßt hatte, oder er dem Salon. Um nicht von Herrn Bonnet angesteckt zu werden, der wieder aus dem Schlaf sprach, hatte sich Georg erhoben und ging möglichst unauffällig hin und her. Er hätte nicht so vorsichtig zu sein brauchen, denn sie beachteten ihn nicht, sondern wallten alle davon. Auch die Vorhänge wallten, und gerade eben flog ein Rauchring an einem Gemälde vorbei. Langsam fing er zu zittern an und zerfloß. Es hingen mehrere Gemälde an der Wand, kleine und große, zu denen Georg aufsah, ohne sie zu betrachten, aber er wußte doch, daß sie kostbar waren. In ihrem Goldrahmen, deren Schnörkel aus der Fläche heraus in die Luft quollen, hatten sie den Krieg überdauert und warteten jetzt weiter. Vielleicht würde sie nie mehr jemand erblicken. Wie man ihm erzählt hatte, war Frau Heinisch geschieden. Zu der Hinterlassenschaft ihres ehemaligen Mannes, eines Fabrikanten, der im Nebenberuf ein bedeutender Kunstsammler sein sollte, mochten nicht nur die Bilder, sondern auch die übrigen Einrichtungsgegenstände gehören, die einen verwöhnten Geschmack bezeugten. Von dem komfortablen Hintergrund stach das geringe Gebäck, das noch dazu kaum herumgereicht wurde, auffällig ab. Die Gastgeberin schien durch die magere Bewirtung den Komfort gerade soweit vertuschen zu wollen, daß er der Gesellschaft Behagen verschaffte, ohne sie an der Entfaltung ihrer umstürzlerischen Ziele zu verhindern. Angenehm warm war es in dem Salon, anders als in dem Erdgeschoßzimmer, das Georg bewohnte. Aber er mußte bei der Wohnungsnot noch froh sein, den Raum zu haben, die Menschen überfüllten ja sämtliche Wohnungen. Der Raum, der seiner Höhe wegen eigentlich nur für die Sommerszeit taugte, lag nicht allein über dem Keller, sondern auch unmittelbar neben dem Treppenhaus, dem in einem fort Kälte entströmte. Das Mädchen der Leute schimpfte über den Ofen, und um die Plagerei los zu sein, begab sich Georg oft einfach ins Bett. Bisweilen tappte es dann mitten durch seine Müdigkeit die Treppe hinan, die kein Ende nahm, ein Tappen, das gleichförmig war wie der Weg zum Büro. Auf dem Opernhaus stand eine Bronzefrau hinter vier Rossen, die Morgen für Morgen so taten, als ob sie davonsausen wollten. Wenn Fred nicht wäre ... Aber auch Fred half hier nichts. So geht es nicht weiter – der Satz raste um Georg, er selbst war der Satz. Wo bin ich denn die ganze Zeit über gewesen? Es ist Revolution, und ich habe in einem Winkel geträumt. Bücher, Stuben, gleichgültiger Kehricht, immer in mir. Könnte ich doch hervortreten wie alle diese Menschen, die öffentlich wirken. Der Referendar ist sicher kaum älter als ich und agitiert schon im Dienst der Gewerkschaften. Und Frau Bonnet, Fräulein Samuel, sie glauben wirklich und setzen sich dafür ein. Brüder und Schwestern: das fährt über mich hinweg, wenn ich nicht danach greife. Ich will an die Öffentlichkeit. – Er hatte der Gesellschaft den Rücken gekehrt und verlor sich in der Glasvitrine. Rechts von ihr schwangen die Falten einer Portiere, die den Durchblick in ein Zimmer freigab, das bedeutend größer war als der Salon. Ein wenig Licht drang wie auf Besuch in das Zimmer, die tiefen Falten liefen sämtlich zusammen. Unter der Vitrinenscheibe lebten Vasen, lauter Figürchen.

»Betrachten Sie diese Dinge? Auf Kunst kommt es in unseren Tagen nicht an.«

Erschrocken drehte sich Georg um, dicht hinter ihm stand Herr Bonnet. Der sollte doch Künstler sein und urteilte jetzt so über die Kunst. Die Geräusche näherten sich wieder.

»... Dostojewski«, sagte Frau Bonnet.

Das Mädchen mit dem bleichen Gesicht verschluckte den Namen. Frau Heinisch hob triumphierend das rote Buch in die Höhe:

»Der Idiot. – Ich finde ihn wundervoll menschlich ...«

Sie brach so plötzlich ab, als sei sie auf eine Felswand geprallt, und versteinerte selbst zum Massiv. Ein Herr war eingetreten, der nur der erwartete Herr Berg sein konnte, aber er kam nicht allein, sondern mit einer Dame. »Entschuldigen Sie uns«, sagte die Dame, die als Frau Heydenreich begrüßt wurde, – »er hat sich leider bei mir verplaudert.« Ihr bedauernder Ton verbarg nicht ganz das Glück über die Niederlage, die sie mit der Plauderei Frau Heinisch zugefügt hatte. Die beiden Damen standen sich gegenüber, und Frau Heinisch gab der Siegerin ein Lächeln zurück, das an einen vergifteten Apfel erinnerte. Herr Berg verneigte sich stumm. Er brauchte auch nichts zu sagen, da Frau Heydenreich, die das Gift vorläufig nicht zu spüren schien, ihn unbefangen weiter erklärte. Sie rückten die Stühle und ordneten sich um. Nur Frau Bonnet verharrte auf ihrem Sessel, dem Abgeordneten einer Großmacht gleich, der vor niemandem zu weichen beabsichtigt. Um Herrn Berg Zeit zur Entwicklung zu lassen, richteten sie einstweilen geflissentlich nicht das Wort an ihn. Heimlich belauerte ihn Georg, wie er Tee trank und sein Profil zeigte. Das Gesicht bestand überhaupt nur aus dem Profil. Es war von der bewußten Einfachheit eines Holzschnittes, der zu Propagandazwecken unter den revolutionären Massen verbreitet wird. Neben Frau Heinisch saß der Referendar und sprach anhaltend leise auf sie ein. Sie barg sich in ihr Tuch und gab damit zu verstehen, daß sie aus einer Welt geflüchtet war, in der man sie kränkte. Georg fiel dieser Dr. Wolff immer mehr auf. Obwohl er sich weder durch seine Kleidung noch auch durch bedeutende Aussprüche hervortat, gelang es ihm doch stets, die Aufmerksamkeit auf sich zu lenken. Und zwar wanderte sie ihm zu, ohne daß er sich eigentlich um sie bemühte. Woran es lag, daß er, der sich eben erst noch kaum von dem Salon abgehoben hatte, die Gesellschaft so nachhaltig von seinem Vorhandensein zu überzeugen vermochte, war nicht zu ergründen. Vielleicht war er gar nicht vorhanden, sondern saugte, ein Vakuum, die Gegenstände in sich ein. Die Leere übte ihre Anziehungskraft vor allem auf weibliche Personen aus. Jedenfalls hatte er vorhin – Georg war selbst Zeuge gewesen – einer ihm fremden Zuhörerin von seinem Einfluß auf die Arbeiterschaft in einer Weise erzählt, die sie zu dem Glauben bringen mußte, er vertraute ihr unter dem Deckmantel des Tatsachenberichts ein allein für ihre Ohren bestimmtes Geheimnis an, das sie fortan mit ihm zu teilen hätte. Seine Frau blickte flüchtig zu ihm und Frau Heinisch hinüber, die sich jetzt wieder frei regte, und wandte sich dann ausdruckslos von dem Paar ab. Egon sagte sie dieses Mal nicht. Ihre Wangen waren ausgetrocknet und wollten nicht mehr recht blühen.

Eine Stille war plötzlich eingetreten, und in der Stille tönten die Worte: »Wir müssen unsere Jugend zum Abscheu vor Kriegen erziehen.«

Endlich. Der Bann war gelöst, Herr Berg hatte gesprochen. Hatte er wirklich gesprochen? Sein Profil blieb weiter so unbeweglich, als seien die der Kontur wegen zusammengepreßten Lippen niemals geöffnet worden, und nur durch ein Wunder konnte die Behauptung ihnen entsprungen sein. Gerade weil Georg sie keineswegs außergewöhnlich fand, begriff er um so weniger, daß sie wie eine monumentale Verkündigung wirkte, die unmittelbar aus dem Himmel gefallen war. Das Monument war schon aus der Ferne zu sehen. Ich will an die Öffentlichkeit, dachte Georg von neuem, und malte sich aus, wie schweigsam er sein werde, wenn er es einmal zu der Berühmtheit von Herrn Berg gebracht hätte. Um seine glanzvolle Laufbahn sofort zu beginnen, suchte er sich einen Platz in dem Tumult zu erobern, den der Ausspruch entfesselt hatte, aber Frau Heinisch kam ihm zuvor. Er hätte ihr nie die Wildheit zugetraut, mit der sie sich gegen die Bleisoldaten ereiferte, in denen sie den wahren Grund des Kriegsübels erblickte.

»Ich habe meinem Jungen immer verwehrt, mit Bleisoldaten zu spielen.« Sie richtete diese Erklärung an Frau Bonnet, die ihr denn auch das ersehnte Lob spendete. Als sie die Abschaffung sämtlicher Bleisoldaten forderte, nickte das Profil zum Zeichen des Beifalls. Von so viel Anerkennung überschüttet, schickte Frau Heinisch wider Frau Heydenreich ein Lächeln aus, dem die Gewalt einer kriegsstarken Kompanie der soeben ausgerotteten Bleisoldaten innewohnte. Die Strafexpedition war von sichtbarem Erfolg gekrönt. Während die Gesellschaft noch erbarmungslos über die Bleisoldaten herzog – auch Frau Heydenreich mußte sich wohl oder übel zu ihrer Vernichtung bekennen –, empfand Georg selbst eher Mitleid mit den winzigen Truppen. Seine Großmutter hatte sie manchmal auf einer Glasplatte aufgestellt und dann von unten mit dem Finger gegen die Fläche geklopft, um die Reihen in Verwirrung zu bringen. Schließlich war er ein Kind gewesen wie die anderen und hatte doch die Lust an den frühen gläsernen Schlachtfeldern zu keiner Zeit auf den richtigen Krieg übertragen. Er wollte die Soldaten verteidigen, gelangte aber wieder nicht an die Front, sondern wurde bis zu dem bleichen Mädchen abgedrängt, in dem nachgerade eine Glut aufgespeichert war, die völlig hingereicht hätte, um alle Bleiheere der Welt einzuschmelzen. Wie ein Hochofen bewahrte das Mädchen die gewaltige Hitze in sich. Statt sich noch in Frau Bonnet zu versenken, richtete es jetzt seine Augen ohne Unterlaß auf Herrn Berg, dessen Profil den sengenden Strahlen unversehrt standhielt. Düster hing das Profil vor einem goldenen Rahmen und spornte rein durch seine Gegenwart die nach der Unterdrückung der Spielschachtelkriege etwas ermattete Gesellschaft zu neuen Taten an. »Die Klassiker«, rief Fräulein Samuel und flog krumm in die Höhe. Was der Ausdruck Friedenstaube sollte, begriff Georg nicht mehr. Das Schlachtbeil der Liebe war ausgegraben. Fräulein Samuel schwang es durch die Lüfte und versetzte mit ihm den Klassikern funkelnde Streiche. In ihren Dramen fänden sich Stellen, die das Völkermorden verherrlichten. Unsere Jugend wird durch die Klassiker schon im Keim verdorben. Die Schulausgaben müssen in Zukunft von Kriegen gründlich gereinigt werden. Ihr Organ gellte nicht eigentlich, sondern pfiff. Tausende von Menschen faßte das Lokal, zu dem sie die Salonwände auseinandergepfiffen hatte, eine Massenversammlung, so war es ihr recht. Georg merkte erst eben, daß der Salon oval war. Er wäre ja gern mit dabei gewesen, mußte sich aber eingestehen, daß ihm der Egmont und andere Stücke genauso wenig geschadet hatten wie die Bleisoldaten. Wurden denn überhaupt die Kriege durch solche Einflüsse verschuldet? Beinahe war ihm der richtige Krieg lieber als das Gemetzel, das die Menschen hier anrichteten. Die Glasvitrine blitzte ihm ins Gesicht. Schon die ganze Zeit über hatte er ein Unbehagen gespürt, das er sich nun daraus erklärte, daß diese Menschen alle Dinge, die ihm bisher unverbrüchlich fest gestanden hatten, im Handumdrehen abändern wollten. Man konnte doch nicht einfach die Welt in ein Paradies verwandeln. Außerdem mochte er gar nicht ins Paradies. Die Klassiker verstümmeln – nur freilich, er traute dem eigenen Widerstand nicht mehr ganz, denn vielleicht war er selbst in seinen Gewohnheiten verhärtet und sträubte sich zu Unrecht gegen eine bessere Wirklichkeit ...

»Soll auch die Bibel abgeschafft werden – – ich meine, das Alte Testament enthält eine Menge von Kriegskämpfen, die unter Umständen nicht in die Schule passen? Wegen des Pazifismus – – –«

Georg war blitzschnell in die Frage gesprungen und hatte sich unmittelbar an Herrn Berg gewandt. Einmal mußte es sein. Eine Störung schien sich ereignet zu haben. Das Nicken blieb aus. In der Pause schüttelte Frau Heinisch besonders innig den Kopf, als beklage sie den Zwischenfall,

ermahne sich aber zugleich, Nachsicht gegen den Frager zu üben.
»Ja, auch die Bibel ist voller Barbarei«, donnerte Herr Berg die Gesellschaft an. »Fort mit den verbrecherischen Schriften!«
Durch den unerwarteten Bannspruch wurden sie mit elementarer Gewalt emporgeschleudert. Nie wieder Krieg. Sie jagten die kapitalistischen Unternehmer davon, sozialisierten die Bergwerke und vereinigten sich international. Seit sie sogar die Bibel weggestoßen hatten, war Georg von einer Unschlüssigkeit befallen, die ihn mehr und mehr peinigte. Wie oft waren ihm in Flugschriften und Zeitungen solche Wünsche, Träume, Projekte entgegengetreten. Er hatte sie stets für gedruckte Gaukeleien gehalten, und jetzt – sie atmeten jetzt rings um ihn und waren leibhaft zugegen. Immerhin empfand er eine kleine Genugtuung darüber, schon beim ersten öffentlichen Auftreten das Profil aus seinem Schweigen gelockt zu haben. Angesehen hatte es ihn allerdings nicht. Es stierte fortwährend durch die dunklen Portieren ins andere Zimmer, in dem sich niemand befand. Das elektrische Licht bebte und erlosch auf einmal. »Wenn nur nicht auch noch die Elektriker streiken« – Frau Heydenreichs Stimme klang nervös. »Aber, aber . . .«, meinte Frau Heinisch in einem überlegenen Ton, dessen Zuversicht sich auf die Gewißheit gründete, daß Frau Heydenreich mit ihren Sorgen der Größe des Augenblicks nicht entsprach. Wahrscheinlich war bereits vorhin die Beleuchtung trüber gewesen, sonst hätte die Glasvitrine nicht so laut geblitzt. Es wurde hell, viel heller als früher, eine merkwürdige unkörperliche Helligkeit breitete sich aus, die nicht von den Glühbirnen herrühren konnte. Sie drang aus Frau Bonnet. Ihr Innenraum hatte sich selbsttätig erschlossen. Sämtliche Flügeltüren waren aufgesprungen, und das Allerheiligste leuchtete vor aller Augen in überirdischem Glanz. »Ich finde die Abwechs-

lung ganz nett«, hörte Georg den Referendar sagen. Während Dr. Wolff sprach, fiel ein blendender Schimmer auf ihn, und man sah ihn sich zu dem bleichen Mädchen vorbeugen, das kerzengrad saß. Das Licht, in dem er auftauchte, kam von den Birnen, die wieder in ihrer alten Stärke brannten. Er rückte mit dem Stuhl ab und fächelte sich so ungezwungen, als sei er durch einen Tunnel gefahren. Ohne die Stellung verändert zu haben, war das Profil dem Nachbarzimmer immer noch starr zugekehrt. Durch seine feierliche Miene erregt, blickte ihm die ganze Gesellschaft nach, und niemand wäre überrascht gewesen, wenn die gemeinsame Anstrengung aus der Finsternis nebenan eine wunderbare Erscheinung beschworen hätte. »Der Messias kann zu jeder Stunde unter uns weilen«, erhob sich ein Gesang, der hinter den Portieren angestimmt zu werden schien. Es war Frau Bonnet, die schwarz und träumerisch sang.
Sie brachen auf. Fräulein Samuel erinnerte an die morgige Protestversammlung. »Unmöglich«, erklärte Herr Berg, »ich reise.« Georg erreichte zwischen den Mänteln mit Mühe Frau Heinisch. »Ist er nicht wundervoll«, fragte sie ihn, »ich bin mittwochs immer zu Hause.« Sie begab sich mit Dr. Wolff abseits. Wenn Georg, der zufällig in ihre Gegend getrieben wurde, sich nicht täuschte, sagten sie du zueinander. »Ich gehe, Egon«, rief es vom Flur. Er war als Diele ausgebaut, ein schönes bewohntes Quadrat. Ihren ganzen Pazifismus mußte Frau Heinisch aufbieten, um noch lächeln zu können, als sich Frau Heydenreich und Herr Berg zusammen von ihr verabschiedeten. »Berg hat sich heute bei mir einquartiert«, sagte Frau Heydenreich und lächelte den Referendar an, der neben Frau Heinisch stand, »es ist der Polizei wegen richtiger, wenn er seinen Aufenthalt häufig wechselt.«
Georg begleitete Herrn und Frau Bonnet noch ein Stück weit durch die aufgeräumten Straßen. Frau Bonnet war

derart eingemummt, daß sie ihn vermutlich auch dann fern von sich wähnte, wenn er ihre äußerste Hülle einmal streifte.

»Der Kerl ist famos«, hauchte Herr Bonnet jenseits der Hüllen.

Er hatte den Namen eines berühmten revolutionären Dichters genannt, und Georg wußte jetzt endlich, wer Herr Berg in Wirklichkeit war. Frau Bonnet wies ihren Mann zurecht: »Du sollst doch nicht, Dolf ...« Gehorsam steckte er den Tadel ein. Georg kannte nichts von den Werken des Dichters. Ich will hinaus, wiederholte er sich zum hundersten Mal an diesem Abend, und bedrängte, die günstige Gelegenheit nutzend, Frau Bonnet mit seinem Kummer, daß es ihm an ihrer Gläubigkeit gebräche; daß er die radikalen revolutionären Forderungen für undurchführbar halte; daß er selbst in der Öffentlichkeit mitzuwirken verlange. »Man muß das Unbedingte wollen«, erwiderte Frau Bonnet. Ganz erbärmlich kam er sich vor.

Herr Bonnet gähnte. Im Dunkel ließ sich nicht unterscheiden, ob das Gähnen der Müdigkeit entstammte oder ein Umsturzsignal war.

»Die Sache mit Tschudi ist unglaublich«, murmelte er vor sich hin.

Aus den Pflasterritzen unserer Großstädte wird dereinst Gras wachsen – der Ausspruch setzte sich nach der Trennung in Georg fest. Wo hatte er das gelesen, es klang so prophetisch. Gesenkten Kopfes begab er sich zu seinem Erdgeschoßzimmer.

II

Durch ein Zeitungsinserat hatte Georg, kaum daß der Krieg zu Ende gewesen, Fred kennengelernt. In dem Inserat war eine Kraft gesucht worden, die einem Jungen Nachhilfeunterricht erteilen könne. Näheres bei Frau Anders, Pension Isolde. Georg war damals gerade erst in der Stadt zugezogen. Er hatte Mathematik studiert und war sich klar darüber, daß er seine Kenntnisse eines Tages in irgendeiner Versicherungsgesellschaft werde verwerten müssen. Der Zwang zum Dauerberuf hatte sich bereits empfindlich bemerkbar gemacht, da die kleine, vom Vater ererbte Summe fast völlig zusammengeschmolzen war. Aus einer durch die Kriegsjahre noch gesteigerten Abneigung gegen jede geregelte Tätigkeit hatte er aber bisher verschmäht, sich um eine feste Anstellung zu bemühen, und lieber nach Privatstunden und anderer Gelegenheitsarbeit Ausschau gehalten.

Wenn er sich später seines ersten Empfangs in der Pension Isolde erinnerte, sah er ein großes Bett, einen geöffneten Koffer, aufgerissene Schubladen und Kleider im Schrank. Das ganze Pensionszimmer war mit Sachen überfüllt, die Frau Anders keine Ruhe ließen. Während sie mit Georg sprach, mußte sie sich aufs äußerste zusammennehmen, um nicht in die Höhe zu springen und etwas zu richten. Die Schranktür knarrte, es fehlte an einem guten Platz für den Koffer. »Wenn man nicht in seinen eigenen Räumen wohnt . . .«, seufzte Frau Anders und deutete auf eine Staubschicht, die Georg noch nicht beachtet hatte. Er wunderte sich über ihre Fähigkeit, die vielen Unvollkommenheiten zu entdecken und zugleich unaufhörlich zu sprechen. Im Lauf von höchstens einer halben Stunde teilte sie ihm mit, daß sie aus dem besetzten Rheinland komme, entfernter Verwandter wegen hierher übersiedle und vor zwei Jahren ihren Mann verloren habe. Hätte sie ihm nur ihre Lebensgeschichte erzählt! Aber wie die Sachen im Zimmer, so drängten sich immer andere Gedanken, Einwürfe und Wahrnehmungen dazwischen, denen sie nicht auszuweichen vermochte. Die Welt war für sie eine vollgestopfte Rumpelkammer, in deren Dunkel sie auf Schritt und Tritt anstieß. Gerade klingelte sie nach dem Mädchen, als Fred eintrat. Einen Augenblick lang zögerte Fred im Türrahmen, um die fremde Erscheinung zu prüfen. Ein schlanker, blonder Junge, in einer Art von Sportkostüm, der so leicht dastand, als habe ihn die Luft hergetragen. »Dein Gürtel ist verrutscht«, sagte Frau Anders. Fred schnallte den Gürtel fester und gab Georg die Hand. Er trug eine grüne Jacke aus Lodenstoff, die mit dem roten Schlips zusammen eine rauhe Hülle bildete, in der er wie ein verkleideter Prinzensohn aussah. An den Stuhl seiner Mutter gelehnt, beantwortete er die ihm gestellten Fragen in einem matten Ton, der den großen traurigen Augen widersprach, die unter den langen Wimpern hervorblickten. Ihr Ausdruck ließ auf ein Geheimnis schließen, das in dem Jungen so steckte wie er selbst in den groben Stoffen. »Sie müssen ihn zur Arbeit anhalten«, erklärte Frau Anders laut, »er träumt gerne und schweift immer ab.« Die Gewißheit, mit dem Knaben fortan häufig zusammen sein zu dürfen, versetzte Georg in einen freudigen Zustand. Es war ihm zumute, als geschähe eine Verwandlung mit ihm, nach der er sich, ohne ihre Möglichkeit auch nur zu ahnen, seit langem gesehnt hatte. Er war noch vom Krieg her erfroren gewesen, und nun strömte zu seiner eigenen Überraschung eine wunderbare Wärme in ihn ein, die Knabenfigur war eine Verlockung, in den Augen die Traurigkeit kam aus einem fernen Ort, der zu erreichen sein mußte. »Vierzehn Jahre«, erwiderte Frau Anders auf Georgs Frage. Also war er zehn Jahre älter als Fred, so alt schon, aber der Abstand war nur zahlenmäßig vorhanden, in Wirklichkeit gab es keinen Abstand und am allerwenigsten den der Jahre oder des Wissens. »Darf ich dich heute in die Stadt begleiten?« bat Fred die Mutter. Sie ermahnte ihn, sich gerade zu halten. Fred machte ein Schmollgesicht, das sich finster vom roten Schlips abhob. Ein Wort Georgs stimmte die Mutter um. Das Mädchen kam herein und sah nach der Schranktür. Georg hatte von Fred als Belohnung für sein Eingreifen einen dankbaren Blick erhalten, dessen Flüchtigkeit ihn beglückte. Sie hatten jetzt eine kleine stumme Gemeinsamkeit, sie waren gegen die Mutter miteinander verbündet gewesen. Fred ging hinaus. Die Gestalt des Jungen durchmaß den Raum, als sei sie selber Raum, grünroter Raum.

Lange Zeit hindurch hatte Georg im Speisesaal der Pension Isolde Fred Unterricht erteilt. Immer an den Vormittagen, nachdem das Frühstück bereits abgetragen war. Man kannte ihn dort. Wenn das Hausmädchen, das ihm öffnete, ihn ohne weitere Erklärung die paar Treppenstufen hinaufgehen ließ, hatte er das demütigende Gefühl, für einen Lieferanten gehalten zu werden. Mit Vorliebe brachte er seinen Mantel neben einem Pelzmantel unter, der Morgen für Morgen die Garderobe bewohnte. Nur einmal fehlte der Pelz. Er hing an jenem Vormittag um eine weißhaarige Dame, die ihren schwarzen Stock schwang, eine unsichtbare Person im Seitenkorridor anfuhr und wie eine Gebieterin durch Georg hindurch dem Ausgang zuschritt. Solche gewalttätigen Damen lebten wahrscheinlich in allen Pensionen. Unter Umständen war sie früher eine berühmte Sängerin gewesen, jedenfalls paßte zu ihrem Auftreten der Pensionsname Isolde, der über den anderen Gästen wie ein Laut aus einer versunkenen vornehmen Welt schwebte. Man hörte russisch sprechen, Männer wischten sich ihre Bärte, und Frauen kamen öffentlich aus der Toilette. Auf die Herrlichkeit Isoldes deuteten sonst nur noch der etwas verblichene rote Läufer und eine Palme im Treppenhaus hin. Sie stand in einer Nische, die eigentlich von einer

Statue hätte ausgefüllt werden sollen. Besonders schön waren die Tage, an denen Fred Georg bis zum Gittertor des Vorgartens entgegenkam, den Arm um ihn legte und ihn mit ins Haus zog. Oft zeigte er sich nicht gleich, sondern schoß blitzschnell am Treppengeländer herunter, um Georg zu überfallen. Die Zimmer betrat Georg vormittags nie. Im Speisesaal saß er neben Fred an einem riesigen Tischmassiv, das sich weithin erstreckte und in abgeräumtem Zustand einem jener unerforschten Gebiete glich, die auf den Atlanten als weiße Flecken erscheinen. Obwohl Bücher und Hefte nur ein winziges Stück am Rand des Gebietes bedeckten, hatte Georg doch stets die Vorstellung, in ein unwirtliches Land verschlagen worden zu sein, in dem er und Fred ganz allein aufeinander angewiesen waren. Das Klima des Landes wurde durch die Eßgerüche zahlloser Generationen bestimmt. Aus der Ferne drang mitunter ein Schall, der von der zufallenden Saaltür herrühren mochte, und im Hintergrund zogen verschwommene Gestalten wie Wolken über den Horizont. Es waren die Mädchen, die das Geschirr hereintrugen und sich im Umkreis der leeren Tafelfläche zu schaffen machten. Georg sorgte dafür, daß sich Fred von ihnen nicht ablenken ließ. Er errichtete aus Algebra-Aufgaben Wälle, die ihm die Aussicht versperrten, und setzte ihn hinter Geschichtsdaten gefangen. Fred schrieb vorgebeugt, rechnete, dachte nach. Unauffällig betrachtete ihn Georg von der Seite. Ab und zu geschah es, daß Fred wie abwesend in die Luft starrte und keine Antwort gab. Seine Augen waren dann besonders traurig und groß. Vergeblich bemühte sich Georg, zu ihm zu dringen, ein »Ach nichts« war alles, was er erfuhr. Nicht selten verwandelte sich Fred wie durch Hexerei in einen unreifen, zerstreuten Jungen, der mit dem entrückten Fred keine Ähnlichkeit hatte. Eines Tages – sie kannten sich noch nicht sehr lange – war er so von dem fremdartigen Knabendämon besessen, daß er jede Mahnung mißachtete. Da stets zu gewärtigen war, daß eines der Mädchen den Saal betrat, konnte Georg ihm nur im Flüsterton zürnen. Fred warf ihm einen Schmeichlerblick zu, von dem er sich offenbar eine beruhigende Wirkung versprach. Seine Hände steckten unter dem Tisch, der Kopf hing nach vorn über. Das Ding, mit dem er sich insgeheim beschäftigte, war ein kleines Taschenspielzeug, bei dem es darauf ankam, zwei weiße Kügelchen in die Augen eines Negerkopfes zu treiben. Ununterbrochen drehte und wendete er die Scheibe, obwohl er spüren mußte, daß Georg ihm zuschaute.

»Leg endlich das Spiel weg.«

»Nur noch einen Augenblick ...«, bat Fred und schüttelte das Ding gierig weiter.

»Jetzt ist es aber genug –«

– – –

»Ich werde mit deiner Mutter sprechen!«

»Bitte, versuchen Sie es doch auch einmal.«

Georg gab schweigend nach. Er fühlte, daß er einen Fehler beging, brachte es aber nicht über sich, die erforderliche Strenge zu zeigen. Beide schmiegten sich aneinander und ließen abwechselnd die Kügelchen über das schwarze Gesicht rollen. Von Zeit zu Zeit vergewisserten sie sich, ob niemand ihnen auflauerte. Ihre Unterlage waren die vier Hosenbeine, die sich rund und groß wölbten und eng vereint im Halbdunkel entschwanden. Mit ihren Buchten und Falten gemahnten sie an ein schattiges Waldplätzchen, das als Schlupfwinkel für Verfolgte diente. Fortan schien sich Fred seiner Macht über den Älteren bewußt zu sein.

Nach ungefähr dreiviertel Jahren hatte Frau Anders endlich eine Wohnung bekommen, und annähernd um die gleiche Zeit war auch Fred in der Schule aufgenommen worden. Man hatte ihn zur Obertertia zugelassen, seinem Alter nach hätte er in die Untersekunda gehört. Die Anderssche Wohnung war streng genommen keine Wohnung, sondern ein Wohnungsteil. Das Fragment war von einer Herrschaftswohnung abgetrennt worden und sollte nun selbständig fortleben wie ein halber Wurm. Es lag an einem Hinterhof, dessen hohe Wände trotz der Ausgedehntheit des Grundstücks fast den ganzen Himmel besetzten. Der Druck, mit dem die Rückfassaden auf sämtlichen Räumen lasteten, wurde noch durch die unnatürliche Ruhe verstärkt, die geräuschvoll durch den Hof strich. Zahllose Fenster schossen aufgeregt wie eine Kleinkinderschar zu einem Knäuel zusammen, und hinter allen Vorhängen saßen Bewohner. Eins, zwei, drei, vier, – die Zimmer der Andersschen Wohnung folgten einander im Gänsemarsch. Sie öffneten sich nach einem finsteren Gang zu, der die Wohnung von Anfang bis Ende durchmaß. Da die Zimmer nicht durch Türen verbunden waren, mußte man immer den Gang überschreiten, wenn man von einem ins andere wollte. Der Gang erweckte Lust zu einem Dauerlauf. Kam man zur Wohnungstür herein und sah ihn wie eine Pappelallee gradaus zum Fluchtpunkt rasen, so wurde man von einem Gefühl der Längsangst ergriffen. Das ungemilderte Nebeneinander der Räume paßte genau zu Frau Anders. Sie hatte sich aus der früheren Heimat ihr altes Mädchen nachkommen lassen, eine Person unbestimmten Alters, die schon vor dem Krieg bei ihr im Haus gewesen war. Marie galt als ein Familienmitglied, das heißt, Frau Anders bekümmerte sich um ihre Kleider, verschaffte ihr hie und da ein Theaterbillett, um sie bei guter Laune zu halten, und klatschte mit ihr über die Neuigkeiten. Ein Vertrauensbeweis waren die Neuigkeiten nicht, denn sie stürzten von selbst aus Frau Anders heraus. Manchmal allerdings behandelte sie Marie wie ein feindliches Dienstmädchen, ging stumm an ihr vorbei und weinte sogar. Auch über Fred entluden sich plötzliche Katastrophen. »Er hat es mit Absicht getan«, sagte Frau Anders in kreischendem Ton zu Georg, »ich werde ihn aus der Schule nehmen, er braucht nicht die höhere Schule zu besuchen. Wie er mich quält . . .« Zwischen die Vorwürfe und Drohungen gegen Fred mengten sich in der Regel ausschweifende Klagen über ihr Los. Ihre Zukunft sei pekuniär nicht gesichert, Frau Eisemann habe schon einen Winterpelz, und überhaupt ergehe es allen anderen Leuten glänzend. Frau Eisemann zählte zu ihren Bekannten. Georg verharrte mäuschenstill, aus Angst, sie noch mehr aufzuregen, und wagte auch nicht, zu Fred hinzublicken. Nach kurzer Zeit sprang sie unvermittelt in den entgegengesetzten Zustand über. Es war, als sei sie aus dem einen Zimmer jäh in ein anderes geschleudert worden, ohne den finsteren Gang betreten zu haben. Sie verfiel jetzt in ein wahres Glücksgeschnatter und tröstete, beschenkte und rühmte sämtliche Menschen. Frau Eisemann gegenüber beteuerte sie, daß der neue Winterpelz wundervoll zu ihr und zum Winter passe. Als Georg einmal bei ihr in seinem dürftigen Überzieher erschienen war, hatte sie ihm den Mantel ihres verstorbenen Mannes geradezu aufgezwungen. Der Mantel war noch kaum getragen worden und brauchte fast nicht geändert werden. Ganz gerührt war sie darüber gewesen, daß der Tote so mit Georg übereinstimmte. Der hatte sich zuerst gegen den Mantel gesträubt, weil er unwillkürlich besorgte, daß das Kleidungsstück ihn mit seinem ehemaligen Herrn ansteckte. Seit Fred in die Schule ging, traf er ihn meistens während der Spätnachmittage, samstags und am Sonntag vormittag. Sonntag nachmittags mußte der Junge mit seiner Mutter spazierengehen oder zu Hause Besuche absitzen. »Gar nichts hat man mehr von dir«, sagte Frau Anders. Georg selbst wußte nie, was er Sonntag nachmittags allein anfangen sollte. Am liebsten hätte er Fred immer bei sich gehabt, die Schule, den Sport und alle Leute, an die er ihn gelegentlich abgeben mußte, empfand er als seine persönlichen Widersacher. Um so zufriedener stellte es ihn, daß Fred immer wieder beteuerte, keinen einzigen

Freund in der Klasse gefunden zu haben. Sein Zimmer enthielt einen Liegestuhl, in dem Georg wie in einer ausgehöhlten Kutsche versank. Er dehnte sich waagrecht und verschmolz mit Fred und der Zimmerdecke. Sie lasen Gedichte, die Stube war ihr Indianerzelt. Eine ihrer Hauptunterhaltungen bestand darin, die üblichen Ansichten und Redewendungen gemeinsamer Bekannter bis zum Überdruß auszuspinnen. Fred ahmte verschiedene Leute gut nach. Überhaupt besaß er einen Blick für gewisse Äußerlichkeiten und beurteilte rein praktische Dinge meistens richtiger als Georg. Wenn sie des langen Sitzens müde wurden, nahmen sie ein paar Kissen und legten sich auf den Boden. Einmal hatte sie Frau Anders zwischen den Tischbeinen und Bettpfosten überrascht. »Ihr seid närrisch«, hatte sie gerufen, »wozu habt ihr denn die bequemen Stühle.« – »Aber es ist doch viel hübscher so, Mutter.« Ab und zu knickte der Liegestuhl von selbst erschöpft ein. Georg wurde von Fred so beansprucht, daß er immer mehr die Lust verlor, ohne ihn etwas zu unternehmen. Die Menschen forderten jetzt überall Gemeinschaften und ahnten nicht, daß jede Gemeinschaft im Vergleich mit einer Beziehung wie der seinen zergehen mußte. Sie jammerten wegen der Nahrung, der Feinde, der Wohnungen und des Geldes – hätten sie gespürt, wie Gespräche beseligten, das bißchen Fressen und das Geld wäre ihnen ganz gleichgültig gewesen. Aufstände, Straßen, Eisenbahnen, Regen, Büros, das lag weit da draußen und ging Georg nichts an. Da Fred noch keinen eigentlichen Anteil an allen diesen Ereignissen nahm, war es nicht schwer, ihn ganz zu beschlagnahmen. Wie in einer Zelle hausten sie beieinander und belauerten sich gegenseitig. Durch das ständige Zusammensein steigerte sich ihre Empfindlichkeit. Jeder unmerkliche Wechsel des Gesichtsausdrucks erschien ihnen in vielfacher Vergrößerung, kleine Bewegungen durchfuhren als Riesenkratzer die Luft. Sie stritten sich aus Anlässen, die sie heraufbeschworen, damit sie sich streiten konnten. Eines Abends war das Gespräch plötzlich ausgegangen und ließ sich nicht wieder entfachen. Nun brüteten sie stumm, als ob sie vor leeren Tellern säßen und das nächste Gericht erwarteten. Aber niemand trug ihnen auf. Es war erst neun Uhr, Georg hätte noch gut eine Stunde bleiben können.

»Ich gehe jetzt«, sagte er leise, wie zu sich selbst, und stieg aus dem Liegestuhl.

»Warum willst du schon gehen . . .«

Fred steht weit entfernt am Fenster. Er hat die matte Stimme, die Georg reizt.

»Du bist müde«, sagt Georg, »vorhin hast du gegähnt.«

»Ach was, das Gähnen.«

Das Fenster ist offen. Die Schwüle, Dächer und Sterne. Fred hat Turnschuhe an und macht seine traurigen Augen. Georg beginnt wieder von vorne, um keinen Preis darf Fred in den Nachthimmel entfliehn.

»Was hast du heute nachmittag angefangen, daß du so müde bist. Du hast doch gewußt, daß wir am Abend zusammensein werden.«

»Gar nichts besonderes, ich bin auch nicht müde.«

»Aber du hast doch gegähnt. Also langweilst du dich.«

»Ich langweile mich nicht.«

»Und das Gähnen vorhin –«

Georg haßt sich seines Bohrens wegen. Er hat sich aufs Bett gesetzt, die Decke ist schon für die Nacht zurückgeschlagen. Ohne hinzusehen, merkt er, daß Fred vom Fenster auf ihn zukommt. Sie sehen sich an. Ihre Gesichter wachsen unaufhaltsam, sind groß wie der Himmel, verschwinden eins in dem andern.

»Sieh, Georg, ich weiß nicht, was es ist, ich bin ja noch so jung . . .«

»Nichts ist –«

»Ich möchte mein ganzes Leben mit dir zusammen bleiben, Georg.«

Immer wieder küssen sie sich. So komisch mit den rasierten Wangen. Sie reden in einem fort, ernst, dummes Zeug, durcheinander. »Ich gehe jetzt«, sagt Georg.

Daß es mit dem täglichen Zusammensein einmal ein Ende haben werde, war Georg durch eine beiläufige Bemerkung von Frau Anders bewußt geworden. »In ein paar Jahren«, hatte sie geäußert, »wenn Fred fort ist . . .« – »Wo soll er denn hin? –« Georg hatte nie an später gedacht, sondern immer nur bis zum nächsten Gespräch von einer kleinen Liebkosung gelebt. Seit jener Zeit war stets wieder das »Wenn Fred fort ist« an ihm vorbeigeraschelt, deutlich wie eine Maus in der Stube. Wenn Fred fort ist – manchmal hatte er Fred in Gedanken auszulöschen versucht und nur noch ein paar gleichgültige Bekannte um sich her vorgefunden. Viel verwaister als die Mutter blieb er später zurück, die durch eine dehnbare Schnur mit Fred verbunden zu sein schien. Sie brauchte seine Gegenwart nicht unbedingt, sie zupfte an ihrer Schnur. Vielleicht hatte er Unrecht daran getan, sich an den Jungen zu hängen. Man versank ja allein.

»Denken Sie sich nur, das Wasser ist abgestellt. Eben war ich in der Küche, um ein Glas Wasser zu holen, natürlich muß ich mir alles selber besorgen, denn Marie ist wieder einmal seit Stunden ohne meine Erlaubnis fort. Sie nimmt sich immer mehr gegen mich heraus. Vielleicht ist auch ein Rohr geplatzt, man kann ja heute nie wissen, die Leute faulenzen den ganzen Tag, wir brauchen doch Wasser . . .«

»Wo ist Fred«, fragte Georg.

Sie standen noch immer an der Wohnungstür. Fred war in einem Kurs, Frau Anders wußte es nicht genau. Unschlüssig folgte ihr Georg in die Küche, warum hatte ihm Fred nichts hinterlassen. Frau Anders drehte erfolglos den Wasserhahn auf und zog einen Kübel unter dem Küchentisch hervor. Auf dem Gang begann Georg von der gestrigen Einladung zu erzählen, von Herrn Berg und den verschiedenen Damen. Einen besonders starken Eindruck hatte Frau Bonnet auf ihn gemacht. Unterwegs blieb Frau Anders mehrmals stehen, als befände sie sich auf ihrem Nachmittagsspaziergang. Die Tür von Freds Zimmer war mit einem Glasoberlicht versehen. Draußen setzte schon die Dämmerung ein, es war, als werde langsam ein Sack eingeschnürt, man merkte es noch im Korridor. Eigentlich hatte Georg nur mit Fred über die Gesellschaft sprechen wollen, aber Fred war nicht da. Da ihm, wovon er sich inzwischen immer mehr überzeugt hatte, die gestern vernommenen Äußerungen im Grunde doch widerstrebten, gab er sie jetzt als seine eigenen Ansichten aus, in der geheimen Hoffnung, daß Frau Anders ihnen die Anerkennung versage. Sie tat ihm auch den Gefallen. »Das ist in der Gesellschaft heuzutag Mode, solche pazifistischen Reden zu führen. Die ganze Revolution kann mir gestohlen werden, früher war es viel besser.« Mehr noch als von der Gesellschaft rührte ihre Erbitterung von dem abgesperrten Wasser her. Das letzte Gangstück lag auch bei Sonnenschein völlig im Dunkel.

»Ich möchte meinen Beruf wechseln«, sagte Georg, nachdem sie das Wohnzimmer betreten hatten. »Die Politik und die vielen Ideen, die heute verkündet werden. Jeder Mensch darf sich aussprechen, und es ist ganz schlecht, so abseits zu stehen wie ich. Wüßte ich nur, wie man Zutritt zum öffentlichen Leben erhält –«

Er sprach laut vor sich hin, immer derselbe Gedanke. »Vor allem müssen Sie sich ernähren«, meinte Frau Anders. Die Stühle im Wohnzimmer hatten einen modernen Bezug; lauter schnurgerade Streifen, die über den gelben Grund ununterbrochen von oben nach unten liefen. Allerdings kamen sie nicht sehr weit, sondern wurden sofort wieder von hölzernen Schwüngen angehalten, zu denen Blumenmuster besser gepaßt hätten. Auch die Tischbeine schwangen. Man sah sie gerade noch unter der herabhängenden Decke, auf der eine kleinere Decke lag, die einen Untersatz trug, dem eine Vase entwuchs. Eine Decke schützte immer die andere, und nur die oberste war der Witterung preisgegeben. Frau Anders hatte den Kern der Einrichtung, der den Anfängen der Ehe entstammte, nach und nach um verschiedene Stücke bereichert, die ihrer Sehnsucht nach Schönheit und gesellschaftlicher Geltung entsprachen. Die Sehnsucht erwachte gewöhnlich dann in ihr, wenn sie bei anderen Familien einen Zimmergegenstand entdeckte, den sie selbst nicht besaß. In der Ecke stand eine schwarze Holzsäule, und neben dem Büffet stachen gemalte Fischerboote zart in See . . .

»Abends habe ich immer etwas erhöhte Temperatur.«

Eine fremde Stimme. Ein Herr saß auf dem Sofa im Hintergrund.

»Ach, Herr Kummer«, – Frau Anders war ganz bestürzt, weil sie über dem Wasser ihren Besuch vergessen hatte. »Kennen Sie Herrn Korrektor Kummer? Der Freund meines Sohnes. Herr Korrektor Kummer nimmt eine große Stellung bei dem »Morgenboten« ein, Georg. Doch, doch . . .«

Die erhöhte Temperatur stellte, wie sich nachträglich ergab, die Antwort auf die Frage dar, die Frau Anders, bevor sie hinausgegangen war, um Georg zu öffnen, nach Kummers Befinden getan hatte. In der Zwischenzeit hatte Kummer über den Sinn der Frage gegrübelt und allmählich seinen Bescheid vorbereitet. Auch über das Sofa fuhren die Streifen herab; wie örtlich begrenzte Hagelschauer auf das Getreide. »Er hat stets zu klagen, ist aber in Wirklichkeit ganz gesund.« Herr Kummer lächelte geschmeichelt, nur war nicht zu ermitteln, ob sich das Lächeln gerade auf seine Gesundheit bezog. Aus einer Art von Überschwang erläuterte Frau Anders gern die Menschen in ihrer Anwesen-

freuen. Auf Herrn Kummer können Sie sich verlassen. Bei seinem Einfluß –«

Sie hielt oft für wirklich, was nur eine schwache Aussicht war, konnte sich aber ebensogut mißtrauisch gegen jede Hoffnung wehren. Wie ein Berggipfel war sie den unberechenbaren Augenblickslaunen des Wetters ausgesetzt und wohnte doch tief unten im Tal. Vergeblich suchte sich Georg dem »Morgenboten« zu nähern, der Korrektor regte sich nicht. Sein Leib ging ohne Unterbrechung in das Gesicht über, das selbst so aussah, als bildete es einen Teil des Rumpfes. Es ließ gerade noch zwei schmale Ritze für die Augen frei, die früher einmal blau gewesen sein mußten. Georg erlahmte angesichts des stummen weichen Massivs. Er war traurig, die Zeitung entwich ihm schon wieder. Auch Fred blieb aus. Er liebte ihn so, den Jungen, die Liebe wenigstens sollte halten, warum verzögerte sich Fred immer noch. »Ich gehe jetzt«, sagte er zu Frau Anders. Sie bat ihn im Flüsterton, auch den Korrektor zum Aufbruch zu drängen, da sonst nicht zu erwarten sei, daß er in absehbarer Zeit das Sofa räume. »Wollen Sie wirklich schon fort«, fragte sie mit übertriebenem Bedauern, als sich Kummer endlich erhob. Vielleicht schmerzte sie nun tatsächlich sein Entschluß. »Sie tun mir Unrecht«, erklärte er, »ich bin kränker als Sie glauben, und Sie werden bald meinem Leichenzug folgen.« Auf dem Gang erzählte Frau Anders Georg, daß in der nächsten Woche eine Nichte von ihr eintreffe, die an der hiesigen Kunstgewerbeschule zu studieren gedenke. »Fred war noch ein richtiges Kind, als er Margot das letzte Mal sah. Ich bin neugierig, ob er sich ihrer erinnert.« Die Küchentür stand offen, das Wasser stürzte aus beiden Hähnen. Frau Anders schien ihre Heftigkeit gegen Marie längst bereut zu haben, denn sie bemühte sich, das Mädchen durch eine Lobrede auf den Wasserstrom zu versöhnen; obwohl die Küchentür eigentlich nicht hätte aufstehen dürfen. Im Interesse der späteren

»Hie und da steigt die Temperatur auf 37,8«, sagte Herr Kummer nach einer Pause.
Sie verabschiedeten sich.

III

»So passen Sie doch gefälligst auf!«

Georg wurde von einem Mann angestoßen, während er im Gehen einen Artikel in dem soeben gekauften »Morgenboten« zu lesen versuchte. Unter allen Umständen mußte er den Artikel gleich lesen; obwohl sich die Zeitung inmitten der vielen Pasanten, die um Mittag die Straße bevölkerten, nicht ordentlich falten ließ. Sie wehte davon, das Format war zu groß. Der Mann schimpfte immer noch, aber Georg beachtete ihn schon längst nicht mehr, sondern verfolgte unaufhaltsam die Zeilen. Aus der Tatsache nämlich, daß der Name unter dem Artikel sein eigener war, hatte er sofort geschlossen, daß er selber der Urheber des Artikels sei. Wahrscheinlich hätte er ihn ohne diesen Anhaltspunkt verleugnet, so fremd nahm sich der Text im Druck aus; wie eine gute Hausbekannte, die man bei einem Fest zum ersten Mal im Glanz der Abendtoilette erblickt. Er ging zögernd, blieb stehen. Gestern erst hatte er Herrn Kummer seine Aufzeichnung geschickt und heute war sie bereits in der Zeitung. Ein Wunder mußte geschehen sein, ein unbegreifliches Wunder. Weder hatte Georg erwartet, daß der langsame Korrektor die paar Seiten je prüfen oder gar einem Redakteur geben werde, noch überhaupt sich vorzustellen vermocht, daß man eine rein private Niederschrift so ohne weiteres in einen öffentlichen Zeitungsdruck umwandeln könne. Die beschriebenen Blätter waren also ein richtiges Manuskript gewesen. Ursprünglich hatte er einfach zu seiner Übung die Gedanken festhalten wollen, die in der Gesellschaft an Herrn Berg abgeprallt waren: sein Mißtrauen gegen die besondere Friedensliebe von Menschen, die nicht mit Bleisoldaten gespielt haben; seinen Unglauben an die damals vernommenen revolutionären Verheißungen. Die Menschen sind nicht so leicht wandelbar. Vielleicht werden Kriege auch in Zukunft notwendig sein. Aber Frieden, Krieg und alle die Worte, die auszusprechen nicht die geringste Mühe kostet – im Schreiben merkt er zitternd, daß sie wachsen und wachsen, sich gegen ihn kehren und ihn bedrohen. Der auf Papier gebrachte Friede schwillt uferlos an, und vor dem Schriftbild des Krieges ergreift er die Flucht. Er läßt ohnmächtig von dem Wagnis ab. Er beginnt von neuem und sucht diesmal die Widerstände dadurch zu besiegen, daß er rasch über sie hinwegkritzelt. Die Platzangst vor den leeren weißen Flächen verliert sich allmählich. Immer deutlicher jedoch steigt das beklemmende Gefühl in ihm auf, daß er nicht mit den von ihm gemeinten Worten selber, sondern mit ihren Imitationen hantiere, und er kommt sich wie einer jener Jahrmarktsathleten vor, deren Eisenkugeln in Wahrheit aus Pappe sind. Das schlechte Gewissen entstellt die Buchstaben, die Linien fallen schräg ab. Zuletzt treibt ihn nur die verzweifelte Begierde weiter, doch noch das Ziel zu erreichen, das ihm anfangs aus nächster Nähe zugewinkt hat. Seine Hoffnungen werden enttäuscht. Denn falschen Wegmarkierungen gleich, locken ihn die nachgemachten Worte mehr und mehr in die Irre, und er weiß nicht, woher er stammt und wohin er da soll. Frieden und Krieg sind steinharte Blöcke . . . Jetzt freilich, angesichts der überaus regelmäßig angefüllten Zeitungsseite, war die erlittene Qual für Georg ein Rätsel. Alle einst gefürchteten Ausdrücke traten mit einer Selbstverständlichkeit auf, die jeden Zweifel an ihnen benahm, und die Sätze reihten sich so lückenlos aneinander, als hätten sie nie eine schriftliche Herkunft gehabt. Wie irgendein unbekannter Leser ließ er sich nachträglich von den gedruckten Gründen bezwingen. Manchmal unterbrach er für einen Augenblick die Lektüre, entfernte sich gleichsam ein wenig, um den nötigen Abstand zu gewinnen, und überflog dann staunend das festgefügte Ganze, das sich wie ein dem Nichts entstiegener Märchenpalast vor ihm erhob. Plötzlich fegte der Wind durchs Schloß, und es drohte zusammenzufallen. Ein Satz fehlte und zwar gerade ein Satz, der seiner kunstvollen Länge wegen Georg besonders ans Herz gewachsen war. Die Finger froren, er erinnerte sich wieder an die Kälte. Leute hielten die Zeitung in der Hand. Wer nicht wußte, daß der Satz ausgelassen war, entbehrte ihn sicher gar nicht. Georg war glücklich, die Leute sahen alle so verdrossen aus. Wenn sie geahnt hätten, daß der Verfasser mitten unter ihnen weilte. Er wollte noch am Nachmittag in den »Morgenboten«.

Da Georg täglich an dem Zeitungsgebäude vorbeikam, hatte er es noch nie bemerkt. Es war ein Fassadenstreifen, der nach oben verschwamm, ein Zubehör zu den neuesten Telegrammen. Die Lage in Thüringen, Spartakus, die Regierungstruppen, 8000, eine Note der Alliierten. Manchmal betrafen die angeschlagenen Telegramme nur lokale Ereignisse, deren Bedeutung offenbar durch die eilige Form ihrer Mitteilung gesteigert werden sollte; als sei die Stadt in unerreichbarer Ferne gelegen. In einem Schaukasten hingen Photographien, die aber gewöhnlich so dicht von Neugierigen umlagert waren, daß man sie nie besichtigen konnte. Das Publikum hatte viel Zeit. Die Rotationsmaschinen, die hinter den Souterrainfenstern sich selbst überlassen zu sein schienen, erweckten den Eindruck künstlicher Ausstellungsobjekte ... »Zu Herrn Kummer«, erwiderte Georg dem Portier, der ihn gleich nach dem Eintritt anhielt. Er kannte den Portier vom Sehen. Ein Kriegsinvalide in einer Art von Livree, deren einer Ärmel ungefüllt herabfiel, der Kopf war noch übrig geblieben. Sonst stand der Mann meistens draußen, aber der Wind wehte zu eisig. Treppenläufe; zwei Herren vor einer offenen Tür; ein Bursche; bitte im obersten Stock. Herr Kummer, der auf das Klopfen nicht antwortete, trug ein schwärzliches Lüsterjäckchen.

»Ich wollte Ihnen doch gleich danken«, stieß Georg hervor. »Hat Ihnen mein Aufsatz gefallen? Wieso ist er denn so schnell veröffentlicht worden? Ich bin sehr froh. Vielleicht kann ich jetzt öfters etwas schreiben?«
Das Zimmer war überhitzt wie ein Aquarium.
»Der Orkan hat mehrere Ortschaften verwüstet«, sagte Herr Kummer und wies auf einen langen bedruckten Papierstreifen hin.
Ungeduldig wiederholte Georg seine Fragen, doch der Korrektor sah stumm ins Leere. Es war ihm anzumerken, daß er sich den Fragen inzwischen genähert hatte und mit ihnen rang. Die Antwort schien auf ein unüberwindliches Hindernis zu stoßen. Zu spät fiel Georg ein, daß er den Fehler begangen hatte, verschiedene Fragen gleichzeitig zu stellen, statt sie auf größere Abstände zu verteilen.
»Was macht Ihre Gesundheit«, schaltete er ein, um den Fragenknäuel auseinanderzutreiben.
Herr Kummer war spürbar erleichtert. »Zwei Druckfehler sind in Ihrem Artikel stehengeblieben.« In der Absicht, die glückliche Ankunft beim Aufsatz unverzüglich auszunutzen, begann Georg vom Orkan zu sprechen. »Der Orkan ist auch in der Stadt fürchterlich. Die Zeitung fliegt einem aus den Händen. Übrigens bin ich heute abend bei Frau Anders eingeladen.« Von Fred wollte er nichts sagen.
Der Korrektor erhob sich plötzlich, wechselte den Rock und verließ wortlos das Zimmer. Ärgerlich stampfte Georg in der Hitze allein mit dem Fuß auf. Schon nach fünf. Fortgehen? Das Lüsterjäckchen glänzte verbraucht am Haken. Man mußte das Fenster öffnen. Die laute Kälte, ein Lastwagen mit Papierballen fuhr tief unten im Hof ein. Es raschelte hinter Georg. Papierstreifen flogen durch die Zimmerluft. Er schloß das Fenster, legte die Streifen auf das Pult zurück. Stille. Ich suche jetzt einfach irgendeinen Redakteur auf. Die Druckstreifen lockten ihn zu sich. Einige fühlten sich feucht an, der Rest wölbte sich trocken.

Es gruselte ihn, wie ein Kind, das vorzeitig durch die Weihnachtstür späht, wühlte er heimlich in den Aufsätzen, Nachrichten und Zifferntabellen. Seine Hand war schwarz geworden.

»Herr Krug ist gerade frei«, sagte der Korrektor in der Tür, »kommen Sie mit.«

Sie durchquerten ein unbekanntes Hausviertel, Korridore und Treppen wirbelten wie die Papierstreifen durcheinander. »Wer ist Herr Krug?« Die Korrektormasse vorn regte sich nicht.

»Also das ist der Verfasser unseres hochpolitischen Artikels«, sagte Herr Krug. Er hatte sich mit dem Stuhl hinter seinem Schreibtisch gedreht. Georg strahlte.

»Ich bin glücklich, daß Ihnen mein Aufsatz gefallen hat.« Artikel war ihm zu gering.

»Doch, doch, der Artikel enthält einige treffende Formulierungen. Obwohl ich nicht gerade behaupten möchte, daß er uns in allen Teilen gefallen hätte . . .«

»Kommen denn meine Gedanken nicht klar heraus?«

»Das habe ich keineswegs sagen wollen. Im Gegenteil, es ist Ihnen durchaus gelungen, sich verständlich zu machen. So ziemlich wenigstens – – – Sie sind Anfänger, nicht wahr? Anfängern fällt es gewöhnlich besonders schwer, sich unzweideutig auszudrücken. Auch bei Ihnen merkt man nicht so recht, wo Sie nun eigentlich stehen; was natürlich nicht heißen soll, daß Ihr Versuch der Haltung entriete.«

»Ja, warum . . . Wenn Ihnen mein Artikel nicht gefallen hat, warum haben Sie ihn denn sofort veröffentlicht . . .« Artikel war gut genug.

»Einen Augenblick, mein Lieber. Ich fahre gleich fort.«

Ein Bursche war eingetreten und händigte Herrn Krug einen Zettel aus. Georg war viel zu enttäuscht, um sich rühren zu können, die Worte erhoben sich wieder aus der Scheinglätte des Drucks und verwandelten sich in Ungetüme zurück. Aus der Armlehne des Sessels, in dem Herr

machen wollten, mußte es also unverzüglich geschehen. Leider jedoch fehlte uns gerade ein Artikel, der den Schlag wirksam parierte, und in der Eile war er auch nicht zu beschaffen. Da spielte uns der Zufall Ihr Manuskript in die Hände, das mit unseren Gesinnungsfreunden ein Hühnchen rupft, ohne sie, wie ich mich ausdrücken möchte, kriegerisch zu zerzausen. Es fügte sich unseren Absichten, und so stellten wir unsere Bedenken gegen seine Schwächen zurück.«

»Ein Zufall?«

Das Manuskript war, wie Georg erfuhr, mit gewissen Korrekturfahnen zusammen aus Versehen in die Redaktion geraten, und nur mit Mühe habe sich der Korrektor noch an den scheinbar von ihm verlegten Aufsatz erinnern können. »Der gute Kummer«, sagte Herr Krug. Er hob die Brillengläser gegen das elektrische Licht und wühlte, ohne weiter auf seinen Besucher zu achten, geschäftig in seinem Papierberg. Es rauschte um Georg und er hielt sich selber für die nun endlich erwischte Beute Krugs, der mit ihm und dem Schreibtisch durchs Büro rotierte und dabei leuchtete wie die ganze Friedensbewegung. Ein Zufall – man war ja ein Nichts – die Worte, die entsetzlichen Worte. Georg stand auf.

»Herr Dr. Petri wollte mich sprechen, aber es hat wohl keinen Zweck . . .«

»Warum so mutlos, mein Lieber, es ist zwar schwer, heutzutage nicht den Mut zu verlieren, Sie dürfen jedoch die Gelegenheit, mit dem Chef zu sprechen, nicht verpassen, wenn sich auch kaum voraussehen läßt, ob es überhaupt eine Gelegenheit ist.«

So schön erglänzte im Laternenlicht das alte Barockportal, es war heute abend wie durch ein Wunder zum erstenmal aufgetaucht, mit seinen Akanthuskapitälen, seinen Oberlichtschnörkeln und den beiden Engelknaben, die über der dunklen Straße schwebten und in einem fort lächelten. So schön wehte der Wind, er hatte an Heftigkeit nachgelassen und umfuhr leicht die Glieder. So schön waren die verblichenen Soldatenmonturen, viele Männer trugen noch ihre Monturen in den Frieden hinein, lauter gleiche graue Männer, die auch Engel hätten sein können, verkleidete Straßenengel. So schön schimmerte das helle Pünktchen, auf das Georg nach seinem Eintritt in die Anderssche Wohnung zuging, eine winzige Helle am anderen Ende des Korridors, die Tür zum Wohnzimmer mußte offen geblieben sein. Durch einen langen Tunnel glaubte Georg dem Süden entgegen zu reisen. Die Helle rührte von der weißen Bluse eines Mädchens her, das allem Anschein nach Margot war, oder auch von Margots Gesicht. Sie saß auf dem Streifensofa, aber durch ihre Anwesenheit hatten die Streifen ihre frühere Macht eingebüßt und waren kaum noch zu sehen. Obwohl Frau Anders aus Zerstreutheit selber häufig die Tür offen ließ, schimpfte sie doch jedesmal, wenn Marie oder Fred sie nicht sofort hinter sich schlossen. »Ich muß Dich nachher allein sprechen«, flüsterte Fred Georg zu, die obere Hälfte seines von unten beleuchteten Gesichts verschwand schon im Dämmer der Höhenregionen. Soeben noch hatte er sich neben dem Sofa halb über Margot geneigt, und nach Georgs Ankunft war es gewesen, als löse er sich gewaltsam aus einem photographischen Gruppenbild. Er atmete spürbar, blickte von Georg zu Margot und wieder zu Georg zurück, dem er etwas sagen wollte, das er nicht sagte, und harrte verlegen im Raum. Auch Georg blieb aufrecht, ohne sich anzulehnen, da Margot nicht das geringste Zeichen gab, das ihn in ihre Nähe zu locken vermocht hätte. Die Gruppe bestand jetzt aus drei starren Figuren. Tief in der Ecke erhob sich lautlos die schwarze Holzsäule, die vielleicht einmal eine Porzellanvase getragen hatte, das Zimmer glich einem Teich. »Gleich kommt der Tee«, rief Frau Anders aus dem Korridor und stieß die Figuren um. So mochte sie einst die Porzellanvase zertrümmert haben. Durch das Geräusch in ihrer Gefolgschaft wurden die Schatten aufgestört, und der ganze Teich kräuselte sich. »Wir haben Ihren Aufsatz gelesen, Georg, einfach wundervoll ist er geschrieben. Nicht wahr, er richtet sich gegen die Gesellschaft, von der Sie mir neulich erzählten. Ehe Marie sich schlafen legt, bringt sie noch heißes Wasser zum Tee. Nun werden Sie sicher bald berühmt, so etwas fühlt man, vertrauen Sie mir. Und wie Sie es dieser Frau Bonnet gegeben haben, die glaubt ja selber nicht, was sie sagt ... Ich wünschte natürlich auch, wir hätten einen wirklichen Frieden.« Frau Anders regte sich auf, weil sie so gebildet über den Pazifismus sprach, und verfiel in den gebildeten Ton, weil sie aufgeregt war.

»Mir ist nur unangenehm«, fing Georg an, »daß gerade Frau Bonnet ...«

Er wurde von Margot unterbrochen, die ins Leere hinein fragte, von welchem Aufsatz eigentlich die Rede sei. Ihre Stimme war so hell wie der kleine Lichtfleck am Ende des Korridors. Fred fuhr herum und erinnerte Margot vorwurfsvoll daran, daß er ihr doch erst vorhin Georg im »Morgenboten« gezeigt habe. Er schmiegte sich an Georg, er hielt zu Georg, der ganzen Welt zum Trotz, sehr schlank, mit Augen, die Trauerränder hatten, alles war von Bedeutung.

»Nein, wirklich Freddie, ich habe nicht gewußt, daß Dein Freund bei der Zeitung ist.«

Völlig fern, hinter dem Tunnel. Georg durchraste ihn, um die Stimme zu erreichen, und brachte bei dieser Gelegenheit gleich seine Neuigkeit an. »Ich bin auch bisher nie bei der Zeitung gewesen«, sagte er unmittelbar zu Margot, »aber seit heute nachmittag bin ich dort angestellt.« So schön war die Welt, und nun noch Margot. »Es kocht«, rief Marie, die den Wasserkessel trug. Auch Frau Anders kochte vor Begeisterung. Mit einem Mal wußte Georg, warum er ein wenig bedrückt war. Freddie, Margot hatte Fred Freddie genannt. Nie noch war er, Georg, auf Freddie geraten; immer nur Fred. »Wie ist es denn so schnell gekommen? Der gute Herr Kummer.« Um sich vor der lauten Mutter zu retten, kroch Fred in die Teetasse hinein. Die Lampe hing viel zu tief. Georg schilderte seinen Besuch bei Herrn Krug mit einer Genauigkeit, die ihm durch die Gewalt der Ereignisse aufgenötigt wurde, er wollte Margot, die im Licht saß, zu sich herüberziehen, ihm folgen sollte sie aus dem Zimmerraum hinaus, nichts war unmöglich an diesem Tag, ganz glücklich war er über sein Glück.

». . . und dann ging ich zu Dr. Petri, dem Verleger, das heißt, ich mußte erst lange im Vorzimmer warten, dessen Einrichtung so großartig ist, daß ich selber immer kleiner wurde. Außerdem war ich noch von Herrn Krug her niedergedrückt. Vielleicht wäre ich weniger befangen gewesen, hätte nicht die Sekretärin im Vorzimmer ununterbrochen über mich hinweg getippt. Wie ich nachher erfuhr, heißt sie Fräulein Peppel. Besonders gedemütigt fühlte ich mich dadurch, daß sie einmal in meiner ausdrücklichen Gegenwart eine rein private Verabredung traf – als sei ich eine Sache, vor der man sich ungestraft nackend ausziehen dürfe. Daß sie zweimal mit dem Chef telefonierte, ohne mich zu ihm hereinzuschicken, erhöhte noch meine Angst, vergessen worden zu sein. Fräulein Peppel ist mit einem Haarknäuel ausgerüstet, der sie auch von hinten unnahbar macht. Plötzlich – weder ein Klingelzeichen noch ein Telefonanruf war vorangegangen, und ich verstehe bis zur Stunde nicht, woher sie die Kenntnis nahm – plötzlich erklärte sie, daß der Chef frei sei. Sie wandte sich mit der Nachricht nicht etwa an mich, sondern hing sie wie ein Luftpaket zur allgemeinen Benutzung auf. Zum Glück war sonst niemand im Zimmer, und so klopfte ich

laut an die ledergepolsterte Tür. Herr Dr. Petri . . .«
»Wie sieht er denn aus«, fiel Frau Anders ein, »Sie erzählen so interessant.«
Erstaunt legte sich Georg nachträglich Rechenschaft darüber ab, daß er in seiner Aufregung Dr. Petri gar nicht betrachtet hatte.
»Ich weiß es nicht«, erwiderte er, »wahrscheinlich ist er groß. Die Hauptsache ist aber, daß er meinen Artikel für politisch begabt erklärte. Ich hätte gut begriffen, daß man in unserer schwierigen Situation lavieren müsse, um ans gewünschte Ziel zu kommen. Er sprach von notwendigen Umwegen, sagte öfters ›Wir Radikalen‹ und behandelte mich überhaupt wie einen Gleichgestellten unter vier Augen. Da er fortwährend allein redete, solange er sich mit mir unterhielt, hatte ich nicht die Gelegenheit, ihn darauf aufmerksam zu machen, daß mein Aufsatz ohne jede politische Nebenabsicht geschrieben worden war. Und nun denkt euch: später teilte mir Dr. Petri noch mit, daß Frau Bonnet bereits mit ihm sehr lobend über mich gesprochen habe . . . Aber ich konnte doch nicht anders schreiben.«
»Ach was«, fuhr Frau Anders dazwischen, »jeder muß seine Meinung sagen. Die Leute hängen alle miteinander zusammen.«
Mit zitternder Stimme verkündete Georg, daß er fortan gegen ein Fixum zunächst am lokalen Teil des »Morgenboten« mitarbeiten solle. Das Zittern ließ sich nicht unterdrücken, und überdies war er nun endgültig durch Margots Blicke verwirrt. Sie trug einen grünen Anhänger auf der Bluse. Von den ersten Worten an, mit denen er seinen Bericht begonnen, hatten ihn ihre Augen bewegungslos angestrahlt wie der grüne Stein, ja, zuletzt war das Licht des Steins mit dem der Augen zu einer einzigen grünlichen Helle verschmolzen, die das ganze Zimmer erfüllte. Kaum hatte er sich noch gespürt, so sehr verging er in ihr. Allmählich trat Margot zurück und bildete sich wieder

neu, es mußte etwas zwischen ihnen geschehen sein, nur wußte Georg nicht was. Margot sagte, daß sie einen Freund bei einer Zeitung habe, und der sei Pazifist. Ich bin selbstverständlich für den Pazifismus, sagte Margot. Sie reizte ihn, sie war ein besonderer Reiz, und Georg wurde immer gereizter, weil er nicht zu ergründen vermochte, ob sie ihn abstoßen oder anziehen wolle. Die Unsicherheit warf ihn hin und her, ein stürmisches Hin und Her, das zum mindesten bewies, daß sie nicht gleichgültig gegen ihn war, daß er sie anzog oder eben doch abstieß. Am liebsten hätte er sie Margot genannt, und vielleicht wäre es auch ihr lieb so gewesen, aber da tauchte Freds Gesicht wie ein Gesicht der Erinnerung zwischen ihnen auf. Der grüne Stein hing an einem goldenen Kettchen. Von sich abgetrennt, fühlte Georg: eine Jugendaura umwob ihn, Fred und Margot, sie waren alle drei heiß, sie glühten zusammen, wie eine Feuersäule loderten sie, und vor ihnen lag das Dunkel. Die süße Röte der Wangen, nichts ist fertig und ausgemacht. »Wie schön Laura als Mädchen war«, sagte Frau Anders ganz aus der Ferne, vom Sofa her, »Tante Laura, Margot. Du weißt doch, sie starb mitten im Krieg.« Zwischen den Streifen und Decken tafelte das Familienalbum, eine feierliche Ledermappe in Gala, deren Seiten sich mit der Schwerfälligkeit alter Portale in den Angeln drehten. Frau Anders deutete auf ein Mädchenbild: zwei junge Mädchen mit Chignons in einer Art von Faschingskostüm. »Die kleinere bin ich. Wir gingen zu einem Karnevalsball, und ich entsinne mich noch, als sei es heute, der Eifersucht, die wir danach aufeinander hatten. Dabei war der Jüngling ...« Die beiden verblaßten Mädchen, die Frau Anders vergeblich aufzufrischen suchte, lehnten an einem Geländer aus Birkenholz, hinter dem eine Parklandschaft kunstvoll verschwamm.

»Ich möchte mit Georg für einen Augenblick in mein Zimmer.«

Fred war aufgestanden und räkelte sich, die Wohnstube zog sich zusammen. »Aber Fred«, schalt die Mutter, »jetzt, wo Margot hier ist . . .«
»Laß doch den Jungen gehen. Ich sehe mir lieber die Photos mit dir an.« Übers Album gebeugt, blickte Margot von Fred und Georg ausdrücklich weg. Vermutlich um sie zu entschädigen, fragte Frau Anders, ob sie neue Entwürfe mitgebracht habe. Margot macht wunderbare Entwürfe und hat einen ganz modernen Geschmack. Sie bestritt den Geschmack und ihre Entwürfe. Georg wäre gern geblieben und gern gegangen, Fred drängte ihn mit sich, sein Zimmer umfing sie, es war wie oft ein Indianerzelt, das in der einsamen Steppe lag, weit fort von den Menschen.
»Was wolltest du mir sagen?« fragte Georg aus seiner Privathöhle, dem Liegestuhl, der einem Zelt im Zelte glich.
»Wie findest du sie? Sie ist doch sehr schön.«
»Ach, über Margot hast du mich sprechen wollen.«
Mit einem stummen Kopfschütteln beteuerte Fred, daß er ihn nicht über Margot habe sprechen wollen. Georg sah rasch an ihm vorbei auf ein beliebiges Tapetenblümchen, das sich, von der Gemeinschaft seiner Brüder und Schwestern abgesondert, erbärmlich ausnahm, während alle Blümchen zusammen so bunt und üppig wirkten, als schmückten sie eine Wiese. Über dem einzelnen Blümchen schimmerten ungreifbar Freds Augen, denen er auszuweichen versucht hatte, aber sie waren ihm nachgefolgt und vertrieben die Blümchen. Sicher war Fred in Margot verliebt. Offenbar hatte der Tageswind Georg müde gemacht und die lange Zeitungsgeschichte, denn er fand sich nicht mehr aus dem dunklen Tunnel heraus und stolperte über Freddie. Der Tunnel war der Korridor, an den das Zimmer grenzte, und der Korridor führte zu Margot. Wäre ich nur bei Margot, dachte Georg, es ist ja räumlich alles ganz klar –

»Warum sprichst du nicht?«
»Mir ist so«, hörte Georg sich sagen, »als habe Margot eine plötzliche Neigung zu mir gefaßt. Sie betrachtete mich in einem fort mit einem besonderen Ausdruck. Ich hatte ein komisches Gefühl dabei, es wäre doch möglich . . .«
Ein »Ich glaube nicht« Freds widersetzte sich dieser Möglichkeit. War es ein Irrtum oder nicht: für einen Augenblick ergriff ein fremdes Lächeln, das gleich wieder zurückschlüpfte, von seinem Mundgebiet Besitz und veränderte es bis zur Unkenntlichkeit. »Könnte ich dir nur erklären . . .«, stammelte er. Unnachgiebig beharrte Georg auf Margots Interesse an ihm, und da ihn jene beschämende Unsicherheit peinigte, die ihn manchmal dem Jungen gegenüber befiel, hielt er überdies daran fest, daß sich Margot vorhin nur geärgert habe, weil er, Georg, aus dem Wohnzimmer gegangen sei.
»Laß doch Margot«, rief Fred zornig. Er stand neben dem Liegestuhl und bebte. »Ich habe solche Angst, Georg, daß du mir entgleitest. Du wirst jetzt bei der Zeitung eine Menge Leute kennenlernen und vielleicht nicht mehr wie früher mit mir zusammen sein wollen. Bleibe bei mir, Georg. Ich kann nicht ohne dich sein, ich fürchte mich so allein.«
»Ich bin ja bei dir.«
Die Hüftengegend Freds dehnte sich vor Georg, und er heftete seinen Blick auf den schlanken Knabenumriß, auf das Schwellen, das ihn erregte. Wie vorm Einschlafen schoß ihm durch den Kopf, daß man doch eigentlich von Gesicht zu Gesicht liebe, und nicht nur die Hüften. Eine heiße Hand streichelte ihn, und auch seine Hand tastete sich blindlings vor, um zu spüren, um zu greifen, aber zuletzt ebbten sie, von der Scheu aufgehalten, wieder zurück. Fiebernd kroch er aus dem Liegestuhlzelt ins Freie und trat zu Fred hin, und in der dunklen Steppennacht umarmten sie sich. So schön war die Welt, was lag ihm an

Margot, die Zeitung drohte von fern. Das alte Barockportal, der Geschichtslehrer, der an der Vergangenheit hing, die wunderbaren Wanderungen des Manuskripts, die Bestrafung eines Mitschülers durch den Direktor, das lange Gespräch mit Herrn Krug – sie gossen die letzten Tage aus und schütteten ihre Inhalte so lange durcheinander, bis aus den zwei Leben ein einziges wurde, das nicht aufhören wollte zu rieseln. Mitten im Geriesel tauchte das blaugemusterte Waschgeschirr Freds auf, die große Kanne neben dem mit klarem Wasser gefüllten Becken, dahinter die Zahnbürste, der Schwamm. Von der Kinderunschuld der Porzellangefäße ergriffen, vergegenwärtigte sich Georg neidisch ihr stetes Zusammensein mit Fred. Sie waren bei ihm, wenn er sich wusch und abtrocknete, sie atmeten die Luft seines Zimmers.

»Weißt du, wie spät es ist? Elf schon vorbei.«

Irgendwann hatte vorhin die Uhr vom nahen Kirchturm geschlagen. Sie rafften sich auf, der Augenblick hatte länger als eine Stunde gedauert. Kaum sahen sie sich an. Drüben im Wohnzimmer räumte Frau Anders Sachen weg.

»Gerade hatte ich Euch rufen wollen . . .«

»Verzeih, Mutter . . .«

»Jetzt schleunig ins Bett, Margot ist vor zehn Minuten gegangen, sie war böse auf dich, Fred.«

Nichts mehr von Glück, nur der schlaftrunkene Raum. Der Junge schwieg betroffen. Die schwarze Holzsäule hatte ihre Nachtwache angetreten. Das Dunkel glich einem endlosen, mürrischen Tag.

IV

Auf einem niedrigen Feldherrnhügel steht, umgeben von hohen Militärs, König Wilhelm und beobachtet die Truppen, die sich bei Sedan oder Gravelotte schlagen. Reiter sprengen im Galopp einher, Tote in blauroten Uniformen bilden malerische Gefallenengruppen, und über die siegreiche Schlacht wälzt sich ihrer ganzen Länge nach Pulverdampf hin. Links davon findet im Spiegelsaal von Versailles die Kaiserkrönung statt, ein Galafest von verblaßter Farbenpracht, unter dem gerade die Stadtverordneten zur Tür hereinströmen, in ihren gewöhnlichen Straßenanzügen ohne Orden und Epauletten. Sie begeben sich zu ihren Sitzen, und Georg blickt von der Pressetribüne an den Wandgemälden vorbei auf die Männer und Frauen im Halbrund nieder, die sich mit ihren Glatzen und Frisuren klein ausnehmen, im Vergleich mit den bunten Soldaten, Generälen und Fürsten. Genau vor dem König bei Gravelotte oder Sedan, der so königlich aussieht, als habe er nie gelebt, bewegt der Vorsitzende ununterbrochen die Lippen, aber seine Ansprache wird vom lautlosen Schlachtenlärm ringsum übertönt. »Das kann heute lang dauern«, sagt Herr Mössinger vom Zentrumsorgan vernehmlich zum Vertreter des sozialdemokratischen Blattes. Georg sitzt zwischen den beiden Berichterstattern, die immer über ihn hinwegsprechen und vertraute Bemerkungen miteinander austauschen, obwohl sie ganz verschiedenen politischen Parteien angehören. Sie kommen schon jahrelang hierher, beinahe jede Woche zur gleichen Stunde am Spätnachmittag, bringen wie Handwerker, die auf den ersten Anhieb die richtigen Maße zu treffen verstehen, sofort alle Reden druckfertig zu Papier und wissen am Anfang der Sitzung bereits um ihr Ende Bescheid. »Was ist denn eben an der Reihe«, fragt Georg, der den Vorgängen im Saal vergeblich zu folgen sucht. Er erhält keine Antwort und hat die

Empfindung, ein unbeachteter Verbannter zu sein, den zwei Wärter bewachen. Die Pressetribüne gleicht einem hölzernen Vogelnest, von dem aus man einen Rundblick aufs Gezweig der Lüster genießt. Während Georg ihren schwarzglänzenden Spiralen und Ranken nachschweift, die eigentlich Gasflammen hätten tragen sollen statt der elektrischen Birnen, dringt die Tatsache in sein Bewußtsein, daß unten im Saal über die Erhöhung der Trambahntarife verhandelt wird, und daß er nicht hierher geschickt worden ist, um sich in die eisernen Kronen zu flüchten, sondern schreiben muß, schreiben wie die beiden Aufseher zu seiner Seite. Die Stadtverordneten sitzen nach Fraktionen getrennt, und da jetzt gerade der volksparteiliche Sprecher die vom Magistrat vorgeschlagene Staffelung der Trambahntarife befürwortet, wird sie der Sozialdemokrat später unfehlbar ablehnen. »Meine Freunde stehen auf dem Standpunkt, daß die Trambahnen . . .« Der »Morgenbote« schlägt sich meistens auf die linke Seite, betont aber gerne seine Freiheit von parteipolitischen Bindungen. Gewöhnlich bespricht Georg die Tagesordnung vorher mit Herrn Lawatsch, dem Lokalredakteur, der ihn ein für allemal angewiesen hat, die paar mit Dr. Petri befreundeten Stadtverordneten in seinem Bericht zu bevorzugen. An manchen städtischen Angelegenheiten, die Georg selber für gleichgültig hält, nimmt übrigens die politische Redaktion ein besonderes Interesse. Durch die Täfelung ist plötzlich der Oberbürgermeister eingetreten. »Das Wort hat der Herr Oberbürgermeister . . .«, schreibt Georg gewohnheitsmäßig nieder. Bei seiner Rede sind die Bleistifte sämtlicher Berichterstatter in Tätigkeit; während sie sonst zu verschiedenen Zeiten übers Papier fahren. Wenn etwa Georgs rechter Nachbar voll beschäftigt ist, gähnt der linke; so daß der vollständige Verlauf der Stadtverordnetenversammlung eigentlich nirgends wieder auftaucht. Der Oberbürgermeister trägt genau in der Mitte einen Scheitel, der sich, von der Nase ein Stück weit unterstützt, über die ganze Figur hinzieht und sie in zwei gleiche Hälften zerlegt, die aber durch ihn nicht gespalten, sondern eher zusammengeschweißt werden. So bewegt sich auch die gesamte Person des Oberbürgermeisters auf der Mittellinie. Da er die auseinanderstrebenden Fraktionen auf ihr vereinigen möchte, sollen die Trambahntarife erhöht werden, ohne jedoch über das von der Sozialdemokratie gewünschte Maß hinaus zu wachsen. Schon scheinen sie zur Ruhe zu kommen, als mit einem Male Lärm im Saale entsteht. »Der hat uns gerade noch gefehlt«, empört sich Herr Mössinger, klappt seinen Notizblock zu und holt aus der Hosentasche ein Eßpaket wie aus einem Tornister. Am Rednerpult unten fuchtelt ein dünner rothaariger Mann, der kommunistische Stadtverordnete Fritz. Es ist, als werde die rötliche Gestalt von einer unsichtbaren Hand an einem Bindfaden hin und her geschwenkt. »Wenn Sie, meine Herren, glauben, daß Sie mit dem werktätigen Volk Schindluder treiben können . . .« Die Glocke ertönt, wie Georg in Klammern hinzufügt. Fast alle Herren verlassen ihre Plätze, schließen sich gegen den Kommunisten zu Gruppen zusammen und unterhalten sich absichtlich laut. Herr Mössinger ißt seine Brote und faltet das Einwickelpapier zusammen, das bei der geringsten Berührung knistert. Die gewaltige Messerklinge, mit der er die Stullen zerschneidet, reichte hin, um Hänsel und Gretel zu schlachten. Fritz wird zur Ordnung gerufen. »Will mal hinuntergehen und mit dem Alten sprechen«, erklärt Herr Mössinger nach beendeter Mahlzeit dem Sozialdemokraten, »heute abend wird wieder nichts aus dem Skat.« Er erhebt sich mit zerknitterten Hosen, die nur noch aus Pflichtgefühl um das Hinterteil wallen, und nach kurzer Zeit folgt ihm der Sozialdemokrat, der sich schweigend an Georgs Knie vorbeidrängt. Stadtverordneter Fritz ballt die Faust gegen den Oberbürgermeister, der so still in den Akten blättert, als ob er in der Mitte seines Studierzimmers säße. Georg bemerkt, daß er beinahe allein im Vogelnest zurückgeblieben ist. Warum tobt der Kommunist wie ein Volkshaufe, der die Trambahnen anhält, die doch fahren sollen, und niemand hört zu. Draußen ist immer noch Winter, alle Teiche sind zugefroren und die Abende endlos. Ohne Fritz wäre die Sitzung längst fertig, und überhaupt möchte Georg nicht so oft von Fred durch die hölzerne Öffentlichkeit getrennt sein. Hinter dem schwarzlackierten Astwerk, das frei im Raum schwebt, lagert der Pulverdampf über Sedan und Gravelotte, und aus den Rauchwolken donnert die Stimme: »Ich warne Sie, meine Herren! Sie haben nichts aus dem Krieg gelernt, Sie haben schon lange, viel zu lange die Arbeiter ausgebeutet. Bald wird sich das Blättchen wenden, und dann werden die unterdrückten Massen gegen ihre Ausbeuter marschieren ...« Gelächter und Schlußrufe. Auch Georg muß lachen, weil das rötliche Männchen so aufgeregt an seinem Bindfaden schwingt und stets wieder an der Zahlenwand der Trambahntarife abprallt. Unter den Blicken der glänzenden Fürstlichkeiten im Versailler Spiegelsaal wird Stadtverordneter Fritz für den Rest der Sitzung ausgeschlossen, ein Vorfall, den Georg sachlich notiert. Es verdunkelt sich leicht vor ihm, und Biergeruch weht ihn an. »Man sollte dem Kerl das Reden verbieten«, sagt Herr Mössinger. Der Sozialdemokrat sitzt auch schon wieder auf seinem Platz. Wie ein in der Mitte zusammengeklebter Vollmond geht der Oberbürgermeister am Horizont der Schlachtbilder auf, und die Trambahntarife wiegen sich sanft in seinem Licht. »Die Sitzung schließt nach zehn Uhr.« Auf der einsamen Wendeltreppe hallen die Schritte. Der Rathausplatz liegt leer in der Nacht.

Betrat man in den späten Abendstunden die Zeitung, so mußte man durch einen Nebeneingang – das Hauptportal war nach acht Uhr geschlossen – und kam im leeren Vestibül am Nachtportier vorbei, dessen dicke in sich zusammengekauerte Körpermasse wie ein Stearinklumpen auf dem Stuhl lagerte. Die Kerze, von der er herabgeträufelt war, schien schon ganz niedergebrannt zu sein. Statt das Haus in der Nacht zu hüten, wurde der Portier selber von dem Haus bewacht, und wenn man nicht genau hinsah, verschmolz er mit den Pfeilern und Wänden. Die Treppenstufen, die zahlreicher als am Tag waren, stiegen nach oben und mündeten in finstere Korridore ein, die Zimmern glichen, in die Länge gezogenen Zimmern. Georg, der oft um diese Zeit einen Bericht abzuliefern hatte, durchmaß sie nie, ohne mit einem Frösteln die Reihe der Redaktionsstuben neben sich zu spüren, die jetzt verlassener waren als Gänge. Landete er endlich im Zimmer des Lokalredakteurs Lawatsch, dem einzigen, das im Hauslabyrinth noch erhellt war, so hatte er immer das Gefühl, am Zielpunkt einer gefährlichen Wanderung zu sein, und Licht und Ankunft flossen ihm ineinander. Das Licht war durch den grünen Schirm der Arbeitslampe gedämpft, neben der sich Herr Lawatsch über den Schreibtisch beugte. Sein müder alter Rücken erinnerte an den abgescheuerten eines vielbenutzten Buches, und die grauen Haare darüber wucherten ungepflegt wie der Rasen eines von seinem Besitzer längst preisgegebenen Parks. Verwahrlost wie sie war der Schreibtisch, ein verjährtes Vorkriegsstück, das zahllose Papiere, Zeitschriften und Broschüren bedeckten. Sie ragten über den Tischrand, sie hatten bereits die große Schublade durchwachsen. In ihnen sich zurechtzufinden, schien unmöglich, und dennoch holte Herr Lawatsch auf den ersten Griff jede gewünschte Nachricht hervor, irgendeinen unauffälligen Fetzen vielleicht, der seine kleinen spindeldürren Schriftzüge trug. Von der Ferne sahen diese Zeichen wie ein topographischer Geheimplan aus, nach dessen Anweisung man in dem

raschelnden Urwald das eine oder andere Schriftstück erreichen konnte. Auch die Manuskripte, die Georg Herrn Lawatsch vorlegte, füllten sich bei der Durchsicht regelmäßig mit dem Gekritzel, das der Herstellung ihres druckfertigen Zustands diente. In der Mehrzahl allerdings bestanden die angebrachten Verbesserungen aus Strichen. Während Herr Lawatsch sie vornahm, saß Georg dicht bei ihm und verfolgte in der Erinnerung seine eigenen Sätze. Und wie kurz immer er sich gefaßt zu haben glaubte, von dem Augenblick an, in dem er seine Niederschrift ausgeliefert hatte, merkte er, daß sie viel zu weitschweifig war. Sie begann sich in der Nähe des Lokalredakteurs gleichsam zu dehnen, und auch Georg selber hatte das Gefühl, plötzlich in die Länge geschossen zu sein. Wunderbar war, daß sich unter den redaktionellen Händen Lawatschs jedes Manuskript beträchtlich verkleinerte, ohne darum auch nur im geringsten ärmer an Inhalt zu werden. Aus einem Schloß schrumpfte es zu einer Hütte zusammen; aber das Schloß war in Wirklichkeit ein Trugbild gewesen. Obwohl Georg dem Phantom immer nachtrauerte, erkannte er doch die Korrekturen von Lawatsch an. »Wenn die Herren von der Politik richtig zu redigieren verstünden«, knurrte der befriedigt aus der Hütte heraus, »enthielte die Zeitung nicht halb so viel Blödsinn.«
Nicht selten leistete ihm Georg bis gegen Mitternacht Gesellschaft. Der Raum lullte ihn ein, und im grünen Nebel trieb das Gesicht Lawatschs dahin. Es war voller Buckel und Täler wie das rote Ripssofa an der Wand gegenüber. Die Ähnlichkeit rührte nicht nur daher, daß der Lokalredakteur Jahrzehnte mit ihm gemeinsam verbracht hatte, sondern auch vom Gebrauchszweck des Möbels. In vergangenen Zeiten sollte es das Instrument von Vergnügungen gewesen sein, die sich mit den Absichten der üblichen Redaktionsbesuche schlechterdings nicht in Einklang bringen ließen. Jetzt vertrödelte es im faden Stuben-

geruch seine Tage, und die Körpereindrücke waren ungreifbar geworden wie Wolken. Wenn Herr Lawatsch, was er nicht ungern tat, von seinen kleinen Abenteuern erzählte, wandte er sich unwillkürlich dem ausgedienten Diwan zu; als seien beide alte Kriegskameraden gewesen und in viele Schlachten gezogen. Die Witze, die er bei dieser Gelegenheit riß, waren auch derb, wie die unter Veteranen. So oft er in sie verfiel, krochen seine Äugelchen hervor und funkelten, und Georg glaubte dann stets eine Eidechse in der warmen Sonne übers Gestein schlüpfen zu sehen. Leider entschwand sie rasch wieder in irgendeiner Erdspalte, ohne daß er ihr zu folgen vermochte. Nur soviel stand fest, daß Herr Lawatsch als Altphilologe begonnen hatte, aber schon der Grund für seinen späteren Übergang zur Zeitung war nicht zu ermitteln. »Jeder gute Journalist hat ursprünglich ein anderes Handwerk ausgeübt«, sagte er einmal, als die Rede auf seinen Berufswechsel zu kommen drohte. Die Freude Georgs über diese unerwartete Bestätigung seines eigenen neuen Daseins wich gleich hinterher einer tiefen Niedergeschlagenheit, weil Herr Lawatsch fortfuhr: »Meistens sind Journalisten gescheiterte Existenzen. Sie werden aus ihrer Laufbahn geworfen und gelangen nie mehr auf einen grünen Zweig.« Seine Frau lebte, wie die ganze Zeitung wußte, mit einem anderen Mann, und nun sah er so allein aus, als habe er überhaupt keine Frau besessen. Auch war er nicht immer Lokalredakteur gewesen, sondern hatte beim ehemaligen Lokalblatt einen führenden Posten bekleidet. Erst nach dem Ankauf der Zeitung durch Dr. Petri und ihrer Ausgestaltung zum politisch einflußreichen »Morgenboten« war er auf die Angelegenheiten des Stadtgebiets beschränkt worden, in dem er seit jener Zeit eingesperrt saß wie ein Gefangener.

Immer wieder suchte Georg die Stube hinter den dunklen Gängen in der Hoffnung auf, nähere Auskünfte über die Zeitung zu erhalten. Er war ihr noch fremd wie am ersten

Tag und wäre doch gern vertraut mit ihr gewesen wie ein Verwandter. Es bedrückte ihn, daß die wichtigen Redakteure ihn nicht in ihre Absichten einweihten, daß er von allen Besprechungen ausgeschlossen blieb und die fertigen Artikel im Blatt lesen mußte, als sei er ein beliebiger Abonnent. Die Zeitung verfolgte ihn bis in seine Träume hinein. Er sah sich auf ihrer Hintertreppe ein- und ausgehen, oder befand sich im Rücken eines gewaltigen Tieres, das davonstampfte. Vergebens bemühte er sich, es einzuholen; es wölbte sich häuserhoch und zeigte ihm nie sein Antlitz. Der einzige, der sich ihm zukehrte, war Herr Lawatsch, aber auch er nur darum, weil er sich von der Zeitung abgewandt hatte. Wann immer Georg ihn über die Ereignisse aushorchte, die sich gerade im Haus abspielten, schweifte er entweder ab, oder machte seinem Groll gegen die neue Richtung Luft. Sie war ihm zu radikal. Vertreten wurde sie vor allem durch zwei junge Herren, die seit dem von Dr. Petri vollzogenen Kurswechsel in die Zeitung eingetreten waren: Dr. Albrecht und Herrn Sommer. Dieser schrieb über die neue Jugend, sie war ganz neu nach der Revolution, Herr Sommer glaubte an sie. Er trug einen Schillerkragen, rauchte nicht, grüßte auf besondere Art und war froh. Erwähnte ihn Georg, so grinste der Lokalredakteur und zuckte die Achseln, als ob sich die neue Jugend gar nicht verlohne. In seinem Mund steckten ein paar böse gelbliche Zähne. Das Grinsen verschwand, sobald der Name des Wirtschaftspolitikers Dr. Albrecht fiel. »Wir werden noch zum Kommunistenblatt«, sagte Herr Lawatsch verdrossen, »wenn der Kerl so fortschreiben darf.« Albrecht war ein erklärter Sozialist, veröffentlichte lauter scharfe Angriffe gegen die Industrie. Und was war mit Krug? Georg wußte nicht mehr, als daß er in allen Teilen des Blattes Plaudereien schrieb: über Ausstellungen, Strafprozesse, Sommerreisen, die Geburtenregelung und das Geistesleben. Lawatsch und er kannten sich von früher

her, und vielleicht lag es an ihrer alten Beziehung, daß der Lokalredakteur sich nur ganz unverbindlich über Krug äußerte. Er ist anders, als die Herren im Hause glauben, meinte er höchstens, ohne zu verraten, worin denn Herr Krug, der sich ebenfalls darüber ausschwieg, eigentlich anders sei. Um so unverkennbarer war, daß Lawatsch selber es mit der Vergangenheit hielt. Nicht so, als ob er vom Glanz des einstigen Kaiserreichs verblendet gewesen wäre, aber der Haß, der ihn fortwährend zu Schimpfreden gegen die heutigen Schwärmer, Phrasendrescher und Umstürzler trieb, entsprang seiner Sehnsucht nach der Jugendzeit vor dem Krieg und ihren heimlichen Kaisern. »Lieben Sie Eichendorff?« fragte er einmal Georg und rupfte aus dem Papierbüschel des Schreibtisches einen Band von Jean Paul. Jeden Abend nach dem Nachtdienst ging er noch in seine Stammkneipe und trank dort vor sich hin. Georg begleitete ihn manchmal ein Stück weit, leistete aber seiner Einladung mitzutrinken nie Folge. Es war schon so spät, und er würde beim Bier, das nur immer müder machte, ja doch nichts erfahren. Dem Alten wehten die grauen Haare unter dem Hut hervor, wie er durch die nächtliche Straße schritt, die ihn aufsog, als sei sie ein Schattenmeer.
Er schien überhaupt ein Nachtgespenst zu sein, denn vor Anbruch der Dunkelheit war er in der Zeitung nicht zu erblicken. Dabei suchte Georg sie zu allen möglichen Tageszeiten unter den verschiedensten Vorwänden auf, oder umstreifte sie auch nur wie ein geliebtes Mädchen, das man sich anzusprechen scheut. In der Öffentlichkeit ihrer Gänge fühlte er sich zu Hause. Die Redakteure überließen ihn meistens sich selber, was immerhin ein Zeichen dafür war, daß sie sich an ihn gewöhnt hatten. Vielleicht durfte er später auch einmal in einem der Zimmer sitzen. Besonders überflüssig kam er sich vor, wenn Dr. Albrecht hocherhobenen Hauptes vorüberging, ohne seinen höflichen Gruß zu erwidern. Es war, als werde die Luft von einer scharfen

Klinge durchschnitten, die niemals in ihre Scheide zurückkehrte. Auch Fräulein Peppel vergaß, ihm die Hand zu reichen, wenn er ihr die seine hinhielt, um sie freundlich zu stimmen. Sie hatte irgendwann vorübergehend in Argentinien gelebt und verachtete seitdem Europa. Vermutlich waren ihr die Männer hier nicht feurig genug. Georg wurde dadurch, daß sie ihm so hochmütig begegnete, nur noch weniger argentinisch. Herr Dr. Petri reiste, wie er erfahren hatte, oft nach Berlin, und Herr Kummer verirrte sich kaum je in die Räume der Redaktion. In der Regel fuhr er der vielen Treppen wegen mit dem Lift gleich nach oben. Übrigens war der Lift nicht selten beschädigt, und dann blieb der Korrektor auf jedem Podest wie in einem Empfangssalon stehen. Wenn Georg ihn dort von Zeit zu Zeit sprach, wunderte er sich darüber, daß er gerade durch den unwichtigen Kummer in die Zeitung gekommen war. Der Mann glich einem Zauberportal, das sich nur einmal öffnet und später überhaupt nicht mehr aufzufinden ist. Eine unscheinbare Tür vermittelte den Zugang zur Setzerei, die Georg gern besuchte. Am liebsten wohnte er dem Umbruch bei, einem kriegerischen Ereignis, das er wie ein unbeteiligter Schlachtenbummler genoß. Auf den eisenbeschlagenen Tischen lagen die großen leeren Platten, die mit dem Satz gefüllt werden mußten, der sich neben ihnen und in den Schubladen reihte. Sobald nun der Umbruch begann, erschienen die diensttuenden Redakteure und erteilten laute Kommandos wie Offiziere. Auf ihr Geheiß rückten die braven bleiernen Massen von verschiedenen Seiten aus vor und besetzten allmählich die Platten. Der Einmarsch vollzog sich aber in der Regel unter erheblichen Schwierigkeiten. Entweder verspätete sich ein Artikel, der noch mitgehen sollte, oder es strömten so viele Nachrichten herbei, daß sie sich gegenseitig den Platz streitig machten. Wenn etwa Dr. Albrecht einen Aufsatz geschrieben hatte, stürmte er seinen angriffslustigen Zeilen mit blankem Degen voran, um für sie den nötigen Raum zu erobern. Einmal war er in Streit mit dem Feuilletonredakteur Ohly geraten, der in letzter Minute eine Meldung aus Kunst und Wissenschaft unterzubringen suchte, die Albrecht für zu unwichtig hielt, als daß er um ihretwillen seinen eigenen Artikel gekürzt hätte. Die Wirtschaft ist heute wichtiger als die Kunst. Ohly war ein hübscher Kerl mit einem kleinen Schlips, der ein wenig schief saß und verwegen über die weiße Endlosigkeit des Hemdes ritt. So reiten die Künstler, dachte Georg, und auch die eigentlichen Redakteure bewunderten Ohly wie etwas Leichtbeschwingtes. Während er sich in der Setzerei aufhielt, um etwa den Bürstenabzug seiner Theaterkritik zu korrigieren, erzählte er ihnen von der gestrigen Premiere oder klärte sie im Maschinenlärm über den Expressionismus auf, den sie nicht so kontrollieren konnten wie die Reparationsforderungen. Sie glaubten, daß die Literatur gewissermaßen im Obergeschoß wohne, wo es immer festlich zuging und alle Lüster erstrahlten. Herr Sommer rechnete jeden Dichter unter dreißig Jahren zur neuen Jugend. Manchmal wandte sich Ohly auch an Georg, der sich freute, wenn der andere eine von seinen Zigaretten rauchte. Er regte sich gewöhnlich beim Umbruch mehr als die verantwortlichen Redakteure auf, weil er im Stillen befürchtete, die vorschriftsmäßige Frist könne nicht innegehalten werden. Daß trotz des Geschreis und der allgemeinen Verwirrung die Platten stets rechtzeitig unter die Presse kamen, war in der Hauptsache den Metteuren zu danken, die den Satz schweigend einhoben oder wieder entfernten. Sie und die Setzer glichen Bauern, die das Land aus Blei bestellten, ohne sich durch die Launen des Wetters beunruhigen zu lassen. Im Umgang mit ihnen fühlte sich Georg frei und zufrieden, und auch sie mochten ihn offenbar leiden. Mehr noch als ihre Fertigkeit im Ablesen der bleiernen Spiegelschrift beglückte ihn die Tatsache, daß alle

Artikel vor ihnen gleich wurden und sich höchstens ihrer Zeilenlänge nach unterschieden. Und wie herrlich waren die Setzmaschinen eingerichtet, deren Buchstaben nach Gebrauch wieder in die Magazine heimkehrten, um dann von neuem benutzt zu werden. Nicht das kleinste Komma ging hier verloren. Einer der Maschinensetzer war ein Boxer, der Georg immer anlachte und ihm bei jeder Gelegenheit seine Muskeln zeigte. Obwohl sie furchtbar anschwollen, wirkten sie doch wie hilfsbereite Kameraden, weil der gewaltige Mann selber so freundlich aussah. In den Wintermonaten brannte schon am frühen Nachmittag Licht in der Setzerei.

Vorsichtig folgt Georg dem Obermaschinenmeister durch den Schutthaufen, der die Bühne bedeckt. Über ihnen hängen verbogene Eisengerippe, die jetzt so gebrechlich und hilflos sind, als seien sie von Kinderhänden zerknüllt worden. Die kahlen Mauern des Bühnenhauses ragen wie Schornsteinwände hoch und münden unmittelbar im blauen Himmel. Während Georg noch aus dem Schutt zum Himmel hinaufstarrt, zeigt ihm der Obermaschinenmeister den eisernen Vorhang, der an einer Stelle zerrissen ist wie ein Taschentuch. Georg blickt durch den Riß ins Dunkel. Es ist so schwer, bei Unglücksfällen etwas Passendes zu sagen, und gerade den Fachmännern. Der Obermaschinenmeister trägt einen Schnauzbart wie alle Meister. Im Orchesterraum liegen, rührend anzuschauen, die Noten von Rienzi wie Überlebende auf den Pulten. »Da der Brand erst nach Schluß der Vorstellung ausgebrochen ist«, erklärt der Führer, »sind zum Glück keine Menschenleben zu beklagen. Auch der Theaterfundus ist unversehrt.« Allmählich unterscheidet Georg, der sich für einen Augenblick im Parkett niedergelassen hat, das Gold der Brüstungen, die geschwungenen Gänge und roten Hintergründe. Er hört die Geigen spielen, sieht die Feen der Kindermärchen in weißen Gewändern durch die Lüfte schweben – aber in Wirklichkeit scheint auf der Bühne droben das gewöhnliche Tageslicht, und die Parkettreihen sind leer. Die Bühne ist jetzt eigentlich der Zuschauerraum, und der Zuschauerraum eine Bühnendekoration. Ihre historische Pracht gehört zu den Sehenswürdigkeiten der ehemaligen Residenzstadt, in die Georg auf die erste Nachricht vom Theaterbrand hin geschickt worden ist. Wahrscheinlich hätte die Redaktion auf seine Entsendung verzichtet, wenn nicht die Katastrophe, die übrigens in jener Alarmmeldung beträchtlich übertrieben worden war, dadurch an Bedeutung gewönne, daß die von ihr betroffene Stadt im besetzten Gebiet liegt. Sind vielleicht die Franzosen schuld am Brand gewesen, und wie haben sie sich verhalten? In der Eisenbahn gestern schwelgte Georg im Bewußtsein, ein Sonderberichterstatter zu sein, obwohl die ganze Fahrt kaum drei Stunden dauerte. Die Paßkontrolle, das kleine schlechte Hotel – geblendet steht er mit dem Obermaschinenmeister an einem seitlichen Ausgang. Auf dem Rasen vor ihnen sonnen sich durchnäßte Kostüme, leichtes Flitterzeug, das von gewaltigen Urwelttieren gehütet wird, die sich bei näherem Zusehen als Kulissen entpuppen. Ein paar Senegalneger betrachten das grüne Idyll, und in der Ferne schmettern hell wie der Frühlingstag die Clairons. Mit einem Male freut sich Georg über den Brand, den er in seinem Bericht wird bedauern müssen, und wünschte nur, daß auch die schwellenden Goldbrüstungen und die roten Festhintergründe eingeäschert worden wären. Der Krieg ist vorbei, und die Menschen werden unablässig weiter gequält. Alle Heimlichkeiten hätten hervorgezerrt werden sollen, und dann hätte der blaue Himmel schrecklich über den Trümmern gestrahlt. Wir hungern, wir frieren, wir haben kein Licht. Nie wird der Krieg aufhören, und nie wieder werde ich selig in einem Theater sitzen können, denn es gibt keine Feen mehr, die uns trösten, die Feen in ihren weißen Gewändern sind auch unter dem Schutthaufen begraben. Ich hasse das sanfte kristallene Leuchten, es brennt ja, es brennt. – »Wenn Sie den Herrn Generalintendanten sprechen wollen«, sagt der Obermaschinenmeister, »hier kommt er gerade gegangen.« – »Herrliches Wetter heute«, sagt der Generalintendant, ein Herr von Hagen, und fordert Georg auf, ihr Gespräch bei einer kurzen Promenade zu erledigen. Er trägt bereits einen großkarierten Frühlingsanzug und sieht so unzerstörbar aus, als könne er selber niemals verbrennen. Wenn er Maiglöckchen im Knopfloch hätte, würden sie fortwährend voller Zuversicht läuten. Georg erfährt von ihm, ohne zu fragen, daß die Franzosen den aus unerklärlichen Gründen erfolgten Brand nicht nur nicht verschuldet, sondern sogar ihre Feuerwehr zur Verfügung gestellt haben.

»Wie schade«, entringt es sich ihm unwillkürlich, noch aus dem Bild der Vernichtung heraus. Der Intendant antwortet nicht, sondern geht hinter seinen karierten Flächen träumerisch-siegreich neben ihm her.

»Ich meine«, fängt Georg wieder an, »daß auch der Zuschauerraum mit seinen goldenen Logen . . .«

»Sie haben ganz recht, es ist beinahe ein Wunder, daß nicht auch unser herrlicher Zuschauerraum ein Raub der Flammen geworden ist. Dennoch: der Schaden ist groß. Wir hielten mitten in den Vorbereitungen zu unseren Sommer-Festspielen – Mozart und Wagner, Sie wissen –, die wir trotz der Ungunst der Verhältnisse durchzuführen gedachten. Die Proben waren unmittelbar vor dem Abschluß, und die Anmeldungen von auswärts übertrafen alle unsere Erwartungen. Nun ist es damit vorbei.«

»Glauben Sie denn, daß das Theater heute überhaupt noch ein Zufluchtsort ist?«

»Ein Zufluchtsort – das ist das richtige Wort. Wir stehen hier auf Vorposten im besetzten Gebiet und bringen unseren bedrängten Volksgenossen Stärkung und Trost. Als ein

geistiges Bollwerk, eines der wenigen, die uns geblieben sind, behaupten wir uns gegen den Feind, der uns noch das Letzte, unser Deutschtum entreißen will. Die Trauer sämtlicher Volkskreise ist auch ganz allgemein.«
Georg macht einen verzweifelten Versuch, sich doch noch durch die Frühlingskaros zu zwängen. »Ich kann mir nicht helfen«, erklärt er vorsätzlich dreist, »ich finde eigentlich das Unglück nicht so groß.«
»Sie haben es erraten«, erwidert der Intendant und sieht ihn dabei zum erstenmal von hoch oben voll an, »wir haben in der Tat Glück im Unglück gehabt. Unser Bühnenhaus war nämlich völlig veraltet und entsprach in keiner Weise mehr den neuzeitlichen Ansprüchen. Jetzt endlich können wir es von Grund auf modernisieren. Ich baue auf . . .« Bei dem Wort aufbauen reckt sich der Intendant und wächst zu einem Festspielhaus mit Säulen und Freitreppen an, deren Stufen hinanzusteigen Georg niemals imstande wäre. »Ein neues Dach ist bereits in Auftrag gegeben. Die Regierung faßt unsere Sache als eine nationale auf und wird uns finanziell unterstützen. Es handelt sich ja auch nur um eine Lappalie.«
Mit einer nationalen Handbewegung schreitet der Intendant durch mehrere schwarze Soldaten hindurch. Auf den karierten Feldern erheben sich lauter Theatermodelle, und ein leises Maiglöckchengebimmel übertönt die Clairons.
»Grüßen Sie bitte Herrn Dr. Petri«, sagt Herr von Hagen an einem seitlichen Eingang. Georg ist unsicher geworden. Hinterher fällt ihm ein, daß er nach der ziffernmäßigen Höhe des Schadens zu fragen vergaß.

Sie gingen zwischen Äckern und Gemüsebeeten den niedrigen Hügel hinan. Hohe Stauden faßten den Fußweg ein, den Georg liebte, weil er so schmal wie ein Geheimpfad war, der fern der Hauptstraße zu einem Schloß führt, das sich erst im letzten Augenblick zeigt. Unten lag die Stadt mit ihren Türmen und Brücken, und davor bewegten sich einige Bauern durch die Luft. Über einer Baumgruppe leuchtete ein schneeweißer Hausgipfel ohne Dach. Dann kam der Wald, und Laub umrieselt sie, mit Sonne gefülltes Laub.

»Schön so zu gehen«, sagte Fred. Georg wunderte sich über die Unbekümmertheit, mit der es Fred schön fand, so zu gehen. Gestern war doch Samstag abend gewesen.

»Warum schweigst du die ganze Zeit«, fragte Fred, »bist du mir böse, weil ich gestern abend ausnahmsweise nicht konnte?«

»Nein.« Georg versuchte zu lächeln; ein Samstag, durch die Straßen war er gelaufen, allein. »Was hast du eigentlich gestern abend gemacht?« Die Frage brach wider seinen Willen hervor.

»Ich bin bei Lorey gewesen. Du weißt – der im April von der Schule ging . . . Wenn du mir am Freitag nicht gesagt hättest, daß du am Samstag verhindert seist – ich halte mir doch den Samstag sonst immer frei. Inzwischen rief mich dann der Lorey an, dem ich gestern nicht mehr absagen konnte. In der Bank scheint es ihm gut zu gehen. Er führt ein flottes Leben und hat mir eine Menge erzählt.«

»Ich möchte Lorey einmal kennenlernen.«

»Er langweilt dich sicher – Wie gern wäre ich gestern abend mit dir zusammen gewesen, Georg, glaube mir nur.«

»Leider gelang es mir zu spät, mich von der Veranstaltung frei zu machen, die ich hätte besuchen sollen.« Fred senkte den Kopf. »War es wenigstens hübsch mit Lorey?«

»Ach, die Zeitung . . . seit du in der Zeitung bist, kommt immer etwas dazwischen.«

»Nun, gestern abend zum Beispiel wäre es doch von mir aus gegangen.« Georg spürte, daß Fred ihm die Schuld zuschieben wollte und er selber ungerecht wurde. Ihr Samstagabend – auf alle Fälle hätte er ihn sich offengehalten. Am nächsten Samstag würde er vielleicht mit einem Bekannten . . . Er balancierte auf einem der Baumstämme, die bündelweise den Weg entlangliefen. Das Laub quoll über. Fred balancierte nach, stolperte, beging einen dünneren Stamm als den Georgs von Anfang bis zu Ende. Drei Burschen, die mit einem Mädchen in entgegengesetzter Richtung vorbeikamen, blickten zu ihnen hin und machten dann laute Bemerkungen. Der eine hatte das Mädchen um die Hüfte gefaßt. Sie trugen Schals, bewegten die Arme und schleuderten Äste fort. Auf dem Boden lag Einwickelpapier.

»Das Mädchen war hübsch«, sagte Fred.

»Ich habe nicht hingesehen – – – wie geht es übrigens Margot?«

»Danke gut. Sie arbeitet fleißig und hat viele Bekannte.«

»Neulich grüßte ich sie auf der Straße und wollte sogar bei ihr stehenbleiben, aber sie schien es eilig zu haben. Sie betrachtete mich so merkwürdig: wie damals. Ich glaube immer noch, daß Margot etwas für mich empfindet, und hätte wirklich Lust, sie näher kennenzulernen. Warst du öfters mit ihr zusammen?«

»Sie kommt nur noch selten zu uns.«

»Vielleicht verabreden wir uns einmal zu dritt?«

»Wollen wir uns nicht setzen?«

Wie gewöhnlich war es Fred, der bestimmte, was zu tun sei. Warum sollte man sich jetzt auch nicht setzen. Er äußerte einfach seine Wünsche, während Georg, den diese selbstverständlichen Vorschläge stets ein wenig bedrückten, vor eigenen Anregungen zurückschreckte, um den anderen nicht am Ende zu vergewaltigen. Sie lagerten gegenüber dem kleinen Teich, der häufig das Ziel ihrer Sonntagsspaziergänge bildete. Auf der Bank in der Nähe saß ein einzelner Herr hinter seiner Zeitung. Die öffentlichen Bänke waren meistens nicht frei, und standen sie einmal leer, so hatten sie irgendein geheimes Gebrechen.

»Die politischen Morde sind schrecklich«, sagte Fred. Georg sah ihn an, wollte ganz bei ihm sein, schwieg.
»Du hast mir nie richtig von deiner Elli erzählt«, begann Fred wieder.
»Ach, laß doch . . . Meine Elli – du weißt genau, daß sie nicht meine Elli ist.«
Verdrießlich richtete sich Georg auf und entdeckte, daß lauter Ameisen herumkrabbelten. Zuerst sah man nur ein paar, und allmählich kamen immer neue zum Vorschein. Wie bei den Sternen. Einige Schritte weiter gab es zwar keine Ameisen mehr, aber dafür stach die Erde. Schon vor langer Zeit hatte er bei einem Ausflug Ellis Bekanntschaft gemacht, sich dann mehrere Male an dritten Orten mit ihr getroffen und sie bald in ihrer Wohnung besucht, die aus einem kalten Schlafstübchen und einem Wohnzimmer bestand. Die Besuche fanden höchstens alle acht Tage statt und dauerten nie sehr lang. Während der Teestunde, die der Liebe regelmäßig voranzugehen pflegte, empfand er eine Langeweile, als ob er in einem Wartesaal auf das Eintreffen eines Zuges warte, der sich beträchtlich verspätete. Er suchte seine Ankunft nach Möglichkeit zu beschleunigen und war erst zufrieden, wenn sie einsteigen konnten und die Fahrt endlich losging. Danach entfernte er sich rasch und dachte so wenig an das Mädchen, daß er erstaunt gewesen wäre, wenn sie jemand seine Geliebte genannt hätte. Dabei war Elli, soweit er zu beurteilen vermochte, ganz hübsch. Sie arbeitete als höhere Sekretärin in einer Fabrik, las manchmal einen Roman, den sie in eine besondere Schutzhülle steckte, sagte Sinchen für Apfelsine und besaß nicht nur etliche Photographien von einem früheren Freund, sondern auch eine richtige Freundin. Von ihr und den anderen kleinen Ereignissen der Woche erzählte sie jedesmal in Andeutungen, die ihm völlig unverständlich blieben, aber er hütete sich, sie um nähere Auskunft zu bitten, weil er sie weder kränken noch gar

sich tiefer mit ihr einlassen wollte. Das unaufhörliche Summen rührte, wie Georg jetzt merkte, von den zahllosen Insekten her, die über dem Teich schwirrten – die ganze Wasseroberfläche war in einen Nebel beweglicher Tierpunkte gehüllt. Vor Elli hatte er überhaupt kein Mädchen gehabt, und auch sie war ihm kaum ein Mädchen. In der letzten Zeit weinte sie viel, schüttelte aber auf sein vorsichtiges Befragen immer nur den Kopf und entzog sich jeder Liebkosung. Am letzten Mittwoch hatte sie ihm mit der Begründung abgesagt, daß sie an diesem Abend mit ihrer Freundin zusammen sein müsse. Das Verhältnis war anscheinend aus. Er hatte ein schlechtes Gewissen und freute sich zugleich über die Möglichkeit eines Bruches, den er nicht spürte. Mit einer Gewalt, gegen die er sich nicht erheben konnte, trieb es ihn zu dem Jungen, der jetzt neben ihm lag und doch so fern von ihm war. Fred schmiegte sich an ihn und nahm seine Hand.

»Wie macht ihr es denn, Georg«, fragte er mit halbgeschlossenen Augen.

»Aber Fred . . .«

»Ich meine . . . zieht ihr euch jedesmal ganz aus?«

»Ich möchte über etwas anderes sprechen.«

»Im Bett?«

– – –

»Sag doch, Georg . . . Ich bin wirklich nicht mehr so dumm wie du glaubst – – – Immer im Bett?«

»Genug.«

»Wenn du Geheimnisse vor mir hast . . . es ist gut.«

»Quälgeist . . . manchmal auch auf dem Kanapee.« Georg mußte lachen, weil ihm das Deckchen einfiel, das stets verrutschte. »Im Schlafzimmer ist es sehr kalt.«

»Und was tust du, damit nicht . . . Du weißt, wegen der Kinder.«

»Es gibt ja Schutzmittel dagegen.«

»Die sind aber nicht sicher.«

»Du scheinst ja Erfahrung zu haben – – – Wir wollen gehen.«

»Ich finde es auf dem Kanapee nicht . . . Das Mädchen leidet darunter.«

»So –«

»Wie der Teich summt, Georg – Ach, mein Freund . . .«

Er hatte die Arme unter dem Kopf verschränkt und starrte allein nach oben. Das Laub rückte auf sie zu, es schickte einzelne Blätter vor, die sich aus seiner Masse lösten und überlebensgroß zitterten. Fred entschwand in dem Laub, das ihn in seine Schwüle hineinzog. Die Gereiztheit Georgs über seine Abwesenheit wurde noch durch das Gefühl verstärkt, daß der Junge ihn offenbar hatte belehren wollen. »Was weißt du von den Frauen«, sagte er zu den Blättern. Der andere räkelte sich. »Ich habe einmal, nicht mit Elli übrigens, die Sache auf folgende Weise gemacht . . .« Georg beschrieb die Wonnen anstößiger Szenen, die er in Wirklichkeit nie ausgeführt hatte. Stühle, Kissen, Treppenhäuser, Lippen, Kerzen und Haare – das Weiche und das Harte, das Schwellende und das Zerstükkelte wurden zu immer verwegeneren Ausschweifungen durcheinander gemengt. Eine besondere Lust bereitete es ihm, schamlose Ausdrücke, die jetzt zum erstenmal zwischen ihnen auftauchten, in einem so sachlichen Ton vorzubringen, als ob sie zur Umgangssprache gehörten. Der Gegensatz zwischen ihrer Bedeutung und der Selbstverständlichkeit, mit der sie sich benahmen, vergrößerte nur noch ihre Unzüchtigkeit. Längst schon brauchte Georg von Fred nicht mehr angestachelt zu werden. Selbsttätig streifte er, tief am Boden, durch die trüben Knabenwälder, in denen das Laub niederhing, und schwang sich dann prahlerisch zu den Wipfeln auf, – ein glänzender Wüstling, der seine Liebesakte lässig wie Spielkarten entrollte. Fred erglühte still und suchte vergeblich die Glut zu verbergen. Auf dem Heimweg zitterten beide wie die Blätter.

»Ich möchte aus der Schule«, sagte Fred, »es ist auch wegen meiner Mutter –«
Der weiße Hausgipfel war im hellen Mittag erloschen.
»Hast du morgen abend Zeit«, fragte Fred.

»Das ist ein langweiliger Mörder«, sagt der zum Mordprozeß Ackermann entsandte Berichterstatter einer großen Berliner Zeitung in der ersten Sitzungspause zu Georg, der ihn in eine Unterhaltung zu verwickeln sucht, ohne daß es ihm gelänge, dem berühmten Journalisten irgendeine wichtige Auskunft zu entlocken. Er heißt Benario, und seine Artikel sind immer »Rio« gezeichnet. In der Tat wirkt Ackermann so nichtssagend, daß man ihn sofort vergäße, wenn man ihn etwa auf der Straße um Feuer gebeten hätte, und auch sein Fall ist völlig geklärt. Ein kleiner Filialleiter in schlechten Verhältnissen, der eines Tages mit einem Beil und einem Hirschfänger, die beide unbeteiligt auf dem Gerichtstisch liegen, seine kranke Frau und seine Schwiegermutter umgebracht hat. Beschönigte er noch die Morde – aber, überwältigt von ihnen, räumt er sie mit einer leisen Stimme ein, die selbst von dem Beil erschlagen worden zu sein scheint. Wird er vielleicht dem sicheren Todesurteil Schwierigkeiten bereiten? Im Gegenteil, er hat schon geäußert, daß er seine Hinrichtung wünsche. Herr Benario wiederholt: »Ein langweiliger Mörder« und geht in den Gerichtssaal mit der Miene eines gefeierten Tenors zurück, dem man zumutet, in einem Bierkeller zu singen.
Je länger die Verhandlung dauert – sie findet am Tatort, einem Städtchen der Nachbarschaft, statt, – desto weniger gelingt es Georg, die Gleichgültigkeit Benarios nachzuahmen, die er doch zur Schau tragen müßte, um ihm seine Ebenbürtigkeit zu beweisen. Er hätte begriffen, wenn nach dem Geständnis unverzüglich das Urteil verkündet worden wäre – die Taten sind bekannt und die Strafe steht fest –,

aber er kann nicht begreifen, warum auch noch die Gründe des Verbrechens erforscht werden sollen. Wozu bohren sich die Verhöre immer tiefer und tiefer? Der Gerichtssaal ist grün und mit Kringeln wie aus Asche bedeckt. Allmählich verblassen die Kringel, und ein Nebel breitet sich aus, in dem die Wände und Gesichter versinken. Von einer entsetzlichen Angst gepackt, harrt Georg allein in der unendlichen Leere. Namen, Wortgelall, Rufe umtosen ihn. Er wartet, ohne sich regen zu können.

Es zeigt sich ihm die Liebe Ackermanns zu seiner Frau. Wie eine chemische Flüssigkeit, so färbt sie die Leere rot.

Es zeigt sich die Krankheit der Frau und Ackermanns leerer Beutel. Die Frau hat ihres Leidens wegen seit Jahren mit dem Manne keine richtige Ehe geführt, und Ackermann ist zu gering besoldet gewesen, um die teuren Medizinen zu bezahlen und alle die Kuren. Er hat Unterschlagungen begangen. Er hat im Gedanken gezittert, daß die Diebstähle bei der nächsten Revision herauskommen könnten.

Es zeigt sich die Todessehnsucht. Vor längerer Zeit haben die beiden aus Kummer über ihr Leben gemeinsam den Tod aufsuchen wollen, aber wie sie schon mitten im Fluß sind, erklingt vom andern Ufer ein Lied, und sie kehren in den Abend zurück. Später hat die Frau den Mann noch mehrmals gebeten, sie doch endlich von ihren Schmerzen zu befreien. Sie ist fromm und sieht das Jenseits geöffnet zu ihrem Empfang. Es zeigt sich der Haferbrei. Die Schwiegermutter hat einen Tag vor dem Mord den Haferbrei für die Frau anbrennen lassen. Die Frau hat die verdorbene Speise nicht anrühren können. Ackermann, der für einen Augenblick puppengleich auftaucht, brüllt den verbrannten Haferbrei in die Leere hinaus.

Es zeigt sich ... Es zeigt sich ... Bett, Kasse, Arzt, Fluß, Brei, Welt – und die Tat wächst aus ihnen hervor,

eine rote Liebesblüte, und niemand darf sie bestrafen. Aber dann schieben sich die Wände wieder dazwischen, und es ist, als seien sie immer zusammengestoßen. Richter und Geschworene sitzen in einer Reihe, wie lauter Rechtecke nebeneinander, und starren auf Ackermann, der nicht mehr brüllt, sondern nur noch äußerlich ist. »Wie geht es Dr. Petri?« erkundigte sich Herr Benario. Auf dem Gerichtstisch liegen Hirschfänger und Beil. Sie sind von Holz und Eisen, leisten Widerstand und wühlen sich in menschliche Schädel. Die zwei Psychiater, die aus Kinn und Bärten bestehen, beginnen zu rasseln. Grün sind die Wände und mit Kringeln bedeckt. Weshalb sind die Gründe gezeigt worden, wenn sie doch nicht zählen, wenn der Mord sich wieder von ihnen ablösen muß, und die Rechtecke sitzen ihm fremd gegenüber. Sie werden die Todesstrafe verhängen, als hätten sie gar nichts gesehen. Ach, wäre nur nicht gefragt worden, es ist doch unmöglich, zu fragen und hinterher die Fragen zu köpfen ...
Mehrere Tage danach liest Georg zufällig in einer großen Berliner Zeitung ein Feuilleton, das die Überschrift: »Ein langweiliger Mörder« trägt und so spannend geschrieben ist, daß er über seiner Lektüre vergißt, selber dabei gewesen zu sein. Es ist Rio gezeichnet.

Vor der offenen Haustür stand mit dem Besen in der Hand eine Frau, die gerade den Treppenflur gefegt haben mußte. Es war Frau Bonnet, wie Georg allerdings erst auf den letzten Stufen entdeckte. Durch den ungewohnten Anblick ihrer Schürze erschreckt, wäre er beinahe über den Putzeimer gestolpert.
»Ich bin schon fertig«, begrüßte sie ihn, »gehen Sie nur einstweilen hinein.«
Er war noch nie bei ihr oben gewesen und schlenderte jetzt, sich selbst überlassen, durch das große schöne Zimmer, in das sie ihn gewiesen hatte. Die langen Bücherrega-

le, die im Nachmittag hinstrichen, und das alteingesessene Mobiliar, dem man anmerkte, daß es in einem wohlhabenden Hause aufgewachsen war – das alles paßte nicht zu dem Putzeimer auf der Treppe. Frau Bonnet in einer Schürze: wann immer er sie bei Frau Heinisch getroffen hatte, war sie ihm trotz ihrer Üppigkeit wie ein Wesen ohne Herkunft erschienen, das nicht zu einer bestimmten Etagenwohnung gehörte, sondern in einer Gemeinschaft von lauter Brüdern und Schwestern unirdisch schwebte. Übrigens war er in den ganzen anderthalb Jahren nur ein paar Mal dort eingeladen gewesen und weder zu Frau Heinisch, noch zu Fräulein Samuel oder zu Dr. Wolff in eine engere Beziehung getreten. Sie mißtrauten ihm offenbar in dem Kreis, weil er sich nicht zur sozialen Revolution und zum Pazifismus bekannte, wollten ihn aber doch seiner Stellung beim »Morgenboten« wegen nicht fallen lassen. Jedenfalls fragten sie ihn zuerst immer über die Zeitung aus und erkundigten sich nach Dr. Albrecht und den anderen Redakteuren in einem Ton, als ob sie die sofortige Preisgabe irgendwelcher nur für Eingeweihte bestimmte Tatsachen erwarteten. Dabei wußten sie, wie er wiederholt feststellte, um die inneren Verhältnisse des Blattes viel besser Bescheid als er selber, und suchte er auch stets durch ein Achselzucken oder durch ein zurückhaltendes Lächeln den Anschein eines Mitverschworenen zu erwecken, der zahlreiche Geheimnisse kennt und verschweigt, so konnte es auf die Dauer doch nicht ausbleiben, daß er die Gesellschaft enttäuschte. Erst recht versagte er, wenn die Gespräche von der Zeitung zu den politischen Versammlungen zurückkehrten, den Abrüstungsfragen, den Zielen der Arbeiterbewegung. Einer berichtete von einer Zusammenkunft mit französischen Pazifisten, ein anderer hatte besondere Informationen über Rußland. Inmitten dieser internationalen Verwicklungen war es Georg beklommen zumute, er kannte ja Deutschland kaum, wo er unausgesetzt lebte. Manchmal wagte er doch eine Meinung vorzubringen, zog sie aber gleich wieder zurück. Kierkegaard – Goethe – Marx – mit Selbstvorwürfen glitt er an den Buchrücken entlang. Nun war er durch eine Ritze in die Öffentlichkeit gedrungen und dennoch nicht nach außen gelangt. Ich bin wie in einer Höhle gefangen und kann mich nicht richtig erklären. –

»Entschuldigen Sie meinen Mann«, sagte Frau Bonnet, die das Teetischchen hineinschob, »er hat in die Stadt gehen müssen.«

Georg, über das Alleinsein beglückt, nahm sich vor, jetzt auf der Stelle die Befangenheit abzulegen und überhaupt ganz anders zu werden.

»Leider hat sich für heute nachmittag ein Besuch angemeldet, den ich nicht abweisen konnte. Ein junger Gelehrter namens Dr. Rosin, der mir von meinem alten Freund Professor Heßdorf in Freiburg empfohlen worden ist . . .« Sie lächelte: »Aber wir haben noch Zeit, miteinander zu plaudern.«

Mechanisch trank Georg einen Schluck: »Sie sind viel zu gut.«

»Ja, es ist wirklich schlimm, wie ich überlaufen werde . . . Warum haben Sie Ihren jungen Freund nicht einmal mitgebracht?«

Er spürte den Widerstand, den sie ihm entgegensetzte. Zwar hatte sie ihm damals seinen Artikel gegen den Pazifismus nicht übelgenommen, aber sie weigerte sich doch, ihn zu ihresgleichen zu zählen. Durch die Ankündigung des Besuches wurde er doppelt zur Eile gedrängt.

»Vorgestern abend«, fing er an, »war ich in einem Vortrag Pater Quirins über den katholischen Gedanken, der mich außerordentlich erschüttert hat. Ich hätte Ihnen so gerne von dem Abend erzählt, doch es dauert sehr lang und wir werden bald unterbrochen . . . Vielleicht haben Sie in der nächsten Woche mehr Zeit für mich . . .«

»Wissen Sie nicht, daß wir in einigen Tagen von hier fortziehen?«
Die Bücher waren schon halb in der Dämmerung untergetaucht, und das Zimmer verwandelte sich in ein Federkissen. Georgs Augen schmerzten, Frau Bonnet drehte das Licht an. Wie wenn in einem Theaterstück einer auf der Bühne eine Kerze anzündet, und die Szene dann sofort viel heller wird, als sie es durch die schwache Kraft des Kerzenlichtes je zu werden vermöchte, so erstrahlte das Wohnzimmer in einem Glanz, der den der paar Flammen weit übertraf. Schwarz und fremd wie sonst bei Frau Heinisch saß Frau Bonnet inmitten der eigenen Sachen, die ihr gar nicht mehr zu gehören schienen, eine einzige Seelenmasse, von der fortwährend ein Einfluß ausging, und auch der Busen wirkte schwerelos, als sei schon Friede auf Erden.
»Sie sehen so enttäuscht aus«, sagte sie, »erzählen Sie mir doch von Pater Quirin.«
»Warum ziehen Sie fort von hier?«
Er erschauerte leicht wie bei einer unerwartet nahen Berührung. Sie hatte Vermögen besessen, das jetzt zusammengeschmolzen war und sich infolge des sinkenden Kurses immer mehr verringerte. Seit einem Vierteljahr wirtschaftete sie schon ohne Mädchen. »Unten im Württembergischen haben wir durch Vermittlung von Freunden ein Häuschen gemietet. Man soll dort viel billiger leben. Sie müssen uns bald besuchen.« Die Schürze vorhin . . . »Und Ihr Mann?« Da die Kunst heute nichts einbringe, wolle der Mann den Garten bestellen. Georg hörte ihn gähnen zwischen den Äpfeln und Birnen. Sie selber werde im Auftrag des hiesigen Frauenbundes einen Vortragszyklus ausarbeiten, bei dem sie wirklich ganz hübsch verdiene, über große Frauengestalten aus der Geschichte bis zur Gegenwart, von innen gesehen, für Frieden und Revolution.
»Diese verfluchte Zeit«, platzte Georg heraus, »wenn nur endlich einer käme und Ordnung schaffte!«

»Aber hören Sie – ich verstehe Sie nicht. Wünschen Sie denn wieder eine Ordnung zurück wie die alte, die alle Menschen verhärtet hat? Diese unselige Ordnung – sie müßte weggefegt werden von dem Sturm, der aus den revolutionären Herzen bricht ...«

Georg blickte umher, auf den Stuhllehnen lag Staub. Sicher war er aus pazifistischen Gründen verschont worden; weil Frau Bonnet es nicht über sich brachte, mit dem Besen gewaltsam gegen ihn einzuschreiten. Das Paradies ist staubig, dachte Georg bekümmert. Er verteidigte sich:

»Ich habe mich ungenau ausgedrückt ... Ich meine nicht irgendeine staatliche Ordnung, sondern eine, die wie der Katholizismus einem Glauben entspringt. Das war es ja, was mich im Vortrag von Pater Quirin ergriff. Sie möchten die Herzen revolutionieren, aber wie viele sind denn ganz Herz? Schon in der Zeitung etwa – nein, ich traue nicht Ihrer Revolution und diesem ›Nie wieder Krieg‹. Die Gesinnung zerfließt so leicht, und dann bleibt gar nichts mehr übrig. Es muß doch etwas wie eine Richtschnur geben, die für alle Menschen verbindlich ist, eine feste Lehre, die uns völlig umfängt. Von jenem Pater strömte eine solche Sicherheit aus, ein solches Wissen um unsere Abhängigkeit. Wie gerne wäre ich revolutionär, ich zweifle nur ... Ich weiß nicht, wo ich stehen soll ... ich habe mich sehr nach unserer Unterhaltung gesehnt.«

Ehe Frau Bonnet antworten konnte, läutete es draußen. Gerade jetzt mußte die Störung erfolgen, und noch dazu war es Georg so vorgekommen, als habe Frau Bonnet innerlich den Kopf geschüttelt. Er hatte sich in seinen Worten sowieso nicht recht zu Hause gefühlt, aber sie waren einfach mit ihm davongeflogen, und nun fiel er, von ihnen losgelassen, wieder herunter und schaukelte wie ein verdächtiges Fetzchen Papier durch die Luft. Der schwarze Busen – höchstwahrscheinlich reichte das Häuschen Frau Bonnet nur bis zu den Röcken. Warum half ihr die reiche

Frau Heinisch nicht? In gewöhnlicher Lebensgröße trat Frau Bonnet wieder herein, gefolgt von Dr. Rosin, einem schwarzglänzenden Herrn, der so interessant aussah, daß er sofort das ganze Zimmer einschüchterte. Kaum hatte er gehört, daß Georg beim »Morgenboten« arbeite, als er auch schon erklärte, er habe einmal mit Dr. Petri korrespondiert. Besonders interessant wirkten seine Koteletten: wie Schonungen auf den Wangen. Während er noch die außerordentlichen Gaben Dr. Petris rühmte, berichtete er gleichzeitig Frau Bonnet von Professor Heßdorf, ihrem Freiburger Freund, dessen Lieblingsschüler er sei. Es war, als spräche nicht eine einzelne Person, sondern als unterhielte sich eine größere Anzahl von Menschen. Vermutlich wollte er immer in Übung bleiben und vervielfältigte sich deshalb zu einer Gesellschaft. Er hatte nämlich Gesellschaftswissenschaften studiert und gedachte sich an der hiesigen Universität bei Fischer zu habilitieren. Einen Vornamen hatte Fischer offenbar nicht. Fischer sei eine Kapazität, die allerdings einen anderen Standpunkt als der Freiburger Professor einnehme, einen grundsätzlich falschen sogar, aber man dürfe sich dadurch nicht abschrecken lassen, denn es gebe noch viel mehr berechtigte Standpunkte, und überhaupt käme es weniger auf die Standpunkte an als aufs Wissen. In der Tat schien ihn kein Hindernis davon abschrecken zu können, auch Fischers Lieblingsschüler zu werden. »Die Gesellschaftswissenschaft ist, im Vertrauen gesagt, ein noch völlig unerforschtes Gebiet«, sagte er plötzlich, fuhr sich über die interessante Stirn und ging mehrmals heftig wie ein Forscher durchs Zimmer. Obwohl weder Georg noch Frau Bonnet zu Wort kamen, erwiderte er fortwährend auf ihre Einwände, die sie gar nicht gemacht hatten; so daß der Eindruck einer halbgeträumten Unterhaltung entstand, wie sie in Friseurläden stattfinden, in denen sich Spiegelreflexe und Parfümgerüche mit dem Rauschen des Ventilators vermischen. Im dichten Haar von Rosin hätte ein Kamm stecken können. Georg saß still auf dem Stuhl. Er hätte gern in illustrierten Zeitschriften geblättert.

»Wir sprachen von der heutigen Anarchie, als Sie kamen«, sagte Frau Bonnet sanft, »und mein junger Freund hier meinte . . .«

»Ich meine«, ereiferte sich Georg, »daß die Menschen . . .« Er wiederholte die Auseinandersetzung mit Frau Bonnet und fragte Dr. Rosin, wie er darüber denke, vom Standpunkt der Gesellschaftswissenschaften aus. Mein junger Freund, hatte Frau Bonnet gesagt.

»Ich verstehe«, begann Dr. Rosin, »wir werden das alles gleich haben.« Er rieb sich die Hände, ohne zu beachten, daß Frau Bonnet auf einmal von innen erstrahlte. Georg ärgerte sich, weil er so gleichgültig über sie hinwegfuhr und den Glanz gar nicht spürte. »Jetzt kommt die Hauptsache«, sagte Dr. Rosin, »nämlich: wie kann das herrschende Chaos überwunden werden? Durch die revolutionäre Idee oder durch eine Ordnung anderer Art? Was zunächst die Kirche betrifft . . .« Es brennt, dachte Georg, und beugte sich ganz weit vor. Dr. Rosin hatte sich inzwischen wieder vervielfältigt, eine Riesengesellschaft, die fortwährend durcheinander sprach. Von der Sehnsucht nach Gewißheit verzehrt, drang Georg in das Stimmengewirr ein, um die Hauptsache zu suchen und endlich zu greifen, aber sie zeigte sich nicht. Als er, angestrengt lauschend, gar noch bemerken mußte, daß er genau in dem Augenblick, in dem er schon am Ziel zu sein hoffte, nur immer weiter von ihm abgetrieben wurde, sank er enttäuscht in seinen Stuhl zurück. Frau Bonnet saß verschlossen da wie ein Modell. Das Rauschen schwoll an, und er erinnerte sich eines bestimmten Friseurgehilfen mit Koteletten, der ihm während des Haarschneidens regelmäßig versicherte, daß seine Haare zu trocken seien. Georg wußte genau, worauf der Gehilfe lossteuerte, spielte indessen zum Zeitvertreib den

Ahnungslosen und wartete ab, bis der Mann nach vielen Umwegen eine Flasche Haarwasser aus dem Glasschrank zog und sie dringend zum Ankauf empfahl. Nun erst rückte er selber mit der Sprache heraus, tat verwundert und erwiderte ohne Arg, daß er auf ein Haarwasser nicht im Traum reflektiere. Manchmal allerdings verlängerte er die Spielerei und kaufte die Flasche doch. »Schon zur Zeit der Gegenreformation ...« ertönte es aus der Gegend von Dr. Rosin, der sich umgekehrt verhielt wie jener Gehilfe; statt beim Haarwasser zu endigen, fing er bei ihm an und entfernte sich nach hinten. Und während noch Georg die Flasche vor sich funkeln sah und sie bereits an sich reißen sollte, hatte der andere sie längst in den Glasschrank gestellt, und die Haare waren wieder trocken und lang wie zuvor.

»Klar«, schloß Dr. Rosin triumphierend seinen Rückzug.

Schon wollte Georg entgegnen, daß jetzt gar nichts mehr klar sei, als Frau Bonnet anerkennend seufzte: »Sie wissen unheimlich viel. Wenn Sie mir nur ein paar Bücher nennen wollten, die ich für meine Vorträge verwenden kann.«

Wie ein Feldherr nahm Dr. Rosin die Parade der Bücherkompanien in den Regalen ab. Strindberg – Buber – Nietzsche – die Bände folgten sich so unvermittelt und zusammenhanglos, daß jeder gewöhnliche Mensch beim Versuch, sich vom einen zum andern gradlinig fortzubewegen, in den Abgrund gestürzt wäre. Aber gerade dadurch, daß die Verbindungsbrücken zwischen ihnen fehlten und man eigentlich immer hätte springen müssen, um den nächsten Buchtitel zu erreichen, schienen die Bücher für Dr. Rosin selber in der richtigen Reihenfolge zu stehen, und er passierte ihre Kette mit einer Leichtigkeit, als ob er sich auf der ebenen Landstraße befände. Wahrscheinlich hätte er das Konversationslexikon noch viel rascher durchmessen. Georg schämte sich, weil er gern Kriminalromane las.

»Kennen Sie Philippe de la Rochelle?« fragte Dr. Rosin, »ein völlig unbekannter Autor aus dem 18. Jahrhundert, der von der größten Wichtigkeit ist. Niemand weiß etwas von ihm, und auch ich bin ihm, im Vertrauen gesagt, erst seit einiger Zeit auf der Spur. Sie sollten ihn unbedingt für Ihre Vorträge lesen.« Frau Bonnet schrieb sich sämtliche Namen auf. Mit einem Male erklärte er, jetzt gehen zu müssen, notierte Georgs Adresse, ließ ihm seine Visitenkarte zurück, Dr. Max Rosin, Pappelallee 13, und eilte in die Gesellschaftswissenschaften hinein, zu Fischer.

»Ein schrecklicher Mensch«, sagte Georg laut, verletzt darüber, daß sich Frau Bonnet nicht mehr um ihn gekümmert hatte. Einer zweckmäßigen Hausfrau gleich hatte sie sich nach neuen Rezepten erkundigt und hätte doch ohne Zweck blühen sollen wie in einem Hain.

»Sie sind zu streng. Er ist vielleicht ein wenig verwirrt, weiß aber doch sehr viel.«

Ihr Lächeln war von einer Güte, die alle Menschen umfing, und nur ihn, Georg, aus der Gemeinschaft ausschloß. Er haßte den Frieden. Auf dem Flur zwang er sich zu einer Abschiedsstimme. Schließlich tat sie ihm leid mit ihrem Putzeimer und den Vorträgen, und daß sie ins Württembergische mußte zu den Äpfeln und Birnen.

Die Abende sind im Saal eingesperrt, in dem die Redner reden, viel zu lang, denkt Georg gewöhnlich, und er versteht überhaupt nicht, daß die Leute freiwillig die Vorträge besuchen, der Abend ist doch auch draußen im Freien, aber sie füllen immer wieder die Säle und lauschen den Reden, die gegen das Ende hin undeutlich verschwimmen. Wie eine nächtliche Putzfrau kommt er sich vor, wenn er die Reden nachschreibt, aus denen in einem fort Sätze fallen, die keiner beachtet, und die er doch vom Boden aufheben muß, damit die Leute am andern Tag noch einmal lesen können, was ihnen am Abend zuvor schon gesagt worden ist. Oft finden auch Diskussionen statt, in denen die verschiedensten Redner hintereinander reden, lauter einzelne Reden, die sich gar nicht auf die Hauptrede beziehen, denn jeder der Redner hat schon seine eigene Rede bereit und hört nur sich selber zu, aber er, Georg, muß sie alle mitanhören und jagt, von der Angst gepackt, daß ihm eine entgehen könne, über die endlosen Diskussionfelder, aus denen die Reden plötzlich aufsprießen, bald hier und bald dort. Das ist die Öffentlichkeit, diese Massen, diese Reden, diese hellerleuchteten Säle, über deren Fenster dichte Vorhänge wallen, die ihn von den Abenden trennen, in denen die Menschen frei herumwandern dürfen, ja, jetzt ist er mitten in der Öffentlichkeit, nach der er sich so gesehnt hat, und wird von ihr allmählich zerrieben. Die Anthroposophen möchten übersinnliche Gelüste in ihm erregen, während die Schulreformer bestenfalls sinnlich sind und alles aus dem Kind selber entwickeln wollen, das dann vielleicht niemals zu Dostojewski gelangte, über den häufig Vorträge gehalten werden, durch die er gezwungen wird, zu einem Russen zu zerschmelzen und auf die Erlösung zu warten, freilich nur für kurze Zeit, denn sofort danach vollzieht sich der Untergang des Abendlandes, bei dem er sich wieder verhärten muß, bis endlich Graf Keyserling erscheint, der ihn von neuem aufweicht, weil er sämtliche Gegensätze harmonisch miteinander versöhnt, eine einzige Harmonie, die nur eine Stunde lang vorhält, und so schwankt er verloren übers Meer der Öffentlichkeit.

»Man müßte einen Halt haben . . .«

Herr Krug lächelt bei Georgs Worten und dreht sich auf seinem Stuhl halb aus den Manuskripten heraus. Der Abend ist schon vorgerückt, und die beiden sind allein in der Zeitung übrig geblieben. Oft sitzt Krug noch spät in der Redaktion, nachdem die Sekretärin längst fortgegangen ist, fährt mit der Hand über hohe Papierstöße und vertieft

sich in die Zeitungsausschnitte, Schreibmaschinenbögen und Briefe, die das ganze Zimmer erfüllen und zu einer einzigen Blättermasse zusammengewachsen sind, von der er sich nicht losreißen kann. Im Dunkeln leuchten seine Backen freundlich wie ein Asyl. »Wenn ich nur einen Halt hätte . . .«, wiederholt Georg und blickt so erwartungsvoll auf Herrn Krug, als habe er sich im Wald verirrt und jetzt endlich ein bewohntes Häuschen gefunden.
Herr Krug dreht sich, verschiebt zwei Manuskripte und dreht sich dann wieder. Er sieht besonders heimatlich aus. »Sie dürfen sich solchen Gedanken nicht hingeben, mein Lieber. Machen Sie es wie ich: ich sitze hier zwischen meinen Manuskripten von früh bis in den Abend hinein. Sie sehen, auch abends sitze ich hier, wenn die Sekretärin längst fortgegangen ist, und arbeite noch auf. In diesen stürmischen Zeiten ist die Arbeit unsere einzige Stütze. Allerdings nicht die Arbeit allein, ein guter Tropfen ist auch etwas wert. Wie oft suche ich nicht abends – ich komme selten vor acht aus dem Haus – eine kleine Weinstube auf, genehmige mir eine Flasche Wein, eine bessere Marke natürlich, und vergesse darüber das Elend, bis die Schlafenszeit herangerückt ist. Oder ich folge einer Einladung, Sie wissen ja, daß ich oft in Gesellschaft bin, und plaudere einige Stunden mit den Menschen, zu denen ich mich aus der Einsamkeit meiner Manuskripte begebe. Es wird sehr viel Falsches über die Zeitung gesprochen. Und dann die Frauen, mein Freund – ich frage mich, wie es in dieser Beziehung mit ihnen steht. So eine niedliche Freundin hilft über manche schlimme Zweifel hinweg –«
»Aber man muß doch etwas glauben! Sagen Sie mir endlich: was glauben Sie denn?«
Georg schreit und freut sich sogar über sein Schreien. Aber während er schreit, werden Krugs Brillengläser immer größer und verdecken zuletzt die freundlichen Backen. Die stürmischen Zeiten fahren wie Hagelschauer hernieder, der

Stuhl beschreibt Kreise, verschwunden ist das Asyl. Draußen rauschen die Korridore.
»Ich arbeite sehr viel«, fügte Georg hinzu.
Das Rauschen rührt von den Maschinen her, sie drucken um diese Zeit. Es telefoniert. »Noch einen Augenblick«, sagt Herr Krug am Hörer, »ja, es ist kälter geworden.« Er spricht abweisend, scheint in einem Manuskript zu lesen, an dem er eine Ewigkeit kleben bleibt, notiert sich etwas und wendet sich wie aus einem Traum zu Georg zurück.
»Sie stellen merkwürdige Fragen, mein Lieber, aber ich will Ihnen meine Antwort nicht vorenthalten. Was ich glaube, ist leicht gesagt. Ich glaube . . .«
Ein Knall ertönt, einer der hohen Papierstöße ist auf die Erde gefallen. Herr Krug muß eine ungeschickte Bewegung gemacht haben, vielleicht ist sein Arm zu weit durch die Luft gefahren und dabei aus der Bahn gekommen. Sinnlos irrt er mit der Hand über den Schreibtisch, bückt sich, um nach ein paar Papieren zu seinen Füßen zu greifen, und murmelt wütend etwas Unverständliches vor sich hin. Georg hat Angst, weil er Herrn Krug nicht mehr wiedererkennt und ganz allein mit einem Fremden im Zimmer ist. Er rutscht angestrengt auf den Knien herum und sammelt die Manuskripte, deren einige tief unter den Schreibtisch geschlüpft sind. Man sollte das Deckenlicht einschalten, die Blätter verstecken sich immer gleich so gut.
»Bemühen Sie sich nicht«, sagt Herr Krug mit seiner gewöhnlichen Stimme. »Wovon sprachen wir doch eben, mein Lieber – vom Glauben, jawohl, ich erinnere mich. Ich meine natürlich, daß jeder Mensch etwas glauben muß, denn wenn wir nichts glaubten, so könnten wir in diesen stürmischen Zeiten vollends verzweifeln. Manch einer hat schon in solchem Zustand Selbstmord begangen, und ich warne Sie nochmals, sich nicht zu verlieren. Es ist gefähr-

lich, sich aus der Hand zu geben, man fällt nur, man fällt. Ich sitze abends oft hier, nachdem die Sekretärin längst fortgegangen ist, und wollen Sie wirklich wissen, was ich im Innersten glaube, so sage ich Ihnen: ich glaube . . . ich glaube . . . Ach, da ist Kummer. Gut so, daß Sie mich abholen. Ich finde es heiß –«

»Sie haben recht«, sagte Kummer nach einer Pause, in der Herr Krug auf dem Schreibtisch trommelt, »es ist wirklich kälter geworden.«

Er hat einen dicken Schal um, blinzelt ins Licht hinein und steht so unbeweglich da, daß Georg nicht begreift, wie diese dicke Masse in der kurzen nach dem Telefongespräch verstrichenen Zeit den langen Weg über die vielen Korridore hat zurücklegen können. Allerdings sind inzwischen die Papiere gefallen. Wir fallen, denkt Georg, und der Dollar steigt. Herr Krug ist wieder ganz heiter geworden, steckt einen Teil der ungeordneten Manuskripte in seine Aktentasche und plaudert mit dem Korrektor. Eine anhaltende Plauderei. Unser lieber Kummer sei ein kerngesunder Mann und sehe vortrefflich aus, müsse sich aber in seinem Alter, das keines sei, immerhin schonen. Schade, daß er zu spät komme, um noch an der zu früh abgebrochenen Unterhaltung teilzunehmen.

»Wir haben sozusagen über die letzten Dinge gesprochen, und ich habe dem jungen Kollegen erklärt, daß ich an die Vernunft im Menschen glaube, die sich, allen Irrtümern zum Trotz, schließlich doch durchsetzen wird. Nur keine Grillen fangen, sage ich immer. Ist es nicht so, Kummer – aber nun wollen wir gehen.«

»Ich bin alles andere eher als gesund.« Da Herr Krug sich gerade mit gewollt jugendlichem Schwung in seinen Überzieher wirft, überhört er die Äußerung Kummers. An der Tür winkt er ihm vertraut zu und dreht sich nach Georg um wie nach einem entfernten Begleiter: »Sie wissen doch, daß Sie die große Versammlung morgen abend besuchen

sollen. Ich beneide Sie nicht um die Berichterstattung, die hoffentlich interessant ausfallen wird.«
»Die Menschen sind unvernünftig«, erwiderte Herr Kummer und lächelt betrübt.
Am Ende des Korridors brennt ein winziges Flämmchen.

V

Eine Art von Haushälterin öffnete und ging die Dielentreppe hinan. Ein bleicher Jüngling kam die Stufen herunter und verließ dürftig das Haus. Das Treppengeländer bestand aus gedrechselten Säulchen. Die Haushälterin winkte Georg nach oben. Er betrat ein längliches Zimmer, das nach Sauberkeit roch und einen völlig ausgeräumten Eindruck machte, obwohl es mit Wohnmöbeln gefüllt war. An der einen Wand erhob sich ein Stehpult, das sich andauernd mit Lektüre beschäftigte. Offenbar hatte das dürre Gerippe die Möbel vertrieben. Einem Pfahlbau gleich entstieg es dem Linoleum, das sich nach allen Seiten hin dehnte und so kahl aussah, als sei überhaupt kein Fußboden vorhanden. Wenn ein Teppich dagelegen hätte, wären die Stühle sicher wieder zum Vorschein gekommen. In der Tür hinten rechts erschien Pater Quirin. Lang und schwarz näherte er sich, man hörte ihn nicht, er schwebte über das Linoleum dahin. Sein Gesicht war eine Wand vor dem Gesicht, die feinen Lippen ließen nichts durch. Sie setzten sich, und Georg wußte, daß er jetzt sprechen müsse, zögerte aber etwas zu sagen, weil er sich plötzlich für zufällig hielt. Der Pater erkundigte sich nach Doktor Petri. Die Tischdecke hatte Troddeln, kleine Knäuel an Schnürchen.

»Ich komme aus Ungewißheit zu Ihnen«, sagte Georg, »entschuldigen Sie, wenn ich mich nicht so klar ausdrücke, wie ich möchte.«

Durch die stumme Gegenwart des Paters verwirrt, redete er zusammenhangslos: von Herrn Krug, den er nicht beim Namen nannte, von den Abenden in den Sälen, und daß er so nicht mehr weiter leben könne. Er saß auf einem Sofa, wie es in allen Wohnungen steht. Pater Quirin hörte leicht vorgebeugt zu, mit einem glatten Gesicht, dem nicht zu entnehmen war, ob er wirklich zuhörte. Es schien, als lächle er, aber er lächelte nicht, und lag auch seine Hand auf der Tischdecke, so war er doch fern. Ich bin allein, dachte Georg, und suchte gewaltsam den Pater zu erreichen. Er bekannte, daß er sich danach sehne, einen Glauben zu haben. Er sagte, daß er die Lehren der Kirche bewundere. Er sagte, daß er die Tatsache der Dogmen begreife. Ich stehe außen, versicherte er, ich bin nur von außen. Es war ihm zumute, als ob er an einer Außenwand emporkletterte und immer wieder herunterfalle. Der Pater erwiderte: Sie beurteilen die Lage zweifellos richtig. Die Menschen leben in der Anarchie und denken nicht an ihr Heil. Georg empfand einen flüchtigen Stolz darüber, von einem Jesuitenpater bestätigt zu werden, der Glaube war leicht. Pater Quirin lehrte auch an der Universität. Er hatte wunderschöne Hände, die sich nicht regten, und gebrauchte lauter Wendungen, die so unbemerkt hinschlüpften wie er selbst über das Linoleum. In seinen Vorträgen, die für Andersgläubige bestimmt gewesen waren, hatte er ganz ähnlich gesprochen. Die Stimme klang jetzt leiser als an den Abenden, eine Zimmerstimme, die aber doch öffentlich wirkte, weil sie sich an niemanden persönlich richtete. Georg war niemand. Zum letzten Vortrag hatte er Fred mitgenommen, ohne daß es ihm gelungen wäre, die eigene Begierde auf den Jungen zu übertragen. Im Gegenteil. Fred hatte sich gelangweilt und ein paar Weibchen verspottet, die hinten den Pater umringten, der aus der Gruppe hervorsah. Nicht so, als ob er je Georgs religiöser Neigung widersprochen hätte, aber er folgte ihm nicht. Störrische Sanftmut – das war es. Wann immer Georg in ihn drang und ihm die Notwendigkeit eines festen Glaubens bewies, gestand er die Notwendigkeit willfährig zu, machte seine traurigen Augen und schwieg. Dabei war er ganz erwacht und bildete sich oft seine besondere Meinung. Sie lasen zusammen, sie sprachen über die Tagesereignisse, über sich und über die Leute. Dennoch fehlte ein winziger Rest.

Nach ernsten Gesprächen fuhr Fred auf dem Rad davon, oder er trat mit dem Tennisschläger viel zu unvermittelt ins Zimmer. Die Selbstverständlichkeit, mit der er es tat, reizte Georg, es mußte etwas dahinterstecken, und er kam nicht dahinter. Manchmal fürchtete Georg, daß er selber aus dem Dasein gleite. Vorhin hatte er dem Pater seine Beziehung zu Fred andeuten wollen und sie dann doch nicht erwähnt. Auch den anderen Menschen verheimlichte er diese Freundschaft, die schon nicht mehr Freundschaft zu nennen war, ja, er vermied, den Geliebten an der Oberfläche zu zeigen. Bald würde Fred die Schule verlassen. Georg brannte vor Heimweh nach dem Indianerzelt, nach Gruß, Gesicht, Lachen, nach der ganzen endlosen Quälerei. Hier war es leer – nur Linoleum ringsum, das glänzte, und nirgends ein Ufer. Viele werden sich töten, sagte der Pater, aber schon spürt man das Wehen des Geistes. Seine Brille hatte einen dünnen goldenen Rand; die Troddeln ließen sich ineinander schlingen. Am liebsten hätte sich Georg davongeschlichen.

»Wie verhält es sich zum Beispiel mit dem Dogma von der Unfehlbarkeit des Papstes«, fragte er, »ich kann das doch nicht ohne weiteres glauben.«

»Die Dogmen«, entgegnete der Pater, »treten nicht alle gleichzeitig an den Menschen heran. Jedes von ihnen hat seine Stunde, in der es sich dem Gläubigen erschließt.«

Hatte Georg eine Antwort erhofft, die ihn zurückstoßen werde, so wurde ihm nun zu seiner Enttäuschung ein Hindernis aus dem Weg geräumt. Auf dem Linoleum kamen Spuren eines verblaßten Musters zum Vorschein. Er verfolgte die Wellenlinien, die langsam abbrachen und dann wieder erschienen.

»Aber können wir denn zurück . . .«, dachte er laut.

»Die Kirche lebt in der Wahrheit.«

Der Pater lächelte. Seine Lippen waren nur eine Fuge; nicht mehr. Die Haushälterin fuhr durchs Zimmer und

verschwand in der Tür hinten rechts. Das Stehpult war näher gerückt. Es sah verbraucht und abgerieben aus, ein altes Instrument, das vielleicht manchmal schön klang. Georg glaubte eine Melodie zu hören, Fred sank ins Dunkel, vergessen waren die Straßen. Die Worte des Paters hatten ihm andere, neue Räume eröffnet, aber er schwankte, ob er sich weiter hineinwagen solle. Gerade als seine Lähmung zu weichen begann, vernahm er ». . . das Heilige Abendmahl . . .« Fremd richtete sich das Wort auf, es kam aus einer Welt, die er nicht kannte, schob sich vor ihn und wuchs und wuchs. Das Heilige Abendmahl – der Glaube war schwer. Man mußte an seinem Ort bleiben – der Eisenbahnerstreik war immer noch nicht zu Ende. Das Gesicht des Paters verschmolz mit dem Linoleum zu einer einzigen unübersehbaren Wand. Georg starrte zu Boden und irrte auf der trüben Fläche umher, als schweife er einsam über einen zugefrorenen See, dem Abend entgegen. Da bemerkte er ausgefranste Ränder und Risse – die Linoleumdecke konnte jeden Augenblick bersten. Er rührte sich nicht und vergewisserte sich erst allmählich wieder darüber, daß er auf einem Sofa saß. In der Ferne hob sich das Stehpult schwarz vom Horizont ab, ein altertümliches Signal. Wohin, wohin.
»Ich bin noch sehr unsicher« – Georg stand auf – »verzeihen Sie mir.«
»Nichts zu verzeihen«, sagte Pater Quirin. Er fügte hinzu: »Es gibt viele Wege, man muß sich nur finden lassen.«
Die Hand, die er zum Abschied reichte, war kühl. Auf der Treppe putzte die Haushälterin die gedrechselten Säulchen. In der Diele verwechselte sich Georg eine Sekunde lang mit dem dürftigen Jüngling, der vor ihm gegangen war. Draußen blendete ihn die Helle. Das Zimmer des Paters war gar nicht sehr groß gewesen und erschien ihm doch nachträglich wie ein Meer, das die Möbelstücke verschlang.

»Ja, mein Lieber« – Herr Krug wippte bedächtig – »mit diesem Artikel werden Sie kein Glück bei uns haben.« Er gab Georg das Manuskript zurück, das seiner Genehmigung bedurfte, um veröffentlicht zu werden.
»Warum –«
»Das wissen Sie ganz genau. Sie erklären sich ohne jedes Bedenken mit der Kritik des Redners an den radikalen Jugendgruppen einverstanden und lassen eigentlich nur die Jungkatholiken gelten. Ich verstehe Sie nicht – die von Ihnen geschmähte Jugend bekennt sich immerhin zu ähnlich revolutionären Zielen wie wir. Gewiß, sie ist unreif . . . Aber wo käme die Zeitung hin, wenn wir diesen katholischen Schulmann so vorbehaltlos unterstützten – – – Folgen Sie meinem Rat und ziehen Sie Ihren Artikel zurück.«
»Sie haben mich doch selber mit dem Bericht betraut und mir ausdrücklich anbefohlen, er müsse morgen erscheinen.«
»Ja, ja . . . dann schreiben Sie das Zeug einfach um.«
»Aber wie könnte ich gegen meine Überzeugung –«
Georg fuhr auf. Während er durchs Zimmer ging, spürte er, daß Herr Krug sich ihm nachdrehte und ihn mit den Blicken verfolgte. Seit jenem Abend, an dem er Krug aus seiner eigenen Glaubenssehnsucht heraus zu einem Bekenntnis hatte zwingen wollen, war dieser für ihn fast noch unnahbarer geworden. Vielleicht bildete er sich die Veränderung auch nur ein, denn Krugs Backen glänzten wie früher und seine Plaudereien waren dieselben geblieben – aber im Augenblick hatte er doch das Gefühl, als ob ihm der andere auflaure wie einer Beute. Geborgen und wohlgenährt saß er hinter seinem Schreibtisch, blinzelte schläfrig und klopfte mit einem Bleistift in regelmäßigen Abständen auf die Platte. Eins – eins – eins – es war, als fielen Wassertropfen herab. Wenn sie nur aufhörten – Georg trat erregt an den Schreibtisch, der frei im Raum schwebte, und

suchte den Bleistift zu übertönen. Er rechtfertigte sich, er beschwor die Worte des Redners. Die Jungkatholiken schwärmen nicht von persönlicher Freiheit wie die übrigen Jugendorganisationen, sondern fügen sich überpersönlichen Bindungen – eins – eins – eins – im Grunde kannte er die Jugendbewegung nur vom Sehen her und liebte so wenig wie Fred die Wandervögel mit ihren Klampfen und Bändern, die fortwährend durch die Natur zogen, überall Feuer entzündeten und so jung taten, als hätte niemand vor ihnen gelebt. Herr Sommer erhoffte von ihnen eine ganz neue Zeit. Eins – eins – eins – lieber Kind als jung, fiel Georg ein ... Stille ... Jetzt würde Herr Krug ihn verschlingen.

»Gut, bringen Sie Ihren Artikel«, sagte Herr Krug.

Georg glaubte sich verhört zu haben: »Aber ...«

»Ich sage, bringen Sie ihn. Am Ende ist er ja auch bestellt.«

»Ich bin sehr froh, daß Sie ...«

Herr Krug blieb stumm und musterte Georg auffallend unfreundlich. Dann sah er plötzlich äußerst wohlwollend aus; als sei er ein Gastgeber, und im Garten schaukelten lauter Lampions. »Wenn ich etwas ändern soll ...«, meinte Georg, er trug nun selber Bedenken gegen einige Stellen seines Berichts. Aber Herr Krug hatte sich offenbar nicht nur die von Georg angeführten Argumente zu eigen gemacht, sondern sie mittlerweile noch erweitert und ausgeschmückt. Wie ein Glaubenseiferer wetterte er gegen die Gefühlsschwelgerei in der Jugendbewegung, die niemals zu einer Gemeinschaft führen könne, und belehrte Georg über die Vorzüge katholischen Lebens. Der lauschte angestrengt und vergaß aus Höflichkeit, daß er das alles selber vorhin gesagt hatte. »Ich erkläre Ihnen: Gemeinschaft ist Form«, beteuerte Herr Krug und umfuhr dabei mit den Händen ein unsichtbares Gefäß von vollendeter Rundung.

»Ich trage den Artikel gleich in die Setzerei.« Um das Manuskript nicht irgendeiner neuen Gefahr auszusetzen, wandte sich Georg rasch zur Tür. »Und vielen Dank für Ihre Genehmigung.«
»Halt, mein Lieber«, rief Herr Krug. »Halt! Man merkt, daß Sie noch jung sind, Sie überstürzen alle Entschlüsse. Ich sitze in meinem Zimmer und zergrübele mir den Kopf, und da kommen Sie her und pressen mir eine Genehmigung ab. Als hätte ich Sie Ihnen erteilt . . . nein, warten Sie noch. Es ist Ihnen bekannt, welche Haltung der ›Morgenbote‹ einnimmt, und wenn Sie nun auf einem anderen Boden stehen, so müssen Sie eben schweigen oder – – – Nicht doch, ich will ja keineswegs gleich das Schlimmste befürchten. Sie werden bemerkt haben, wie gut ich Sie begreife, und ich glaube beinahe, Sie haben weitgehend recht. Man mag gegen die Zeitung viel einwenden: ihr geringster Fehler ist Engherzigkeit. Darum tun Sie ruhig, wozu das Gewissen Sie treibt . . . Ich habe noch zu arbeiten, mein Bester.«
Unschlüssig ging Georg in die Setzerei. Es war früher Abend, und nirgends zeigte sich ein Metteur. Sie fingen erst später noch einmal an. Georg faßte die Öde als ein Vorzeichen auf, das gegen seinen Artikel sprach, und wollte sich schon entfernen, als aus dem Setzmaschinenraum ein Mann trat: der Boxer mit den gewaltigen Muskeln.
»Haben Sie wieder etwas geschrieben«, fragte er mit einem leichten Wohlwollen von unten nach oben.
»Ja . . . nein . . . es hat auch Zeit bis nachher.«
»Geben Sie mir das Ding nur her. Ich werde es schon besorgen.«
Die Gefälligkeit des Maschinensetzers, der eigentlich Manuskripte nicht in Empfang zu nehmen hatte, erschien Georg als ein deutlicher Wink zugunsten seines Berichts. »Herr Krug ist damit einverstanden . . .«, fügte er zu seiner

Beruhigung noch hinzu. Der Setzer überhörte die Bemerkung, die ihn nichts anging. Er trug einen blauen Kittel, wiegte sich in den Hüften und liebte außer dem Boxen Reisebeschreibungen. Sie rauchten eine Zigarette zusammen. Die großen Platten auf den Tischen lagen schon zum Umbruch bereit, und in den Regalen ruhte der Satz. Vor mehreren Monaten hatte der Setzer Georg eines geographischen Werkes wegen um Rat gefragt, das er seinem Jungen zu Weihnachten schenken wollte. Georg war über diesen Vertrauensbeweis sehr erfreut gewesen, der Mann hätte ja auch Ohly fragen können oder einen andern. Wie zwei Kameraden redeten sie jetzt in der Arbeitspause miteinander und ließen die Zigarettenasche auf den Boden fallen. Leider las der Setzer nie seine Artikel, sondern bevorzugte Sportberichte, Mordprozesse und die Sachen von Krug. »Das wird schlimm ausgehen an der Ruhr«, sagte er in einem Ton, als ob er nähere Auskünfte erwarte. Um den Anschein nicht zu zerstören, daß er über die politischen Vorgänge unterrichtet sei, nickte Georg vielsagend mit dem Kopf. Er hatte sich mit großer Politik nicht weiter beschäftigt, mißtraute ihr aber seit dem Krieg. Der Lehrling kam herein, ein blonder Junge mit einem Schopf, der eine Ölkanne in der Hand trug und wie ein Gärtnergehilfe die Maschinen begoß. »Nächstens finden wieder Ausscheidungskämpfe in der Sporthalle statt«, sagte der Setzer, »die müssen Sie unbedingt mit mir besuchen. Herr Ohly war auch schon mit mir dort. Jeder Mensch sollte einen Sport treiben, das viele Sitzen tut auf die Dauer nicht gut.« Ein paar Setzer grüßten und begaben sich zu ihren Maschinen und Kästen. Während Georg nur von wenigen den Namen wußte, kannten sie ihn alle, neckten ihn manchmal, wenn er sie über ihre Hantierung befragte oder gar versuchte, selber den Bleisatz einzuheben, und glaubten wahrscheinlich, er sei ein richtiger Redakteur. Verschiedene Lampen entzündeten sich, das Glasdach droben verschwand. Der

Boxer trottete davon, ein gutmütiges Ungeheuer, mit dem Manuskript in der Hand. Vielleicht vergißt er es, wünschte sich Georg in der Erwartung, daß er es nicht vergäße. Vor der unscheinbaren Tür zur Setzerei machte sich eine Putzfrau mit schmutzigen Handtüchern zu schaffen.

Da sein Bericht am nächsten Morgen unverändert im Blatt stand, begab sich Georg, von einem gewissen Unbehagen gequält, gegen Mittag zur Zeitung. Auf den Gängen hielt ihn ein Bote an: »Sie möchten sofort zu Herrn Doktor Albrecht kommen.« Was wollte der auf einmal von ihm, er hatte sich bisher noch nie um ihn bekümmert. Wäre die Angst nicht gewesen, die Georg zusammenpreßte, er hätte in Albrechts Arbeitszimmer wie ein Ballon emporschweben müssen, so hell und weit war der Raum. In seinem gleichmäßig trockenen Klima gediehen als einzige Lebewesen eine riesige Wandweltkarte und lauter wissenschaftlich gebundene Bücher, die kastenförmig zusammengewachsen waren. Die Dürre der Vegetation lähmte Georg und weckte in ihm die Sehnsucht nach den dunkelfeuchten Korridoren, aus denen er kam. Während er träg dasaß und schon allein zu verdursten fürchtete, erhob sich plötzlich um ihn ein Käfig aus dünnen Drähten. Das Gitterwerk war die Luftspiegelung einer graphischen Tabelle, hinter der sich Doktor Albrecht die ganze Zeit über verborgen gehalten hatte.
»Sie haben ein schönes Unheil angerichtet«, sagte er und klappte sich auf wie ein Messer. Die Klinge schien gerade geschliffen worden zu sein und blitzte im Licht.
»Meinen Sie den kleinen Bericht über die Jugendbewegung –«
Rein aus Selbsterhaltungstrieb suchte Georg Zeit zu gewinnen. Dr. Albrecht blickte so erstaunt auf, als zweifle er an der Zurechnungsfähigkeit des Fragers. Eigentlich hatte er gar keine Augen; jedenfalls waren sie völlig abstrakt und

wurden weniger zum Sehen als zum Stechen benutzt. Jetzt warf er mit einem Ruck den Kopf zurück, auf dem sich zum Überfluß noch ein paar Zornhärchen sträubten, und begann in schneidendem Ton Vergeltung zu üben. Der kleine Jugendartikel lag wehrlos zu Boden. Ob Georg nicht wisse, daß das Zentrum den sozialen Fortschritt bekämpfe. Ob er noch nie hinter der Formlosigkeit der Jugend ihren revolutionären Drang gespürt habe, schlechte Konventionen niederzureißen . . . Die Anklagen schwirrten nur so durch die Luft. »Der fliegende Pfeil«, erinnerte sich Georg, hatte einst ein besonders grausamer Häuptling in seinen Indianerbüchern geheißen. Er hielt den Atem an und wartete auf den Tod. Nur einmal mußte er unwillkürlich lächeln, als sich Herr Dr. Albrecht in seiner Wut versprach und die Freiheit als unseren Jugendhort pries. Bei dem vereinsamten Wort Freiheit bemühte er sich, schwärmerische Augen zu machen, aber sie stachen nur desto schrecklicher. Der Häuptling hatte zweihundert Feinde in eine Felsschlucht gelockt und sie dort erbarmungslos hinmorden lassen; allerdings war er sicher nicht hellblond gewesen. »Ich verbitte mir in Zukunft derartige Übergriffe. Politische Artikel sind mir ein für allemal vorzulegen.«

»Aber Herr Krug«, warf Georg ein, »hat doch den Artikel genehmigt.«

»Das möchte ich von ihm selber hören.«

Dr. Albrecht, der gefährlich rot geworden war, sprach in den Hausapparat und zog sich dann wieder in seine statistische Tabelle zurück. Es war, als verschwände er in einem schattigen Busch. Die wissenschaftlichen Bücher krochen wie ein riesiger Wurm durch die Steppe. Auf der Weltkarte, die sich vor Alter krümmte, schien Afrika noch am wenigsten gebraucht worden zu sein. Der ganze Erdteil war sauber und leer. Mitten in der Leere tauchte das Gesicht von Krug auf.

»Da wären wir«, sagte er und lächelte wie ein Missionar. Die Versöhnlichkeit, die er ausstrahlte, galt aber nur Dr. Albrecht, der in ihrem Widerschein so friedfertig schimmerte, als säße er abends vor seiner Hütte. Die beiden begrüßten sich wie zwei befreundete Mächte, die über einen unterworfenen Gegner verhandeln. Wo kam die Uhr her, es tickte ununterbrochen.

»Genehmigt hätte ich also Ihren Artikel«, sagte Herr Krug, absichtlich zaudernd. Er wandte sich jetzt zum ersten Mal Georg voll zu, doch sein Gesicht war erloschen. Das Ticken drang aus einer gelben Wanduhr hoch über Afrika, in deren Gehäuse die graphische Tabelle einen neuen Unterschlupf gefunden hatte, nur setzten sich ihre Linien dort oben zu strengen römischen Ziffern zusammen. Nach einer Pause, die er in der Gegenwart Albrechts doppelt genießerisch auskostete, fuhr Herr Krug überlegen gekränkt fort:

»Genehmigt, sagten Sie – aber wie wäre ich je auf einen so törichten Gedanken verfallen? Ich rufe Ihnen hier vor Dr. Albrecht die Tatsache ins Gedächtnis zurück, daß ich Ihnen ganz im Gegenteil gestern abend erklärt habe, ich könne Ihren Artikel nicht billigen. Und daß ich am Schluß unseres gewiß sehr interessanten Gespräches sogar dazu genötigt gewesen bin, Sie auf die Gefahr aufmerksam zu machen, die Ihnen von Ihren abweichenden Ansichten her droht. Da ich nicht annehmen kann, daß Sie an einer plötzlichen Trübung des Erinnerungsvermögens leiden ... ja, mein Lieber, Sie werden sehen müssen, wie Sie sich aus der Affäre ziehen ... Wenn Dr. Petri, der heute nachmittag zurück ist, die näheren Umstände erfährt, so prophezeie ich Ihnen ...«

»Zur Sache«, rief Dr. Albrecht. Obwohl er sitzen blieb, war er doch aufgesprungen und zum Angriff gezückt.

»Darf ich einen Augenblick ... Es ist nicht richtig, daß Herr Krug gestern abend ... Tatsächlich haben Sie den

Katholizismus gutgeheißen, wenn auch der Ausgang ungewiß war.«
Georg war von den eigenen Worten mitgeschleppt worden. Vergeblich suchte Herr Krug die Blicke Dr. Albrechts auf sich zu lenken. Sie trafen gerade die Wanduhr, die sich in eine Zielscheibe verwandelt hatte, und holten eine römische Ziffer nach der anderen herunter. Eine Fliege summte durch Afrika. Herr Krug erweckte den Eindruck eines schmerzlich Enttäuschten.
»Ich bin aufrichtig betrübt, mein Bester, daß Sie meine freundschaftliche Absicht, mich in die katholische Haltung einzufühlen, in ein Bekenntnis zu dieser Haltung umbiegen möchten. Davon kann natürlich nicht die Rede sein, und Sie erschweren sich nur Ihre eigene Situation durch einen so abwegigen Deutungsversuch; wenn ich auch gerne zuzugeben bereit bin, daß ich dem Katholizismus persönlich recht nahestehe.«
»Ich begreife gar nichts mehr«, schrie Georg. Er erstickte, wenn er noch länger schwieg. »Ich habe geschrieben, was ich aus Zwang schreiben mußte. Und Sie haben mir zuletzt selber überlassen, den Artikel . . .«
»Jedenfalls ist er unerhört« – Dr. Albrecht schnitt Georg das Wort ab – »und ich dulde nicht das Aufkommen reaktionärer Tendenzen.«
Einmal im Schneiden begriffen, schnitt er mit dem Papiermesser gleich eine Broschüre auf. Das Stöhnen der Blätter besänftigte offenbar Herrn Krug, denn er erklärte jetzt, es sei immerhin nicht ausgeschlossen, daß Georg ihn mißverstanden habe; was freilich seinen Bericht nicht zu rechtfertigen vermöge. »Unser junger Freund«, sagte er wie bei einer Bekehrung. Nachdem die Broschüre endlich ausgelitten hatte, trat eine Stille ein, in der Georg nicht wußte, wohin er sich schaffen solle. Unbeweglich harrte die Bücherkette auf ihrem Platz. Dr. Albrecht sah zu Herrn Krug hin, aber er sah ihn nicht eigentlich an, son-

dern zog mit den Augen Striche wie mit einem Lineal. »Hören Sie, Albrecht«, sagte Herr Krug, »ich hätte gern etwas Näheres über unsere Stellung gegen den Ruhrkampf erfahren.«
»Kennen Sie nicht mein Exposé? Ich werde Ihnen gleich ein paar interessante Einzelheiten erzählen.«
Von dem Gleich getroffen, verließ Georg mit einem unhörbaren Guten Tag, das trotz seiner Deutlichkeit nicht gehört wurde, das Zimmer.

Wenn Dr. Petri zurück ist, dachte er auf der Treppe. Noch heute früh hatte er sich über den Gruß des Portiers gefreut und jetzt – es war Essenszeit, aber Georg ging nicht zum Essen. Der Portier hob seinen gefüllten Ärmel so geschickt in die Höhe, daß man den hohlen gar nicht bemerkte. Ich kann mir das nicht gefallen lassen, ich kann nicht, ich kann mir doch nicht . . . Quer über die Straße lief ein schmutziger Bach, der sich in einem Lichtschacht verlor. Das Café, das Georg aufsuchte, war leer, die Leute aßen noch alle. Er hatte sich schon früher manchmal in dieses abgelegene Lokal zurückgezogen, um in der Stadt ein Fremder zu sein. Zahllose Stühle bedeckten den Boden, und immer, wenn einer gerückt wurde, knarrte es leicht. Nach längerem Zögern bestellte er sich zum Kaffee eine Süßigkeit, die weniger der Belohnung für das ausgefallene Essen dienen, als das Glücksgefühl vermehren sollte, das ihm sein Elend bereitete. Es war schön, so tief unten. Die Kellnerin trug eine Schürze, die fleckig war wie die Wand, auf der Wellenmuster dahinjagten, vor denen sich Beleuchtungskugeln von der Größe ausgewachsener Köpfe blähten. Auch unten schaukelten lauter Köpfe, die Holzstühle waren verschwunden und das Knarren hörte nicht auf. »Wann lieferbar«, fragte einer am Nebentisch und erzeugte Stirnrunzeln, die gleichmäßig wie die Linien eines Notizbuches verliefen. Der andere, ein Kahlschädel, trug Zahlenreihen auf ihnen ein, und dann flüsterten beide. Graue Mäntelchen, Ringfinger, Schlipse – das Geschlechtsglied erhob sich so starr wie das Stehpult bei Pater Quirin. Auf einem Bein übers Linoleum gleiten, immer weiter hinaus – »Da ist doch der Dingsda.« Ein neuer Herr trat zu den beiden Männern nebenan. Das Gehalt wurde jetzt in kürzeren Abständen ausgezahlt, man müßte sich eigentlich Zigaretten auf Vorrat hinlegen. Ich gehe gleich heute nachmittag zu Dr. Petri. Georg zahlte, es war noch zu früh. In einem Messergeschäft glänzte ein Taschenmesser mit besonders vielen Klingen, das er innerlich Albrecht nannte. Schöngekleidete Wachspuppen standen wie Damen über der Menge, Teppiche flossen herab, deren Schnörkel nicht zu entziffern waren, und zwischen Besenstielen und Lappen häuften sich unbekannte Gegenstände niederer Herkunft. Als er die vertraute Treppe hinanstieg, ließ der unersättliche Nachmittag endlich von ihm ab. »Nur hereinspaziert«, sagte oben Marie. Während er durch den Korridor schritt, vergaß er, was ihn beschäftigt hatte. Halbschlaf umhüllte ihn, und in der Mitte des Tunnels, dort, wo Freds Zimmer angrenzte, begann er sich abhanden zu kommen. Frau Anders saß im Zwielicht am Fenster und stopfte. »Ich bin es nur«, sagte Georg. Die gegenüberliegenden Hoffenster waren ganz nahe an Frau Anders herangerückt, aber sie ahnte es nicht. »Wie soll das nur werden«, seufzte sie, »mein Einkommen – Sie wissen, Georg, daß ich nichts außer meiner kleinen Rente besitze – verringert sich mehr und mehr, ach, ich darf gar nicht nachdenken, sonst bin ich völlig verzweifelt. Frau Eisemann hat es viel besser als ich. Gut, daß mein Mann schon gestorben ist, er hätte das Hinschwinden seines mühsam zusammengesparten Vermögens nicht überlebt. Was sagt man bei euch in der Zeitung. Ihr müßtet doch am ehesten merken, daß es so nicht weitergehen kann, und endlich gegen die Zustände einschreiten. Aber niemand wagt den Mund aufzutun, und ich habe schon seit einiger Zeit aufgehört, die Zeitung zu lesen. Natürlich lese ich regelmäßig Ihre Aufsätze, und bewundere immer, wieviel und wie richtig Sie schreiben. Sie sind jetzt eine große Nummer geworden, Georg, ich bin ganz glücklich darüber. Erst heute wieder Ihr Artikel über die Jugendbewegung, oder ist es etwas anderes gewesen . . .« Ihr Gesicht, das ein paar graue Strähnen umrahmten, schien aus der flüchtigen Hoffensterherde verstoßen und allein im Zimmer zurückgelassen worden zu sein. Nun sank es, eine trübe Scheibe, herab, und während es allmählich zu vergehen drohte, entstieg die schwarze Holzsäule den ununterscheidbaren Hintergründen. Bald würde sie als der einzige Zeuge übrigbleiben und wie ein Denkmal die Stuben beherrschen. »Erklären Sie mir bitte, was die moderne Jugend überhaupt will, ich kenne mich nicht darin aus. Zum Glück weiß Fred, daß er möglichst schnell sein Geld selber verdienen muß. Hören Sie draußen nicht Schritte. Herr Kummer ist lang nicht hier gewesen, hoffentlich fehlt ihm nichts Ernstliches, er macht sich mit seinen Klagen ganz krank und ist dabei gesünder als ich. Wüßte ich nur, warum Marie im Korridor herumschleicht, sie wird von Tag zu Tag unausstehlicher, so bleiben Sie doch die halbe Stunde, bis Fred nach Hause kommt, ich zünde auch gleich das Licht an, man muß ja mit dem Pfennig rechnen in diesen Zeiten.« Drunten waren die Straßen trüb geworden, Trambahnen klingelten, in denen sich die Leute zusammendrängten, Menschen und nochmals Menschen, sie warteten, trafen sich, zerrieselten und erglänzten wie ein Papierblumenmeer, sobald aus den Geschäften ein roter oder gelber Schein auf sie fiel. Ich werde mich bei Dr. Petri über die ungerechte Behandlung beklagen. Ein Kriegskrüppelrumpf, der sich auf ein Brett geschnallt hatte, rollte zwischen den Menschenbeinen wie durch einen Urwald hin, die Köpfe über ihm waren rauschende Wipfel.

»Also bitte . . . ich stehe zu Ihrer Verfügung.«
»Es handelt sich um meinen Artikel –«
»Ist mir bekannt. Der gegen die Jugendbewegung . . .«
Viel zu belastet, um Dr. Petri anzusehen, nahm Georg nur gerade dessen Worte auf. Die Genauigkeit, mit der sie seinen Bericht trafen und zugleich bloßstellten, ließ darauf schließen, daß sie das Ergebnis von Überlegungen, ja, vielleicht ausführlicher Besprechungen waren, gegen die niemand mehr etwas auszurichten vermochte. Angesichts ihrer Endgültigkeit mußte der Versuch scheitern, die schon ohnehin verworrenen Verhältnisse zu klären, und so verzichtete Georg im letzten Augenblick auf die beabsichtigte Beschwerde.
»Ich bin nach dem Vorgefallenen bereit«, sagte er starr, »alle Folgen auf mich zu nehmen.«
»Aber Sie sind mir ein komischer Kauz –«
Dr. Petri lachte wie über einen guten Witz, wahrhaftig, Georg hörte ein aufmunterndes Lachen, das ihm sofort die Grundlosigkeit seiner Befürchtungen bewies. Während er sich, noch ganz dem Gelächter hingegeben, erlöst dehnte – am liebsten wäre er gleich eingeschlafen – vernahm er überrascht die Belobigungen, die ihm Dr. Petri erteilte. Er, Georg, habe einen ausgezeichneten politischen Spürsinn entwickelt, und es sei jetzt in der Tat, wie er richtig erkannt habe, an der Zeit, dem Zentrum einmal entgegenzukommen. »Verstehen wir uns recht«, sagte Dr. Petri, »ich erblicke in der Kirche nach wie vor einen unversöhnlichen Gegner, der die Durchführung unserer sozialen Ideen schon aus weltanschaulichen Gründen immer und notwendig bekämpfen wird. Aber wir können nicht mit dem Kopf durch die Wand, und die innerpolitische Situation erfordert jedenfalls, daß wir die katholischen Volkskreise nicht unnötig durch kleinliche Angriffe verärgern. Es ist das eine Taktfrage . . .« Mitten im Reden ergriff er Georgs Arm und ging mit ihm untergefaßt im Zimmer auf und ab.

Obwohl sich Georg wie eine Spielpuppe vorkam, die vom springenden Kind vielleicht im nächsten Augenblick fallen gelassen wird, rührte ihn doch das nahezu körperliche Zutrauen, das ihm dargebracht wurde, und um es nur ja nicht zu enttäuschen, unterdrückte er den Widerspruch gegen die Mißverständnisse, von denen Dr. Petris Äußerungen zeugten. Auch fiel ihm rechtzeitig ein, wie unklug gerade jetzt seine Erklärung gewesen wäre, daß er mit dem Bericht gar nicht die ihm untergeschobenen Zwecke verbunden hatte. Nur über einen Punkt mußte er sich trotz des schönen Spaziergangs durch die Zimmerfluren gleich Gewißheit verschaffen, über den quälenden Gegensatz zwischen den heute früh gemachten Erfahrungen und diesem Gespräch. »Sie wissen«, fragte er vorsichtig, »daß Dr. Albrecht mit meinem Bericht nicht einverstanden gewesen ist.« Dr. Petri versicherte, daß die Sache bereits zur Zufriedenheit beigelegt sei. »Albrecht ist mitunter sehr heftig, meint es aber nicht so . . . Takt, wie gesagt, Takt . . .« Er ließ Georg ebenso plötzlich los, wie er ihn gepackt hatte, schnalzte mit der Zunge, als ob er einen unsichtbaren Gegner verscheuche, und schwieg. Die Pause erregte in Georg den unabweisbaren Wunsch, nun auch seinerseits zur Unterhaltung beizutragen, und trieb gerade die Dinge an die Oberfläche empor, die er nicht hatte preisgeben wollen. Unfähig, sich dauernd wider die saugende Kraft der Stille zu wehren, erzählte er von seiner Neigung zum Katholizismus und bestellte die Grüße Pater Quirins. »Ja, ja, die Jesuiten verstehen ihr Handwerk«, erwiderte Dr. Petri gelangweilt und sah nach der Uhr. Georg bemerkte seine Zerstreutheit nicht, sondern erwog einen kühnen Plan, den er unverzüglich auszuführen gedachte.

»Herr Sommer wartet im Vorzimmer« – Fräulein Peppels Kopf schob sich wie ein Keil durch die Türspalte.

»Ich möchte um eine Gehaltserhöhung bitten«, brachte Georg rasch vor. Kaum hatte er zu Ende gesprochen, als er auch schon sein Anliegen bereute. Denn ein erneutes Schnalzen verriet ihm, daß Dr. Petri enttäuscht über die findige Ausnutzung ihres harmonischen, doch rein geistig gemeinten Zusammenseins war, und er schalt sich nun selber einen Erpresser. Takt, dachte er, Takt. Allerdings wurde er für seinen eben erst festgestellten politischen Blick zu gering bezahlt und brauchte das Geld nötig. Geistesabwesend versprach Dr. Petri, die Angelegenheit wohlwollend zu prüfen; mit einer Miene, die deutlich ausdrückte, daß er um die Undankbarkeit der Menschen wußte und sie im Innern verachtete. Bei der Verabschiedung schien er den Zwischenfall wieder vergessen zu haben. »Sommer schreibt seit kurzem vorzüglich«, sagte er leichthin und freundlich, »haben Sie seinen letzten Artikel gelesen?« Um keine Verkehrsstockung zu erzeugen, eilte Georg gradwegs dem Ausgang des Vorzimmers zu, wurde aber von Herrn Sommer, dem er gerade jetzt am wenigsten begegnen mochte, mit einem kräftigen Hallo angehalten.

»Albrecht ist böse auf Sie gewesen«, fragte Sommer.

»Ja.«

»Ich finde es natürlich auch verkehrt, daß Sie die Jugendbewegung so schlecht behandeln, bin indessen mit ihrer religiösen Haltung sehr einverstanden. Leider hat Albrecht nicht den mindesten Sinn für das Drängen der Jugend, und wir müssen sie doch für uns gewinnen. Vielleicht sind sogar manche Vorwürfe von katholischer Seite nicht unzutreffend ... Wir reden einmal darüber.«

»Gern.«

Mit betonter Fröhlichkeit schüttelte Sommer Georgs Hand in senkrechter Richtung und entschwand dann stürmisch wie ein Hallo hinter der ledergepolsterten Tür. Er mußte schon über dreißig sein, aber um sein loses Haar wehte immer eine Brise, sein Kopf war ein Haupt und sein Hals frisch gebräunt. Sicher besaß er sonntags ein Ruderboot.

»Nanu, noch nicht zufrieden?« Georg, den nachträglich

der Zweifel plagte, ob seine Gehaltsforderung nicht doch zu bescheiden war, wurde durch die unvermutete Leutseligkeit der Sekretärin in Verlegenheit gesetzt und lächelte stumm. Sie lächelte zurück, einer stark verteidigten Festung gleich, von der eine Zugbrücke herabgelassen wird. Die Hand gab sie freilich nicht.

Am Abend desselben Tages ging Georg nochmals spät in die Zeitung, um Herrn Lawatsch zu sprechen. Erwartungsvoll wie eine Braut, die der alten Amme sofort von ihrem Glück erzählen will, öffnete er die Tür, traf aber den Gesuchten nicht an. Er beschloß, doch zu bleiben, und setzte sich auf das rote Ripssofa. Aus den vollgestopften Gefächern des Schreibtischaufsatzes gegenüber hingen ein paar Blätter heraus. Eigentlich hatte er diesen Oberstock noch nie recht beachtet und wunderte sich nun darüber, daß ihm das ganze Möbelgebäude auf einmal so vollständig erschien. Als sein Blick auf die Arbeitslampe fiel, die notdürftig aus den Manuskripten hervorragte, begriff er, woher die Veränderung rührte. Die Lampe war tot. Während sie sonst den kleinen Lagerplatz beleuchtete, den sich Herr Lawatsch inmitten der Papierwälder eingerichtet hatte, gehörte sie jetzt mit ihrem grünen Schirm wie irgendein anderer Gegenstand zum Schreibtisch und wurde selber vom Deckenlicht erhellt. Es brannte so trüb, als ob es im nächsten Augenblick verlöschen wolle. Auf dem Diwan ausgestreckt, vergegenwärtigte sich Georg, daß er, vom ganzen Zimmer ungestört, beobachtet werden konnte. Das Bewußtsein, wie ein Fremder angestarrt zu werden, erschreckte ihn tief und erzeugte in ihm die Begierde zusammenzuschrumpfen, die, kaum daß sie aufstieg, sich mit einem leicht säuerlichen Geruch vermischte, der im Rips beheimatet war. Wie ein Fremder – wo befand er sich überhaupt? Dieses Sofa, auf dem er ruhte, war bei Liebesspielen beteiligt gewesen, deren manche vielleicht aufgehört hatten, auch nur Erinnerungen zu sein, und der Schreibtisch dort ging aus Ereignissen hervor, die niemand mehr zu beschwören vermochte. Deutlich erkannte Georg, daß er von Rechts wegen die Spuren, die sich ihm boten, zurückverfolgen müsse, und erschrak, heftiger noch als vorhin, über den unermeßlichen Zug von Begebenheiten, der ihm nachwallte wie eine Schleppe. Sie würden immer hinter ihm her drängen, ihn eines Tages einholen und ihn zur Rechenschaft ziehen. Leg dich nicht mit der Jacke aufs Kanapee, hatte ihn die Mutter verwarnt. Unfähig sich zu rühren, harrte er unter dem Deckenlicht. Man hatte ihn in eine Kabine eingesperrt, das Schiff glitt schnell davon, und es war nur eine Frage der Zeit, wann er ausgeliefert werden sollte. Schon vernahm er ein Kichern, das sich ihm näherte. Merkwürdig genug, daß es zu ihm dringen konnte; denn obwohl die Wände der Höhle, in der er sich gerade aufhielt, zweifellos aus Papier bestanden, waren sie doch fest wie Gestein.

»Später Besuch –« Herr Lawatsch erschien grinsend über Georg, mit einem Gesicht wie aus dem Erdinnern, ganz faltig, zerbröckelt und voller Wurzelverschlingungen. Er war in Dunst gehüllt und machte auffällige Schritte. Der Raum wich vor der Arbeitslampe zurück, in deren Licht sich sein Rücken krümmte, und wurde wieder zum alten Zimmer. Während die Feder ohne Unterbrechung über ein Manuskriptblatt nach dem andern fuhr, umsummte sich Lawatsch gewissermaßen selber. Das Geräusch, das sich nicht beseitigen ließ, hinderte ihn offenbar daran, Georgs Bericht über die Niederlagen und Erfolge des heutigen Tages zu begutachten. Erst nach einer Weile drehte er sich von den Manuskripten weg, aus denen er auch nicht kam, und verscheuchte das Summen. Die Weste stand ihm halb offen, und der Rock war mit Asche beschmutzt.

»Habe ich Ihnen schon von der Annie erzählt . . . Sie war Kellnerin in der Weinstube jenseits dort hinten. – Einmal

kam sie hierher ... solche Brüste hatte das Weib ...«
Er drückte auf den Klingelknopf, legte sich im Stuhl zurück und liebkoste die abwesenden Brüste. Der Bote trat ein und verschwand stumm mit den bereitgelegten Manuskripten.
»Ein unangenehmer Mensch«, brummte Herr Lawatsch in seine Papiere hinein.
»Immerhin«, meinte Georg, »ist es mir eine wichtige Bestätigung, daß Dr. Petri gegen Albrecht für meinen Artikel Partei ergriffen hat.«
»Ein unangenehmer Mensch ...«
»Sie haben mir gar nicht zugehört. Der Bote?«
»Albrecht.« Verdrießlich hob Lawatsch den Kopf. »Glauben Sie wirklich, daß Dr. Petri Sie um Ihrer schönen Augen willen auszeichnete? Er benutzt einfach die Gelegenheit, dem Albrecht eins auszuwischen. Der hat eine Schärfe an sich, die ihm nicht paßt, und obwohl er in die Wirtschaftspolitik nichts hineinredet, möchte er Albrechts Ehrgeiz doch dämpfen. Auch sind da gesellschaftliche Dinge im Hintergrund ...« Verschmitzt fügte Lawatsch hinzu: »Neuerdings steht sogar die Jugendfimmelei in hoher Gunst, der eine wird gegen den anderen ausgespielt.« – »Ach so, daher –.« Georg begriff jetzt die Bedeutung des Lobes, das Dr. Petri am Schluß ihres Gesprächs Herrn Sommer gespendet hatte. Er war bedrückt über den tatsächlichen Ablauf der Ereignisse, ohne den Grund seiner Traurigkeit ermitteln zu können. Böse klagte er Krug der Feindseligkeit an. »Was wollen Sie« – Lawatsch zog sich spürbar zurück – »gerade ist Krug bei mir gewesen und hat sehr freundlich von Ihnen gesprochen. Unter anderem sagte er, daß Sie unstreitig politischen Takt besäßen, wenn Sie ihn auch noch nicht recht zu gebrauchen verstünden.« Spähend blinzelte Lawatsch zu Georg hin, sein Haar war verworren, als sei es von Bäumen herabgeweht. Über ihnen herrschte Dunkelheit, vielleicht war die

Zimmerdecke geöffnet. Krug hatte sich, wie Lawatsch andeutete, aus einer untergeordneten Stellung emporkämpfen müssen und wenig Glück mit den Frauen gehabt. »Wenn man noch jung ist wie Sie ... Die Zeitung verbraucht uns allmählich.« Blitzschnell gewahrte Georg den Alten in der Zeit: daß er abgelegt worden war wie ein Manuskript, und wie sich die einstige Glätte verlor. So zu werden: zerknittert, faselnd, verschollen im Trunk. Um meiner schönen Augen willen –

»Ich bin ein Spielball gewesen«, sagte Georg, der sich endlich der Ursache seines Kummers bewußt geworden war. »Ich habe den kleinen Artikel im Glauben an seine Richtigkeit geschrieben, aber abgelehnt oder auch anerkannt worden ist er aus Gründen, die ihn selber gar nicht betreffen ...«

»Ach Unsinn«, krächzte Herr Lawatsch, »Ihr Weltbeglükker von heute habt jede Achtung vor der menschlichen Freiheit verloren. Kommt mir doch nicht mit dem Katholizismus. Das einzige, was mir an ihm behagt, ist, daß er uns zu sündigen erlaubt.«

Er schmunzelte, und es war, als würden die ausgetrockneten Flächen seines Gesichts nach anhaltender Dürre berieselt. Auch seine Augen erglänzten feucht und zwinkerten während des Gesummes, das wieder anzuschwellen begann. Es umwob, ein tönender Schleier, die gebückte Gestalt Lawatschs und brachte den Ripsdiwan zum Erblühen. Feurig rot wie in seiner Jugendzeit trug er Annie, die stolze Kellnerin mit den Brüsten.

VI

Wider Erwarten mußte Georg verschiedene Male nach dem Weg fragen, um das Häuschen von Frau Bonnet zu finden. Statt im Ort selber, lag es, wie er erst jetzt erfuhr, ein Stück weit dahinter, und die Straße, die zu ihm hinführte, schien sich absichtlich zu verstecken. Vielleicht suchte der Ort seine Kleinheit dadurch auszugleichen, daß er die Fremden verwirrte. Da Georg aus Rücksicht auf seine Gastgeber, denen er auch die genaue Ankunftszeit nicht mitgeteilt hatte, schon am frühen Nachmittag eingetroffen war, geriet er auf der Chaussee in die dickste Hitze, die ihn um so mehr plagte, als sie sich ungehemmt im Freien entfaltete. In der Stadt fiel das Klima längst nicht so sehr auf. Unter dem Häuschen hatte er sich eigentlich etwas Ländliches vorgestellt, mit einem Giebel darüber, der wie die Bäume zur Umgebung gehörte, und nun stieß er zu seiner Enttäuschung auf ein minderes Einzelhaus, das ebensogut in einem Vorort hätte stehen können. Es war weiß gekalkt, erhob sich an der Straße wie an einer Eisenbahn und besaß ein paar Öffnungen, die sich nicht umeinander bekümmerten. Hinter einer von ihnen tauchte Frau Bonnet auf. Als sie vor Georg trat, verflüchtigte sich das Häuschen, und er glaubte ihr im Nirgendwo zu begegnen, dort, wo nur die Gesichter, die vertrauten Züge erscheinen. Ihr räumliches Gesamtaussehen gewann sie erst im Zimmer zurück, einem am Eingangsflur gelegenen Raum, der sich unverändert in seinem früheren Zustand erhalten hatte und offenbar gar nicht ins Württembergische übergesiedelt war. Goethe, Kierkegaard, Hegel – die Bücher reihten sich wie damals aneinander, sie lebten nur innerlich. Zum Tee kam Herr Bonnet in einem breit geränderten Gartenhut wie ein Pflanzer herein. Das Glitzern der Sonnenstäubchen, die fortwährend auf seine Worte herabfisselten und diese leise zudeckten, der Naturgeruch und die ungewohnte Gewalt des Spätsommers, der leibhaft im Raum zugegen war, trennten Georg von der oberen Gesprächswelt ab, in der Frau Bonnet schwarz thronte. »Übermorgen treffe ich ihn«, erwiderte er auf die Frage nach Fred und überlegte sich angestrengt andere Fragen. Die Manuskripte auf dem Schreibtisch waren Frauenvorträge, die Frau Bonnet immer noch nicht fertiggestellt hatte. Später mußte Georg in den Garten hinaus, zu den Obststräuchern, den Gemüsebeeten, den Blumen. Herr Bonnet, der ihn führte, nannte ihre Namen so teilnahmslos, als stelle er ihm eine Gesellschaft untergeordneter Bekannter vor, und war etwas erstaunt darüber, daß Georg sie ausdrücklich bewunderte. Der merkte erst hinterher, daß er mit seiner Bewunderung Herrn Bonnet gar nicht die beabsichtigte Gefälligkeit erwies. Wahrscheinlich hatten sie sich zu lange draußen aufgehalten, denn als sie das Haus wieder betraten, war er in der Luft ertrunken – eine Luftleiche, die beim Abendessen weit weggespült wurde. Hätte er nur wirklich fortgedurft, um wenigstens seine Notdurft verrichten zu können. Doch sie hielten ihn fest, und Frau Bonnet mit gewissen Bedürfnissen in Verbindung zu bringen, war völlig unmöglich. Endlich ertönte ein Gähnen, das ihn ermunterte. Zwar hatte Herr Bonnet auch vorher gegähnt, aber weniger seine Schläfrigkeit damit andeuten wollen als die Revolution. Trotz der Aussicht auf die baldige Erleichterung stieg Georg beklommen mit ihm nach oben. Die Wände drängten sich auf der Treppe dicht zusammen, und das Zimmer, in dem er übernachten sollte, grenzte unmittelbar ans Schlafzimmer von Frau Bonnet, das nur ein einziges Bett enthielt. Seine Sehnsucht nach einem fremden Hotel wurde durch die drohende Gefahr von Privatgeräuschen erhöht. Obwohl er sich bemühte, selber keine zu machen, konnte er doch nicht verhindern, daß das Wasser in der Toilette unnatürlich laut rauschte. Eine kaum geringere Pein verursachten ihm seine staubigen Schuhe, die er nach längerem Grübeln bei sich behielt, weil sich nirgends ein Mädchen gezeigt hatte. Es rauschte wieder, Kleider raschelten in der Nähe, wo schlief Herr Bonnet, die beiden mußten sehr arm sein, das Haus war ein entsetzliches Häuschen. – – –

Frau Bonnet schlug mit einem Quirlinstrument Schaum, während Georg, eine Schüssel zwischen den Beinen, vorsichtig Teig rührte. Er hatte unruhig geschlafen, entsann sich aber nicht eines einzigen Traumes mehr, den er hätte zum Besten geben können. Seine Vergeßlichkeit, die zweifellos durch den strahlend schönen Morgen noch gesteigert wurde, schmerzte ihn um so mehr, als Frau Bonnet, wie er wußte, ihrerseits über die Gabe verfügte, wunderbare Dinge zu träumen, von denen sie gern erzählte. Ihre Träume hingen unzerbrechlich zusammen und schienen sich im Schlaf selbsttätig gedichtet zu haben. Die Küche, in der er sich seit dem Frühstück mit ihr aufhielt, lag, sonderbar genug, an der Straßenfront; aber vielleicht war hier die Nordseite, er kannte sich in den örtlichen Himmelsgegenden noch nicht aus. Hatte er auch Frau Bonnet bisher vormittags nie gesehen, so spürte er doch jetzt mühelos ihre Nähe, die ihm gestern verschlossen geblieben war. Dabei gehörte sie viel eher in den Abend hinein, in dem um sie her alles verschwamm, als in diese gekachelte Morgenwelt, die gerade vor dem Essen ihre eigene Nützlichkeit überdeutlich betonte. Dennoch gelang es der Küche nicht, Frau Bonnet zu einer Köchin zu erniedrigen. Im Gegenteil! Statt sich mit den Geräten intim einzulassen, beseelte sie diese und zog sie zu sich heran; so daß Georg in eine überirdische Küche versetzt zu sein glaubte, deren Töpfe und Teller ohne menschliche Nachhilfe ihre höheren Zwecke erfüllten. Woher rührte es, daß er der Liebeskraft nicht widerstandslos unterlag, die den Quirler dazu bewog, gewissermaßen freiwillig zu quirlen? Die Leistungen, die sie vollbrachte, duldeten jedenfalls keinen Zweifel. Wie wenig ließ sich Frau Bonnet durch den Schwund ihres Vermögens bedrücken, wie herrlich behauptete sie sich inmitten der Dürftigkeit des Häuschens. Einem unerschütterlichen Sachwert gleich ragte sie in ihrem schwarzen Kleid, das immer dasselbe blieb, aus der Inflation heraus und glaubte sich überdies von lauter wertbeständigen Personen umgeben. So entkräftete sie zum Beispiel mild einige Einwände, die Georg gegen Frau Heinisch erhob. Der Verweis, der aus einer Wolke von Schaum drang, ereilte ihn mitten auf dem Teig, durch den er mit dem Löffel ununterbrochen kreisrunde Furchen zog, die sich hinterher sofort wieder schlossen. Draußen rumorte die Stundenfrau, die Wände waren zu dünn. Wenn die Welt mit dem Teig darin übereinstimmte, daß sie sich aus eigenem Antrieb immer neu glättete – Georg erinnerte sich des Gesprächs, das er mit Frau Bonnet vor ihrer Abreise begonnen hatte.

»Kann die Liebe wirklich überall ohne Gewalt zum Ziel kommen«, fragte er, und es schien ihm, als nähme er jenes Gespräch genau dort auf, wo es damals abgeschnitten worden war. Die Küche lag lautlos da, ein Wagen rasselte durch ihren Glanz.

»Da bist du . . .« Herr Bonnet war aufgetaucht, ganz flüchtig, als sei er vom Garten hereingeweht worden. Sein Blick traf den Schaum. »Eine Mehlspeise, die so viel Arbeit macht, währe wahrhaftig nicht nötig gewesen. Du wolltest doch heute vormittag schreiben . . . Ich suchte dich in der Stube.« Er trug eine Gießkanne, aus der die Worte vorwurfsvoll tropften.

»Wir haben uns ja gut unterhalten, Dolf, und unser Gast ißt gern etwas Süßes.«

»Aber meinetwegen –«

Georg wollte den Verdacht nicht auf sich sitzenlassen, die unschuldige Ursache der Mehlspeise zu sein. Die Gießkanne tropfte nicht mehr, Herr Bonnet wehte im Küchen-

wind. Man hätte ihn begießen sollen, sonst welkte er hin.
»Der Arme leidet schrecklich darunter«, sagte Frau Bonnet, nachdem er sich wieder verflüchtigt hatte, »daß ich durch die Hausarbeit so wenig Zeit zum Schreiben finde. Ach, das Eigentliche steht heute zurück.«
»Ist denn kein Ausweg möglich? – Ich finde es rührend, wie er sich um Sie sorgt.«
»Was mich betrifft, so werde ich mich schon einrichten können. Das Schlimme ist, daß sich der Mann im Gedanken verzehrt, untätig zusehen zu müssen und nichts zu verdienen. Er kommt sich gedemütigt vor. Am liebsten verdingte er sich in einem Büro oder einer Fabrik, aber die Vorkenntnisse fehlen ihm, und wer nähme ihn auf . . .«
»Ein solcher Unsinn.«
»Ich sage ihm das ja auch. Doch er hat nicht ganz Unrecht, wenn er von seiner Kunst nichts mehr wissen will. In dieser Zeit ist kein Platz für feine Dinge, die er macht. Nicht nur, daß sie von niemandem begehrt werden: sie belasten auch sein Gewissen. Denn er glaubt wie ich, daß es unsere dringlichste Pflicht ist, politische Aufklärungsarbeit zu leisten und unmittelbar auf die Menschen zu wirken . . . So ist es wohl, wir alle müssen uns opfern.«
Georg sah ihn vor sich, wie er die Pflanzen draußen politisch beeinflußte, ohne daß sie es ahnten. Die Stundenfrau putzte den Wasserhahn. Diese Liebe der beiden – sie reichte durchs ganze Häuschen, ließ die Trauer vergehen und war wie die Schlüssel zu greifen. »Wenn alle Gemeinschaften wie die Ihre wären, bedürfte es keiner Gewalt.« Frau Bonnet lächelte andächtig in den Schaum hinein, hinter dem sie zuletzt verschwand. Nur Schaum war noch ringsum: ein süßes weißes Gestöber, das mitten im Fallen erstarrt, Flöckchen an Flöckchen die Luft erfüllte. Tief unten dehnte sich die gelbe Teigebene, und in der Ferne hörte man Wasser rauschen. – Der Bach, an dem Georg mit Herrn Bonnet ein Stück entlang ging, gluckste mitunter

leise. Wahrscheinlich stammte das Geräusch von den Fischen, es gab hier Forellen. »Geht doch zum Waldschloß«, hatte Frau Bonnet gesagt, sie selber schrieb daheim über die Frauen. Auch Georg wäre viel lieber unten im kühlen Zimmergrund geblieben, statt jetzt ununterbrochen zu steigen. Neben ihm baumelte der Gartenstrohhut von Herrn Bonnet. Dieser knöpfte sich in der Nachmittagsschwüle immer mehr auf, so daß zuletzt der Eindruck entstand, er sei beraubt worden und aus seinem Garten verstoßen. Der Hut hing an ihm wie an einem Galgen und wurde dabei von den Flügeln der Weste umspielt. Georg zog es vor, die seine geschlossen zu lassen. Ein grader steiler Weg hätte sicher weniger Mühe gekostet als diese allmählichen Serpentinen.
»Wollen lagern«, sagte Herr Bonnet oben am Waldrand und räkelte sich im Gras. Sie waren kaum eine Stunde gegangen.
»Müßten wir nicht zum Waldschloß –« Georgs Frage blieb unbeantwortet, da Herr Bonnet von den Schatten verschluckt worden war. Zurückgelassen hatten sie nichts als ein Paar ausgefranster Hosenbeine, die grau in der leuchtenden Wiese lagen. Das Waldschloß war bestimmt auch nur ein Häuschen. Fern im Tal strich die weiße Landstraße hin, auf der Georg gestern als Fremder gekommen war. Heute gehörte er schon dazu, es ging alles ganz rasch.
»Wie geht's Petri ... Hat uns lange nicht mehr geschrieben.«
»Er ist stark im Betrieb und reist in einem fort hin und her.«
»Meine Frau sagt, Sie seien neuerdings so katholisch.«
»Haben Sie meine Artikel gelesen?«
Eine Pause trat ein. Sie hatte, entgegen der Annahme Georgs, ihren Grund nicht darin, daß Herr Bonnet durch das Gespräch bereits überanstrengt war, sondern diente ihm nur als Vorbereitung.

»Was hielten Sie davon«, fragte er wie ein Unbeteiligter, »wenn ich für den ›Morgenboten‹ manchmal Artikel schriebe ... So eine Art regelmäßiger Mitarbeit. Wissen Sie, wegen des Geldverdienens ... Meine Lage ist scheußlich.«
»Herrlich«, erwiderte Georg, der sich beeilte, den guten Vorsatz zu unterstützen. »Gleich nach meiner Rückkehr will ich mit Dr. Petri und den Herren der Redaktion sprechen, verlassen Sie sich auf mich ... Überhaupt, wenn ich mich einmal für Sie umsehen darf –«
»Zu nett. Aber was soll ich denn schreiben?«
Er schien ernsthaft darüber beunruhigt zu sein, daß sein Plan unter Umständen bald verwirklicht werden könne.
»Am besten wäre zweifellos Politik.«
»Unmöglich im ›Morgenboten‹. Ihr habt oft schauderhaft reaktionäre Ansichten.«
»Dann Kunst.«
»Habe auch schon daran gedacht, nur mag mich Ohly nicht recht ... Ist auch zu blöd.«
Georg verlor die Geduld: »Setzen Sie sich doch einmal selber mit Dr. Petri in Verbindung. Wo Sie so gut mit ihm stehen.«
»Will mich nicht aufdrängen. Und außerdem ist die Sache ja zwecklos.«
Nachdem er alle Angriffe abgeschlagen hatte, gab er sich wie ein Sieger der Ruhe hin. Der Himmel war tiefblau und ganz ohne Inflation.
»Schön ist's hier«, sagte Georg.
»Finden Sie – für ein paar Tage vielleicht – – –«
Aus seinen Hosenbeinen ragten kümmerliche Sandalen heraus; so traurig zwischen den Gräsern. Dabei diese Liebe – Herr Bonnet war doch nicht ganz zu begreifen.
»Ihre Frau ist wunderbar«, meinte Georg ins Blau hinein, »all der Dreck gleitet spurlos an ihr ab, als sei er nicht vorhanden. Und immer diese Gespräche, die uns wirklich

angehen – verzeihen Sie, daß ich das sage, aber ich meine, Sie müßten mit ihr sehr glücklich sein.«
»Zum Waldschloß?«
Der Frager, der sich ihnen unmerklich genähert hatte, war ein besonders dicker Mann. Schwitzend wälzte er sich nach erhaltener Auskunft weiter. Seine beiden Hinterbacken wölbten sich gewaltig und verdeckten mit dem Rücken zusammen die Aussicht.
»Der Mann hat einen schlechten Charakter«, sagte Herr Bonnet so lebhaft, daß sich Georg erstaunt umdrehte. Noch nie hatte er ihn in diesem Ton reden hören.
»Warum.«
»Weil er hinterhältig ist.«
Das gedämpfte Wiehern, mit dem Herr Bonnet seinen Witz begleitete, steckte auch Georg an. Allerdings lachte er mehr über das Gewieher als über den Witz. Herr Bonnet war nicht mehr wiederzuerkennen.
»Wissen Sie selber keine Witze«, erkundigte er sich, »man versimpelt ja in dem Kaff.«
Ein solches Bekenntnis . . . Kaum vermochte Georg Antwort zu geben. »Vielleicht fällt mir nachher einer ein . . . Den Seinen gibt's Gott im Schlaf.«
»Im Beischlaf.«
Während Herr Bonnet diesen neuen Witz mit der Geschicklichkeit eines Taschenspielers an den Mann brachte, richtete er den Oberkörper auf, so daß jetzt sein Gesicht von der Sonne beglänzt wurde. Es war auch von innen erhellt. Er erhob sich unternehmungslustig und blinzelte Georg wie einem Kameraden zu, mit dem man gemeinsam die Schule schwänzt. Auf dem Rückweg wehte er nicht wie sonst dahin, sondern schritt flott die Serpentinen hinab.
»Bleiben Sie doch noch einige Tage«, bat er im Gehen, »oder müssen Sie wirklich morgen schon fort.«
»Leider. Mein Freund und ich treffen uns unterwegs, um dann zusammen nach Sulzbach zu fahren. Ich freue mich

seit langem auf die zwei Wochen Ferien ... Er siedelt ja hinterher gleich nach Hamburg über.«

»Schade –«

Georg dachte an Fred. Es dämmerte. Herr Bonnet war unter seinem Gartenhut schlafen gegangen. Das Häuschen kam wieder in Sicht.

Sie hatten sich an der verabredeten Station getroffen und saßen jetzt einander in der Kleinbahn gegenüber. Sulzbach, das ziemlich hoch oben im Schwarzwald lag, war ihnen landschaftlich sehr empfohlen worden. Fred hatte einen neuen Sportanzug an, der mit der Mütze zu einem einzigen, wundervoll gesprenkelten Kleidungsstück verschmolz, aus dem sein Gesicht gerade bis zu den Wimpern hervorsah. »Meine Mutter grüßt dich natürlich sehr herzlich«, sagte er mit einer Förmlichkeit, die nur davon herrühren konnte, daß er sich noch als ein Zubehör zu seiner Sportausrüstung empfand. Er war gewissermaßen selber vom Schneider frisch geliefert worden und wagte sich nicht zu zerknittern. Auch suchte er sich vielleicht vor der allzu dichten Nähe zu schützen, in die ihn diese ungewohnte Reisegemeinschaft versetzte; hatte er doch bisher zum Beispiel den gemeinsamen Gang in ein Pissoir immer ängstlich vermieden. Mit einer ungeheuren Spannung malte sich Georg einzelne Szenen aus, die ihnen bevorstanden – ihre Abendspaziergänge, das Verriegeln der Zimmertür, das Entkleiden und die Gespräche im Bett –, verweilte bei den Bildern der Intimität und spürte Möglichkeiten voraus, denen er aber nicht weiter nachging. Ungleich genußreicher war, sie eben nur als Möglichkeiten zu fühlen und ihren etwaigen Eintritt ganz in die Ferne zu schieben. Daher freute er sich auch der Befangenheit Freds und hütete sich, sie zu durchbrechen. Das Gebimmel der Kleinbahn, die Leute auf den Stationen, Kirchtürme, schwarze Wälder, eine Schafherde, – sie nahmen auf, was zu ihnen

hereindrang, spielten müßig damit und verloren sich in der Zeit, die unendlich war. Zu dem Sportanzug gehörten auch ein Paar langer Hosen. Bei der Ankunft in Sulzbach war Georg so traurig, als sei eine Galgenfrist abgelaufen.
In der Kuranstalt Elisabethenhof, die außer der allgemeinen Schwarzwaldluft auch ihre billige Pension und gute Verpflegung angepriesen hatte, standen die zwei vorausbestellten Zimmer bereit. Zwar war Georg zu Hause der Meinung gewesen, daß ein Zimmer für sie beide genüge, aber Fred hatte, von seiner Mutter unterstützt, ein eigenes Zimmer gefordert, da er in Gesellschaft nicht einschlafen könne. Wenigstens besaßen die Zimmer die von Georg gewünschte Verbindungstür. Sie dünsteten einen Geruch aus, der unwillkürlich die Vorstellung von einer Landschaft erweckte, die aus Waschschüsselteichen, Schubladenobst, Haarnadelbäumen und hölzernem Waldfußboden bestand. Fred riß sofort das Fenster auf und sah untätig hinaus. Sein heller Hemdsaum kräuselte sich zart, vermutlich entleerten sich die Koffer von selber. Georg, der stillschweigend das kleinere Zimmer behalten hatte, ärgerte sich darüber, daß er von dem jungen Herrn so vernachlässigt wurde. Obwohl er absichtlich langsam tat, war er doch längst mit dem Auspacken fertig, als Fred gerade erst anfing. So ging es immer, und der andere merkte noch nicht einmal etwas davon. Das Handtuch fiel von der Stange, der Tisch wackelte vor sich hin, und die Schranktüren glitten regelmäßig auseinander, sobald sie zugesperrt worden waren. Mitten im Stubensumpf erblühte Freds Pyjama in rosigen Farben. Sie beschlossen, vor dem Abendessen noch einen Rundgang zu machen. Der Speisesaal, der, nach der bestechenden Abbildung im Prospekt zu urteilen, ein gesellschaftlicher Hotelmittelpunkt hätte sein müssen, entpuppte sich an Ort und Stelle als ein größeres Gasthauszimmer. Es grenzte rechts an einen Salon, der mit abgesessenen roten Polstern auswattiert war,

die durch ihren langjährigen Familiensinn für sich einzunehmen suchten. Zur Linken wurde der Eßraum von einer gläsernen Schiebetür abgeschlossen. Fred öffnete sie, und sie verloren sich in einem riesigen Saal, der weitab von allen menschlichen Behausungen zu liegen schien. Ihre Schritte hallten, während sie über die öde Fläche vordrangen, an deren Rand sich übereinandergeschichtete Stühle und Tische häuften. Die Luft war trüb und mit Bierdunst erfüllt. Im Verlauf ihres ziellosen Umherirrens stießen sie auf einen Silberpapierfetzen, der ihnen verriet, daß diese Gegend früher belebt gewesen war. Dann befanden sie sich plötzlich angesichts einer Schiefertafel, die sich vor dem Hintergrund einer blühenden Wiese erhob. Sie stand allein auf einem Bühnenpodium, und die Wiese war nur gemalt – eine einsame leere Schiefertafel mit dünnen Linien wie in der Schule. »Für Rechenkünstler«, erklärte Georg. Als der Ausgang vor ihnen auftauchte, beobachteten sie in einer der Fensternischen einen Knaben, der hier offenbar die ganze Zeit über lautlos gesessen hatte. Er trug einen blauen Matrosenanzug, auf den das Licht des Spätnachmittags fiel, und durchblätterte einen illustrierten Zeitschriftenband. Der Garten war ein ausgedehntes Gelände, das so düster wirkte, als läge es in der Vergangenheit. Laub strotzte, von Feuchtigkeit genährt, aus dem Boden empor, Laub überdachte das Laub in der Tiefe und senkte sich immer mehr auf die eisernen Bänke und Restaurationstische, die Papierkörbe, die Kinderschaukel und das Musiktempelchen herab. »Man erstickt ja hier«, sagte Fred, »und wo bleiben die Gäste.« – »Morgen wird alles anders sein.« Bei ihrem Eintritt in den Eßraum saßen schon Leute an den Tischen. Das Licht ging an, ein paar Kellnerinnen reichten Platten mit kaltem Aufschnitt herum. Einem lang gefaßten Vorsatz zufolge bestellten sie Wein, den sie sonst eigentlich nie tranken. Unmittelbar hinter der gläsernen Schiebetür begann die Finsternis. Niemand dachte daran, daß der Saal in ihr brütete, aber er war doch immerwährend vorhanden. Zum Glück hatte sich der Junge mit dem Matrosenanzug aus seiner Abgeschiedenheit rechtzeitig in eine große Familiengruppe gerettet, deren Mitglieder sich in einem fort gegenseitig Fleisch auf die Teller legten. Die Gruppe wurde teilweise durch einen Vollbart verdeckt, der an einer luftigen Brille hing und bis zu den Serviettentälern herabwehte. Zwei Freundinnen im Vordergrund vergnügten sich damit, in kurzen Zwischenräumen Bürschle zu rufen. So hieß ein Hund, der wie ein Wollknäuel am Boden schleifte und sich nur ungern abwickeln ließ. Alles freute sich, wenn es seiner Herrin doch einmal gelang, ihn in die Höhe zu ziehen. Sie war farblos wie Fensterglas, durch das man nichts sah als den Hund, und nur die Nasenspitze guckte nach oben. »Die beiden flirten mit dir«, sagte Georg, »du gefällst ihnen mächtig.« Es war für ihn ein heimlicher Triumph, daß Fred gar nicht aufsah. Der erzählte von einem Theaterstück, das er einen Tag vor seiner Abreise besucht hatte, und machte dabei so vielversprechende Augen, daß die Mädchen gut zu verstehen waren. »Über den Vater–Sohn-Komplex müssen wir morgen ausführlicher reden.« Sie hatten heiße Köpfe und steckten sich mit lauter komischen Einfällen an. Mitunter hatte Georg undeutlich die Empfindung, daß sie sich auf einem hellerleuchteten Podium befänden und dem Publikum etwas vorspielten. Kaum erhoben sie sich, als die Geräusche im Zuschauerraum verstummten. Das Bewußtsein, der Zielpunkt von Blicken zu sein, die ihnen wie der Lichtkegel eines Scheinwerfers nachfolgten, bestimmte sie in ihrem Übermut dazu, die Bühne untergefaßt zu verlassen. »Wie konntest du nur glauben«, sagte Fred auf der Treppe, »daß mich die doofen Mädchen interessieren. Scheinen Stenotypistinnen zu sein . . . Dieses Publikum überhaupt.« Er gähnte. Die Zimmer waren jetzt anheimelnd; wie Truhen, in denen man gut verwahrt wird.

»Es ist schön, daß wir so zusammen sind, Georg.«
»Es ist wunderschön.«
Ohne sich zu berühren, saßen sie nebeneinander auf dem Bett. Fred bemühte sich, wach zu sein, war aber durch den ungewohnten Weingenuß völlig gelähmt. Nie sich trennen müssen, dachte Georg und starrte zu Boden. Wider Willen löste er sich dann ab; sie hatten unendlich viel Zeit. Ein Streicheln beim Abschied war alles. Die Tür wurde angelehnt; halb offen, halb zu.
Als sie am nächsten Tag den Eßraum aufsuchten, trafen sie dort die Schiefertafel an. Ihre Fläche war mit einer Milliardenziffer bedeckt, der die Mitteilung folgte, daß sich der Pensionspreis entsprechend dem augenblicklichen Dollarstand erhöhe. Fortan kehrte die Schiefertafel nie mehr in ihren ursprünglichen Saal zurück. Einer drohenden Wolke gleich stand sie unbeweglich am Horizont des Eßraums, und nicht genug damit, diese Wolke vergrößerte von Tag zu Tag ihre Milliarden, so daß sie bald, ein unheimliches, blauschwarzes Gebilde, den vier Wänden entwuchs und sich schwer auf die ganze Landschaft legte. Sie war überall zu erblicken, verfinsterte die Sonne und schlug die Gäste mit Schrecken. Immer neue Massen von Papierscheinen rauschten aus ihr nieder, klebrige bunte Massen, die so unausrottbar waren wie das Laub, das sich durch den Garten wälzte. Es war noch voll und grün, aber sobald sich das Wetter trübte, schien schon der Herbst angebrochen zu sein. Georg und Fred erbaten Geld von zu Hause und rechneten täglich nach, wie lange sie bleiben könnten. Daß sie der Umstände wegen ihren anfänglich gefaßten Plan aufgeben mußten, nach einem besseren Ort weiterzureisen, verdroß sie um so mehr, als sich das Essen zusehends verschlechterte. Besonders häufig stellten sich, durch die Schiefertafel herbeigelockt, gehackte Fleischgerichte ein, die das Geheimnis ihrer Herkunft sorgfältig wahrten. Sie schmeckten dumpf, kamen in verdächtiger Menge auf den

Tisch und hatten unterschiedslos eine graue Gefängnisfarbe. Ganz Sulzbach war überhaupt ein einziger Sommerfrischenkerker. Es steckte inmitten eines dichtbewaldeten Hügelkranzes, der es vollkommen einschloß, und wer etwa glaubte, auf einem der vielen Fußwege durch die Wälder entfliehen zu können, mußte nach stundenlangem Wandern stets wieder erkennen, daß er zu seinem Ausgangspunkt zurückgekehrt war. Die Wege umkreisten nämlich alle das Dörfchen. Da es noch nicht einmal ein richtiges Café enthielt, pflegten sich die Gäste bei Regenwetter und abends im Familiensalon zu versammeln. Die Besitzerin von Bürschle hieß Fräulein Rauch und war wie ihre Freundin eine Angestellte aus Stuttgart. Vergeblich bemühte sie sich, mit den Wollfäden ihres Hundes Fred an sich zu fesseln. Er und Georg dachten gar nicht daran, sich unter die Gesellschaft zu mischen, sondern trugen dauernd eine hochmütige Ausschließlichkeit zur Schau. Dennoch kam es nicht zu dem Einverständnis, das Georg ersehnt hatte; im Gegenteil, mit der Milliardenwolke nahm auch seine Enttäuschung über den Ablauf der Tage zu. Statt daß sie mit Zärtlichkeit gefüllt gewesen wären, vergingen sie unter kleinen, scheinbar unerheblichen Plänkeleien, die aber alle darauf hindeuteten, daß Fred nicht ganz bei der Sache war. Er verriet manchmal eine sonderbare Geistesabwesenheit, die er allerdings immer heftig bestritt, und suchte die Zimmergespräche vor dem Schlafengehen nach Möglichkeit zu verkürzen oder doch abzubiegen. Sie hatten schon über eine Woche in Sulzbach zugebracht, als sie eines Tages beim Mittagessen im Saal nebenan Geräusche vernahmen. Es war ihr zweiter und letzter Sonntag, und der Saal hatte bisher noch nie einen Laut von sich gegeben.
»Heute abend ist drinnen Tanz«, sagte die Kellnerin, »auch die Einheimischen kommen und Fremde aus der Umgebung.«
Fred äußerte den Wunsch, sich das Fest anzusehen, aber

Georg witterte dahinter einen Abfall von ihrem gewohnten Abendspaziergang und antwortete ausweichend. Im Wald später erklärte Fred unvermittelt:
»Ich freue mich, wenn ich erst in Hamburg bin –.« Er sollte gleich nach seiner Rückkehr aus den Ferien eine kaufmännische Stellung in Hamburg antreten.
»Sicher«, sagte Georg, »die Unabhängigkeit, der Hafen und so weiter.« Sie gingen auf einem der Kreiswege, die etwa anderthalb Stunden dauerten. Lauter Wald; manchmal ein Eichhörnchen oder ein Bach. Fred hatte die Augen gesenkt.
»Die Hauptsache ist mir, endlich einmal frei zu leben. Ich bin ja noch nie allein fort gewesen. Meine Mutter quengelt unaufhörlich, und das ewige Zuhause wird mir nachgerade zur Last.«
»Falle auch ich dir am Ende zur Last?«
»Aber wie kannst du nur ... Oft bist du so entsetzlich ungerecht.«
»Findest du?«
Kein Mensch unterwegs. Sonntagsfrieden, Schweigen im Walde. Das Kitschbild. Die Glocken läuteten: eine Milliarde, zwei Milliarden ...
»Ein Eichhörnchen, Georg!«
»Du hast mir noch nichts von Margot erzählt.«
»Sie ist abgereist. Ich sah sie flüchtig vorher.«
»So.«
»Sei doch nicht so komisch.«
»Wieso komisch.«
»Weißt du, was ich will: möglichst rasch Geld verdienen. Ich will reich werden, Georg.«
Seine Augen waren keine Spur mehr traurig. Ganz flache Augen.
»Ein merkwürdiger Ehrgeiz ... Bisher hatte ich angenommen, daß du nur deiner Mutter zuliebe ...«
»Gewiß, auch das.«

»Reich werden . . . Aber ich verstehe dich nicht: wir haben zusammen diskutiert und gelesen, und du hast mir gerade in der letzten Zeit immer wieder versichert, wie gern du studiertest.«
»Du verstehst mich wirklich nicht, Georg. Wenn ich Geld machen will, so doch nur, um später ohne jeden äußeren Zwang meinen Neigungen leben zu können. Man kommt heute schnell zu Geld, und vielleicht bin ich schon in fünf oder zehn Jahren so weit. Dann gehe ich bestimmt noch zur Universität . . . Warte nur –«
»Das ist heller Unsinn. Wer dem Teufel den kleinen Finger gibt – jedenfalls ändert man sich mittlerweile, und zurück kannst du nicht mehr.«
»Da irrst du dich sehr. – Außerdem muß ich doch Kaufmann werden.«
»Du hast eben anders gesprochen.«
»Sieh dort oben. – Still, sonst ist es gleich wieder fort.«
»Lenke nicht immer ab. Mir sind Eichhörnchen ganz egal.«
»Ich lenke nicht ab.«
»Doch.«
»Hör einmal, Georg, diese Quälerei habe ich satt. Seit wir hier sind, läßt du deine Launen an mir aus. Ich ertrage das einfach nicht.«
»Also falle ich dir zur Last.«
»Wenn du es durchaus wissen willst: ja. Überhaupt muß ich dir sagen, daß du mich völlig falsch siehst. Ich bin anders als du, und doch suchst du mich fortwährend in deine Richtung zu drängen. Du meinst es natürlich gut, und ich werde dir immer dankbar sein, aber ich habe nun einmal nicht deine Art von Streben, glaube es mir. Vielleicht bin ich überhaupt nicht so wertvoll wie du. Jedenfalls verlange ich nicht danach, mich über den Durchschnitt zu erheben oder abseits zu stehen, sondern möchte ins Leben . . . Manchmal fällt mir auf, wie weltfremd du trotz deines Journalistenberufes bist.«

»Das mit der Dankbarkeit hättest du dir schenken sollen.«
»Du beschimpfst mich, Georg.«
Der Weg hatte sich zum Kreis vollendet. Stumm gingen sie auf dem Radius zurück. Auch während des Abendessens brachte Georg nur die unentbehrlichsten Sätze zusammen. Durch die gläserne Schiebetür schimmerte Licht. Die Gäste sprachen lauter als sonst. Die Schiefertafel stand in der Ecke. Fräulein Rauch war in Weiß gehüllt und lächelte zu ihnen herüber. Ihr Wollhund hatte eine blaue Schleife gehißt, die unter die Tische kroch und ab und zu im Freien erschien. Wenn der Matrosenjunge sie entdeckte, schrie er so freudig Bürschle, als erblicke er vom Mastkorb aus Land. Es war auch nicht leicht für den Knaben, die Schleife zu sichten, denn unmittelbar vor ihm wallte der Bart, der mehr als einem Eichhörnchen Versteckmöglichkeiten bot.
»Ich hole mir nur etwas«, sagte Georg beim Käse, »warte bitte draußen auf mich.«
Im Zimmer schlug er ein Buch auf, zu holen hatte er nichts. Vor dem Hauseingang, wo sie sich treffen wollten, war Fred nicht zu finden. Georg wartete fünf Minuten; umsonst. Er schlenderte durch die kleine Empfangsdiele in den Salon, aber der Salon lag heute ausnahmsweise im Dunkel. In der Ferne ertönte Musik, die ganz nahe sein mußte. Sie verzehnfachte sich, als er durch die Tür drang, sie kam aus dem weitgeöffneten Saal, dessen Helligkeit die fleckigen Tischtücher des Eßraums aufglänzen ließ.
Tanzende Paare, Biergläser, fremde Gesichter, Kellner, Gegröle, Fred. Georg kann nicht zurück. Fred macht ein paar Schritte und weist auf den Tisch. Fräulein Rauch, Bürschle, die Freundin.
»Ich bin unschuldig an der Geschichte«, flüstert Fred. »Sie sprachen mich an, als ich auf dich wartete, und wenn ich nicht unhöflich sein wollte, mußte ich mit in den Saal.

Warum kamst du denn nicht. Ich habe dir einen Stuhl reserviert.«
Beide stehen am Tisch.
Fräulein Rauch: »Seien Sie nicht böse, daß wir Ihren Freund entführt haben, aber er ist der Meinung gewesen, daß Sie heute abend sowieso keine Lust zum Spazierengehen hätten. Habe ich Sie nicht richtig verstanden? Meine Freundin Fräulein Zippelius.«
»Sie sind beim ›Morgenboten‹? Ich lese die Zeitung manchmal in unserem Büro und finde sie wirklich anregend geschrieben. Ihr Name kam mir auch gleich so bekannt vor.«
Georg vermeidet Fred anzusehen: »Entschuldigen Sie mich, es ist nur ... ich habe einen wichtigen Brief zu schreiben und möchte vorher ein wenig Luft schöpfen ... Nehmen Sie bitte mit meinem Freund vorlieb.«
»Ich bitte dich, bleib.«
»Ruhig, Bürschle.«
»Sie werden doch kein Spielverderber sein wollen, Ihr Freund ist ganz traurig, sehen Sie nur.«
»Ich bin dir ernstlich böse, Georg.«
»Bitte.«
»Adieu.«
Fred setzt sich betont und wendet sich mit gezwungenem Lachen den Mädchen zu. Die Nacht draußen – das Laub tost ununterbrochen. Alles vom Laub durchwachsen, zugeschüttet mit Laub. Wie vergessen der Saal war und heute abend das Fest. Ich weiß keinen Ausweg. Oben riegelt Georg die Verbindungstür zu, schließt das Fenster und legt sich zu Bett. Der Saal dröhnt herauf, er ist außer Rand und Band, er vergißt jetzt selber alles um sich her. Fred kommt nicht wieder – – –
Das erste, was Georg nach dem Aufwachen erblickte, war ein durch den Türspalt gesteckter Zettel, auf dem stand: »Ich habe mehrmals vergeblich bei dir angeklopft. Muß

dich gleich morgen früh unbedingt sprechen. Fred.«
Georg fühlte sich durch die Vorstellung der Zärtlichkeiten, die Fred und Fräulein Rauch in der Nacht vielleicht miteinander ausgetauscht hatten, auch körperlich so abgestoßen, daß er dem Zettelwunsch nicht entsprach, sondern das Hotel schleunigst allein verließ. Als er zum Essen zurückkam, wußte er nur noch, daß er drei oder vier Stunden abwesend gewesen war. Fred saß schon am Tisch und sah ihn mit den alten Augen beschwörend an.
»Ich habe mich heute nacht gedrückt, sobald ich konnte. Übrigens muß man gerecht sein: Fräulein Rauch ist ein ganz liebes Ding.«
»Freut mich, daß sie dir eingeleuchtet hat.«
»Du denkst doch nicht etwa, daß ich mit ihr . . .«
»Ich will es gar nicht wissen, und außerdem liegt nichts daran.«
»Glaubst du mir vielleicht nicht –«
»Selbstverständlich glaube ich dir.«
»Ich bin sehr unglücklich, Georg.«
Der Tisch mit den Mädchen war noch immer unbesetzt. »Sie sind vorhin abgereist«, sagte Fred, »die Pension ist ihnen zu teuer geworden.« Auch der Vollbart fehlte, und die Familiengruppe war schon halb eingepackt. Die Schiefertafel vertrieb alle Gäste. Bald würde ihr Platz nicht mehr ausreichen für die endlosen Zahlenbänder und das Eßzimmer verödet sein wie der Saal. Er lag irgendwo jenseits der Schiebetür, und seine Abgeschiedenheit wurde noch dadurch erhöht, daß Georg und Fred am Nachmittag wie auf Verabredung Gesprächsbarrikaden errichteten, um sich vor dem Ansturm des gestrigen Tages zu schützen. »Neulich beobachtete ich«, erzählte Georg, »wie die Kassenärzte an einem Büro im Hinterhof Schlange standen und stundenlang auf die Auszahlung ihrer Bezüge warteten, die ihnen natürlich nach einem längst überholten Index berechnet wurden.« – »Ich beneide dich manchmal um deine

interessante Tätigkeit«, meinte Fred. »Man sollte ins Ausland. Lorey aus meiner Klasse, du weißt, hat es fertiggebracht.« Noch zögerten sie, die Versöhnung anzuerkennen, die sich bereits zu vollziehen begann, aber Georg wußte genau, daß ihr Eingeständnis am Abend erfolgen müsse. Jetzt zum ersten Mal während der Ferien bemächtigte sich seiner wieder die Spannung, die er vor der Ankunft in Sulzbach empfunden hatte, und sie war auf ein bestimmteres, näheres Ziel als damals gerichtet. In den Zimmern, die sie zur üblichen Stunde aufsuchten, kehrten sie mit einem dauernden Weißtdunoch zu den Anfängen ihrer Freundschaft zurück. Der Unterricht in der Pension Isolde, Marie, Freds Liegestuhl, der ein Teil des Indianerzelts war, die Mutter und der langsame Herr Kummer – sie versteckten sich vor der Gegenwart in ihren Erinnerungen, die sie zur goldenen Gegenwart machten. Nach einer Weile erklärte Georg, daß er sich ins Bett legen wolle und entkleidete sich allmählich. »Aber wir reden dann weiter«, sagte Fred, in sein Zimmer entschwindend. Er tauchte in einem weißen Nachthemd auf, das beinahe bis zum Boden reichte, und setzte sich zu Georg aufs Bett. »Du erkältest dich.« – »Ich krieche zu dir unter die Decke.« Das Bett war schmal, und sie hatten Mühe, ihre Körper auseinanderzuhalten. Besondere Schwierigkeiten bereiteten ihnen die Arme, die zu viel Raum für sich in Anspruch nahmen. Da sie die störenden Glieder nicht einfach absägen konnten, berührten sie sich wider Willen in einem fort. Durch ein lebhaftes Geschwätz, das ihnen selber als sinnlos erschien, suchten sie die Gefahr dieser Zusammenstöße zu mildern. Infolge der Bettwärme ermattete aber bald die künstlich angefachte Rederei, die Worte schliefen unterwegs ein, und dann küßten sie sich. Wie früher einmal –

»Freddie«, sagte Georg für sich. Wie früher – der verschollene Name kam ungerufen herauf.

Fred richtete sich halb in die Höhe.

»Ich muß dir ein Geständnis machen. Ich habe schon die ganze Zeit davon sprechen wollen, aber es nie recht gewagt. Die Sache ist die: Margot ist meine Geliebte gewesen.«

Georg schwieg.

»Sag doch etwas.«

»Seit wann?«

»Erinnerst du dich an den Abend, an dem du sie bei uns trafst und uns von deinem Eintritt in die Zeitung erzähltest? Sehr bald danach ... Sie liebte mich und lud mich gleich zu sich ein. – – – Wir waren auch im Hotel zusammen.«

»Und das hast du vor mir verheimlicht –«

»Wie gern hätte ich dir alles anvertraut. Aber ich mußte Margot mein Wort geben, mit niemandem, und gerade mit dir nicht, über unsere Beziehung zu reden.«

»Warum gerade mit mir nicht.«

»Sie war vom ersten Augenblick an eifersüchtig auf dich und hat dich gehaßt. Einen guten Instinkt hat sie, das muß ich ihr lassen.«

»Mir fällt jetzt ein: bei einem unserer Spaziergänge – er liegt schon weit zurück – branntest du begierig darauf, von mir sozusagen sexuell aufgeklärt zu werden. Ich mußte dir das kleinste Detail des Geschlechtsaktes ausführlich beschreiben. Zu einer Zeit, in der du nach deiner eigenen Angabe längst mit – kurz, in der du die Sache bereits kanntest ... Du hast mich also absichtlich irregeführt.«

»Aber nein, Georg. Ich fragte dich ja nur, um zu erfahren, ob ich es richtig machte. Ich war doch zum ersten Mal mit einer Frau zusammen und wollte mich nicht blamieren. Darum allein fragte ich dich.«

»Mir schien es übrigens an jenem Abend, von dem du sprachst, als ob sich deine Freundin viel mehr für mich interessiere.«

Fred lächelte unmerklich: »Du hast bestimmt ihre Gereizt-

heit für Interesse gehalten ... Ist dir denn nie etwas aufgefallen?«
Zerstreut schüttelte Georg den Kopf.
»Ich hatte deinetwegen heftige Auseinandersetzungen mit Margot. Als sie zu Beginn unserer Beziehung einmal gegen dich hetzte, gab ich ihr zu verstehen, daß ich sofort mit ihr brechen würde, wenn sie sich in deine Existenz nicht widerspruchslos fügte. Es war schwer für sie; denn sie mußte spüren, daß ich mit dir mehr verbunden war als mit ihr.«
Er schmiegte sich an Georg und legte ein Bein über ihn.
»Ich liebe im Grund nur dich.«
Georg befreite sich aus der Umklammerung, die ihm jetzt unerträglich war. Was für ein Narr bin ich gewesen.
»Geh schlafen, Fred.«
»Du wirst doch nicht verstimmt über mich sein. Wüßtest du nur, wie wenig mir diese Beziehung bedeutet hat ... Und ich werde ja auch Margot so bald nicht mehr sehen.«
»Geh schlafen.«
»Wenn du meinst –«
Kaum konnte Georg das Alleinsein erwarten. Bald hörte er regelmäßige Atemzüge, die ihm verrieten, daß Fred schlief. Es war endgültig aus, alles war aus. Er hätte zu weinen gewünscht, aber die Augen blieben ihm trocken. Nicht nachdenken.
Nach zwei unfreundlichen Tagen, in denen sich Georg nichts merken ließ, fuhren sie heim. Im Garten raschelte dürres Laub, der Sportanzug hatte Flecken. Das Vergangene wurde mit Gesprächen über die Zukunft, Hamburg, den »Morgenboten«, die Inflation zugedeckt. Die gewohnte Stadt umfing sie, am Bahnhofsausgang trennten sie sich.
»Ich rufe dich gleich morgen an«, sagte Fred, »wir sind hoffentlich noch am Abend zusammen.« Auf dem Opern-

haus standen die Rosse wie immer, das Zimmer war kalt, die Hausbewohner stiegen in der Nacht über Georg hinweg. Als er am nächsten Morgen früh in die Zeitung kam, verständigte ihn Fräulein Peppel im Auftrag von Dr. Petri davon, daß er womöglich schon mit dem Mittagsschnellzug nach K. reisen solle, wo ein wichtiger Kongreß über Gemeinschaftsethik stattfinde. Herr Sommer, der für diesen Kongreß eigentlich zuständig gewesen wäre, war noch in Urlaub. Georg fuhr ab, ohne Fred wiedergesehen zu haben.

VII

In K., wo er spät abends eintraf, stieg Georg in einem Hotel ersten Ranges ab, das ihm von einem Reisenden empfohlen worden war. Er empfand es nach dem Geschehenen als eine Annehmlichkeit, so schön und öffentlich wohnen zu können und niemandem Rechenschaft schuldig zu sein. Am nächsten Morgen kam er auf dem Weg zum Kongreßgebäude an einem Schirm- und Stockgeschäft vorbei, dessen Auslage wundervolle Stöcke enthielt. Besonders gut gefiel ihm ein schlanker brauner, der oben in eine Elfenbeinkugel mündete und an einem Lederriemchen zu tragen war. Dem Kongreßgebäude, einem herrlichen Verwaltungskasten, der nicht im geringsten zu irgendwelchen Gemeinschaftsbildungen ermunterte, sah man schon von weitem seine derzeitige Bestimmung an. Die Kongreßplakate vermehrten sich in seiner Nähe, zahlreiche Menschen, die nur Kongreßteilnehmer sein konnten, strömten ihm gruppenweise zu, und vor dem Portal bestätigte ein Schild nochmals ausdrücklich, daß der Kongreß wirklich hier tage. Aus dem Vestibül führte eine breite furchteinflößende Treppe hinan, deren Aufgabe es im gewöhnlichen Leben zu sein schien, Zivilpersonen vom Betreten abzuschrecken. Zum Glück gabelte sie sich später. Professoren und ihre Gattinnen, Geistliche jeder Art, Frauen vom Schlag Fräulein Samuels, Studenten und Mädchen, jüngere Männer, die sicher Lehrer waren, betont unverknöcherte Lehrer – sie alle standen, mit den offiziellen Kongreßdruckschriften ausgerüstet, im großen Saal herum, schüttelten sich die Hände und machten freudig erregte Gesichter. Vermutlich freuten sie sich darüber, daß wieder einmal ein Kongreß stattfand, der ihrer bedurfte. Manche eilten den Saal auf und ab und hielten nach jedem neuen Schritt bei einem alten Bekannten an, der dann ebenfalls bald davoneilte. Die meisten waren sich offenbar schon bei früheren Kongressen begegnet. Bewährte, mit Kongreßnarben bedeckte Kämpfer, tauschten sie ihre Erinnerungen aus und schmiedeten Pläne für den nächsten Kongreß. Inmitten ihrer Schar fühlte sich Georg doppelt vereinsamt. Auf einmal entdeckte er Pater Quirin, der ihm freundlich zuwinkte. Als er aber auf ihn zugehen wollte, ertönte die Glocke, und so blieb er vom Pater getrennt.

In der Stille, die einsetzte, begrüßte der Vorsitzende zuerst den Herrn Minister, der sich trotz dringender Amtsgeschäfte nicht habe nehmen lassen, dem Kongreß persönlich beizuwohnen. Der Vorsitzende folgerte daraus die besondere Wichtigkeit dieses Kongresses und eröffnete ihn nach weiteren Begrüßungen, indem er erklärte, daß der Kongreß jetzt eröffnet sei. Kaum war er beiseite getreten, so bestieg der Minister persönlich das Podium. Da Georg noch nie einen Minister gesehen hatte, beschloß er, ihm aufmerksam zuzuhören.

»Trotz dringender Amtsgeschäfte«, sagte der Minister, »habe ich es mir nicht nehmen lassen, Ihrer Eröffnungssitzung persönlich beizuwohnen. Sie alle hier im Saal wissen, wie tief die Nacht der sozialen Not ist, die unser unglückliches Volk heute umgibt. Millionen von Volksgenossen kämpfen verzweifelt gegen die unaufhaltsame Verarmung an und drohen immer mehr ins Elend zu sinken. Während sie aber darben, prassen die andern und ziehen ihren Nutzen aus derselben Geldentwertung, die jenen zum Verhängnis gereicht. Eine Kluft geht durch unser Volk, und ich sage Ihnen, meine Damen und Herren, Schuld an der Kluft trägt der schrankenlose Egoismus, der sich unter uns breitmacht, die Profitgier, die sich auf Kosten der Massen bereichert . . .« Der Minister malte die Nacht in so schwarzen Farben aus, daß sich Georg vergeblich fragte, wie es je wieder hell werden könne. »Dieses Grundübel des Egoismus«, fuhr der Minister fort, »muß mit den Wurzeln ausgerottet werden, wenn unser Volk nicht völlig zerfallen und sich zerfleischen soll. Wie aber werden wir der Auflösung Herr? Nicht durch den gewaltsamen Sturz des Systems, den manche Leute für das Allheilmittel halten, überhaupt nicht durch wirtschaftliche und soziale Maßnahmen, so notwendig sie auch zweifellos sind, sondern einzig und allein durch die Besinnung auf die Tugend der Eintracht, durch die Wiedererweckung des Willens zur Volksgemeinschaft. Gemeinschaft: indem ich dieses hohe Wort ausspreche, bin ich mir bewußt, an den Kern aller Fragen zu rühren, die unser Volk heute im Innersten aufwühlen, ja, zugleich den Weg zu unserer Befreiung zu zeigen. Denn so gewiß wir unter den Ausschreitungen einer Selbstsucht leiden, die jeder Bindung spottet und um des eigenen Vorteils willen den des Ganzen vernachlässigt, ebenso gewiß werden wir durch die Verwirklichung des Ideals der Gemeinschaft genesen. Die Überwindung des Egoismus, des mörderischen Kampfes aller gegen alle, ist, ich sage es noch einmal, an die Heraufkunft der Gemeinschaft geknüpft. Man wende mir nicht ein, daß sie ein fernes Ideal sei; Ideale sind dazu da, um verwirklicht zu werden. Und zeigt sich nicht schon tatsächlich ein Neubeginn? Gerade jetzt, in der Zeit unserer schlimmsten Erniedrigung, ist der Gemeinschaftsgedanke unter uns lebendig geworden und zieht immer breitere Kreise. Ich weiß, daß noch schwere Opfer von allen Teilen der Bevölkerung gebracht werden müssen, um dem Gedanken Lebenskraft einzuhauchen. Aber das Dunkel fängt doch an, sich zu lichten, und wenn wir nur wollen, ist der Tag nahe, an dem die Volksgemeinschaft ersteht, die kommen wird, weil sie kommen muß, an dem das einig gewordene Deutschland nicht mehr wehrlos am Boden darniederliegt, sondern sich in voller Stärke aufrichtet, um sein Recht von den Siegern zu fordern . . .« Es war also wider Erwarten noch hell geworden, dachte Georg mitten im Beifall. »Namens der Staatsregierung«, so schloß der Minister, »begrüße ich

hiermit den Kongreß. Indem ich mich dieses ehrenvollen Auftrags entledige, möchte ich Sie, meine Damen und Herren, nicht zuletzt des Anteils versichern, den die Staatsregierung an Ihren Verhandlungen nimmt. Wir werden die Tagung mit der größten Aufmerksamkeit verfolgen und sind davon überzeugt, daß sie Lösungen zeitigen wird, die unserem Vaterland zum Segen gereichen.«
Georg hoffte, daß jetzt endlich die in Aussicht gestellten Lösungen selber kommen würden. Aber der Kongreß versuchte vorläufig gar nicht, sie zu finden, sondern ließ sich wie ein Geburtstagskind immer weiter begrüßen. Der dringender Amtsgeschäfte wegen am Erscheinen verhinderte Oberbürgermeister übermittelte ihm die Grüße der Stadt, die es als eine Auszeichnung empfände, daß der Kongreß in ihr tage. Der Universitätsrektor drückte namens der ehrwürdigen Alma mater die Hoffnung aus, daß der Kongreß voller Bestrebungen sei. Abgesandte mehrerer Verbände erklärten, daß ihre Verbände sie abgesandt hätten. Obwohl alle diese Reden nicht inhaltsreicher als Ansichtskarten waren, die viele Grüße und irgendeine Unterschrift enthalten, brachten sie es dennoch fertig, ihren Inhalt bis zum Umfang vierseitiger Briefe zu dehnen. Längst hatte Georg seinen Bleistift eingesteckt und sich nach Sulzbach zurückverlaufen. Als er gelegentlich wieder im Kongreß auftauchte, entfernte sich gerade der Minister so unauffällig, daß sich der ganze Saal nach ihm umdrehte. Offenbar beachtete die Staatsregierung die Verhandlungen nur aus der Ferne. Während seines Wegganges verlas der Vorsitzende die Glückwunschtelegramme verschiedener Kongresse, die zur gleichen Zeit an anderen Orten stattfanden. Er sicherte der Versammlung zu, daß er ihnen namens des Kongresses ebenfalls zu ihrem Vorhandensein gratulieren werde, stellte mit Genugtuung die Anwesenheit mehrerer Verbände fest, schilderte die Ehrwürdigkeit der Alma mater, betonte, dem verhinderten Oberbürgermeister zu-

gewandt, daß der Kongreß stolz darauf sei, in dieser Stadt tagen zu dürfen, dankte der Staatsregierung für ihre Anteilnahme und eröffnete schließlich noch einmal den Kongreß.
Die Vorträge begannen. Georg vermochte ihnen jedoch nicht zu folgen, weil ihn selber immer mehr das Ende verfolgte, das Ende seiner Freundschaft mit Fred. Jetzt erst erkannte er, was ihm zugestoßen war, jetzt erst rumorten Worte, Blicke und Auftritte in ihm, die sich bisher niemals geregt hatten. Freds Zuspätkommen im April, seine Verlegenheit bei ihrer zufälligen Begegnung im Bahnhofsviertel: alle die vergessenen Ereignisse kehrten ungerufen zurück und reihten sich ein. Das also war ihre Freundschaft gewesen ... Die Vorträge rauschten, er achtete nicht auf das Rauschen. Nur manchmal spritzten Bruchstücke und Satzteile zu ihm hin, die sich aus dem Zusammenhang losgerissen hatten und nicht verscheucht werden konnten. Sie störten ihn. Denn Fred hatte ihn hintergangen, vorsätzlich hintergangen, und ihre Gemeinschaft war doch sein Leben gewesen.
»... in dieser Nacht der sozialen Not, wie der Minister treffend bemerkte ...«

Ihre Gemeinschaft – war eine Gemeinschaft überhaupt möglich, wenn die Menschen sich so verhielten wie Fred? Während einer der knapp bemessenen Pausen lehnte Georg an einer Gangbrüstung und überflog das Gewimmel der Kongreßteilnehmer, die sich in der Treppenhalle zerstreuten. Sie rauchten, besprachen laut die Vorträge und trafen Verabredungen für den Abend, an dem im Stadthaus eine öffentliche Kundgebung stattfinden sollte. Vermutlich hätten sie auch nachts gerne Vorträge besucht. Viele von den Jungen trugen Wanderkostüme mit Kniehosen, in denen sie den Eindruck erweckten, als seien sie beständig unterwegs. Sogar wenn sie saßen, wanderten sie noch, und über den Gegenden, die sie durchstreiften, ging die Sonne in einem fort auf. Statt sich ihnen anzuschließen, blieb Georg lieber allein mit der Treppe zurück, die sich leer und gewaltig in die Halle vorschob. Am Vormittag war er durch einen ihm von der Zeitung her flüchtig bekannten Studienrat in eine Gesprächsgruppe gezogen worden, die den guten Erfolg der neuen Gemeinschaftserziehung gerühmt hatte. Er begriff nicht die Leichtgläubigkeit, mit der alle diese Leute blindlings dem Gemeinschaftsglück zutaumelten, ohne sich im geringsten um die Beschaffenheit der Menschen zu kümmern, aus denen doch jede Gemeinschaft bestand. Die ganze Herde strömte plötzlich treppaufwärts, der Saal füllte sich rasch. »Prachtvoll, was«, rief der Studienrat Georg im Vorbeigehen zu, »nun werden wir Huebner hören.« Das Rauschen der Vorträge unterschied sich von dem in den Pausen nur durch die größere Gleichmäßigkeit. Und wäre ich bettelarm gewesen, dachte Georg, so hätte ich doch alle Not über meiner Freundschaft vergessen. Was lag schon viel an den äußeren Verhältnissen. Es kam auf die Menschen an, und keine Nacht ließ sich mit der Nacht zwischen ihnen vergleichen.

»Die Gemeinschaft muß gegründet sein in Freiwilligkeit und Vertrauen . . .«

Sie war um so fürchterlicher, diese Nacht, als Fred im Grund so wenig wie er selber für den Bankrott ihrer Beziehung verantwortlich gemacht werden konnte. Georg gestand sich ein, daß er dem andern weder das Schweigen über Margot noch einen Betrug vorwerfen durfte. Freds ganzes Verhalten war vielmehr durch das seinige bedingt gewesen und vom Standpunkt des Jungen aus gut zu begreifen. Man mußte gerecht sein, so schwer es auch fiel. Auf der Flucht vor dem Kongreß, den er mitten in der Nachmittagssitzung verlassen hatte, ging Georg jetzt in den Straßen spazieren. Sie waren mit lauter mürrischen armen Leuten gefüllt und führten, statt sich zu freundlichen Plätzen zu erweitern, an zahlreichen dunklen Baulükken vorbei. Die Bevölkerung, zu der Plätze auch nicht gepaßt hätten, entstammte anscheinend dessen Lücken. Dazwischen erhoben sich Häuserblocks, die sich aus den Abfällen aller möglichen Großstädte und Kleinstädte zusammensetzten und nun eine eigene unvorstellbare Stadt bildeten. Zum Glück ahnten die Menschen nicht, daß sie in ihr lebten. Im hellen Schaufenster stand noch der Stock von heute früh wie in einem Asyl. Von seiner Elfenbeinkugel angezogen, beschloß Georg ihn zu kaufen und am Lederriemen zu tragen. Am nächsten Morgen schlenkerte er mit dem Stock zwischen Gruppen von Wandergesichtern und Junglehrern in die rauschenden Vorträge. Prachtvoll, was, schrien die Gruppen im Chor. Er haßte sie und wußte endlich warum. Weil sie die Nacht verleugneten, weil sie sich einbildeten, daß schon ein bißchen guter Wille genüge, um aus den Menschen Gemeinschaftsengel zu machen.

»... helfen kann nur die Rückkehr zur gottgewollten Lebensordnung und das Wiedererstarken der Autorität ...«

Dabei hatte Frau Bonnet, die doch vor allgemeiner Menschenliebe strotzte, noch nicht einmal den eigenen Mann an sich zu fesseln vermocht. Wahrscheinlich verdiente der Mann ihre Liebe nicht, aber vielleicht war auch das Höhenklima unerträglich, in dem Frau Bonnet gedieh, und der Mann wehrte sich eben. Es ging nicht; sogar unter den günstigsten Umständen kam die Sache nie richtig zum Klappen. »Nun, wie hat Ihnen Huebner gefallen«, fragte lächelnd Pater Quirin. Georg hatte nach dem Mittagessen zufällig ins Gartenrestaurant hineingesehen, in dem der

Pater saß, und dann auf dessen Wunsch hin an seinem Tisch Platz genommen. Die meisten Menschen hielten sich schon im Innern auf. Mit einemmal befand er sich in einem geschlossenen Kreis unbekannter Personen, an Huebner erinnerte er sich nicht mehr. Einige aus dem Kreis waren Amtsbrüder Pater Quirins, andere, die Zivil trugen, sahen wie religiöse Geheimpolizisten aus. Sie bespitzelten ihn und stellten die Verfolgung erst ein, nachdem er sich, noch ganz in seinen heimlichen Überlegungen befangen, erbittert gegen jenes Gemeinschaftsgetue ausgesprochen hatte, das er als nichtig empfand. Wohlwollend belächelte der Kreis die Offenherzigkeit dieses Angriffs und wunderte sich nur, daß Georg nicht ebenfalls Bier bestellte, sondern Kaffee. »Probieren geht über Studieren«, meinte einer der Herren, trank Georg zu, wie um zu beweisen, daß man trotz des Kaffees kein Mißtrauen mehr gegen ihn hege, und lobte dabei das hiesige Bier. Es war durchaus verständlich, daß die Bierseidel selbstbewußt funkelten. Die Geistlichen hinter ihnen saßen mit ihren schwarzen Röcken unbeweglich in der gläsernen Luft und plauderten über kirchliche Angelegenheiten. »Wille ohne Form ist zuchtlos«, sagte Pater Quirin. Ein zusammengekrümmtes Blatt wirbelte durchs Gespräch, aber Georg merkte nicht einmal, daß er ihm nachsah, so sehr beschäftigte ihn eine Entdeckung, die er jetzt machte. Die Gewißheit dieses Kreises, denen er noch vor kurzem fast unterlegen wäre, hatte ihre Gewalt über ihn verloren, und er war ein Fremder am Tisch. Mochten die Gläubigen hier mit allen Einwänden recht haben, die sie gegen die Verirrungen des Kongresses erhoben, und als Glieder der Kirche, die ihr Dasein von Anfang bis zu Ende umfing, in einer wunderbaren Geborgenheit leben – er, Georg, gehörte nicht in ihre Mitte und würde auch nie zu ihnen gehören. Denn konnten sie je, so fragte er sich, den Glanz seiner Freundschaft ermessen, die vielen Schmerzen und den Aufruhr in ihm? Sie konnten es nicht, und wenn er nur unbefangen genug gewesen wäre, um zu sprechen, zu schreien, so hätten sie seine Seligkeit herabgesetzt und seine Leiden entwertet und ihn zuletzt ganz und gar ausgeräumt wie jenes Linoleumzimmer, dessen Tiefen Pater Quirin entstiegen war. Am Nebentisch brachen verspätete Mittagsgäste auf, aber statt sich wie sie zu zerstreuen, zog sich der Kreis immer dichter zusammen, wurde undurchdringlich wie eine Mauer und dünstete Schwaden von Religion, Bier, Späßen und Zuversicht aus, die den Himmel verfinsterten. In seiner Bedrängnis benutzte Georg den Stock als Verteidigungswaffe. Er wippte ihn unauffällig gegen die Front der Gesichter und Stimmen ringsum, legte ihn weltmännisch auf die übereinandergeschlagenen Beine und liebkoste die schimmernde Elfenbeinkugel. Der Stock war nicht sein Eigentum, sondern ein Gefährte, zu dem er sich offen bekannte. Die sicheren Herren, deren Verdacht vor allem durch das Lederriemchen neu erweckt wurde, beobachteten argwöhnisch die ketzerischen Bewegungen, die Georg vornahm. Ehe sie ihn aber des vollendeten Abfalls überführen konnten, fiel ihm plötzlich ein, daß er ja als Vertreter des »Morgenboten« hier weile. »Ich muß in die Vorträge«, sagte er; die Geistlichen lächelten abgeschieden. Als er sich beim Ausgang umdrehte, war der Kreis ein finsteres Häufchen, das sich im leuchtenden Restaurationsgarten verlor. Die Vortragsmassen, die mit unverminderter Heftigkeit niederrauschten, hatten inzwischen den ganzen Kongreß überschwemmt. Zahllose schmutzige Blätter, Flugschriften und Resolutionen fegten wie Strandgut durch den brühwarmen Saal, und ein Teil des Publikums war weggespült worden. Unberührt vom Gewoge der überlebenden Menge faßte Georg den Vorsatz, sich nie mehr in irgendeine Gemeinschaft locken zu lassen, sondern bei sich selber zu bleiben.

»... sittlich zu reinigen und hinzuleiten zu jener Einigkeit, deren der Herr Minister vorgestern in so tief empfundenen Worten gedachte ...«
In einem fort der Minister – Auch die Beziehung zu Fred mußte ihr Ende haben, das halbe Hinüber und Herüber, das doch nirgends ausreichte, bereitete viel zu viel Qualen. War das Alleinsein denn gar so schlimm? Es war rein und unantastbar wie der Abend, durch den er verschlossen trieb. An einem runden Tischchen saß er nachher, von einer Palme behütet, in der schönen Hotelhalle, den Stock neben sich auf dem Stuhl. Hier war er endlich vor allen Verfolgungen sicher. Rührte es von der Unnahbarkeit des Raumes her, vom dicken Teppich, der jeden Laut dämpfte, oder von den Lederfauteuils, die ihre Insassen so völlig voneinander trennten, als seien sie Bewohner verschiedener Welten – kein einziger Kongreßteilnehmer wagte sich in dieses Asyl. Nur Reisende kamen und gingen, vereinzelte Damen und Herren, die ohne Gepäck auftauchten und auch darum nicht als Fremde wirkten, weil die Halle fremd war wie sie. Während sie, Landschaften gleich, die man durchs Coupéfenster erblickt, unmerklich vorbeizogen, ertönte aus der Ferne eine dünne Musik. Verzückt folgte Georg der Melodie, die ihn, ohne daß er sie kannte, vertraut anmutete wie ein Freund. Kaum war sie entschwunden, so erinnerte er sich mit Schrecken der Verpflichtung, die auf ihm lastete. Der Kongreßbericht durfte nicht länger verzögert werden, die Zeitung verlangte seinen Bericht. Aber wie angestrengt immer er sich den Ablauf der Tagung zu vergegenwärtigen suchte: er gelangte nicht über die Ministerrede hinaus, die sich ihm allerdings bis aufs Wort genau eingeprägt hatte. Dann war er woanders gewesen, weit ab von dem Zeug ... Mit den Vorwürfen, die Georg sich machte, vermischten sich hartnäckig die Hotelmelodien. Sie belästigten ihn jetzt, und wie um sie zu übertönen, klimperte er verzweifelt wieder und wieder die

paar zusammenhanglosen Bruchstücke herunter, auf die er sich zufällig noch besann »... wie der Minister so treffend sagte ...«, »... deren der Herr Minister vorgestern in so tief empfundenen Worten ...« Das war ja – ein unerwarteter Ausweg eröffnete sich. Wenn der Minister bereits alles so tief empfunden hatte, enthielt seine Ansprache gewissermaßen den gesamten Kongreß, und man brauchte folglich nichts anderes zu tun, als sie getreu wiederzugeben. Georg lebte auf wie ein Geretteter. Sie sollten ihren Minister vollständig haben, mit der Nacht der sozialen Not, dem Egoismus und seiner Überwindung und dem siegreichen Einigkeitsgeschmetter am Schluß. Noch die Bemerkung angefügt, daß außer dieser Rede keine nennenswerten Ereignisse zu verzeichnen seien, und der Bericht war fertiggestellt. Befriedigt frankierte ihn Georg als Eilbotensendung und trug den Brief selber zur Bahn. Er hatte genug von den Vorträgen, der Wanderjugend, der Stadt. Morgen in aller Frühe wollte er zurückfahren, obwohl der Kongreß erst am Nachmittag zu Ende ging. Die Treppe war so furchtbar gewesen. Eigentlich hätte er den Bericht persönlich abliefern können, aber der Eilbote erhöhte die Bedeutung des Manuskripts.

Am Nachmittag des nächsten Tages traf Georg nach achtstündiger langweiliger Bahnfahrt zu Hause ein. Seit dem frühen Morgen regnete es ununterbrochen. In seinem Zimmer lag ein Zettel, der in der ungelenken Schrift des Mädchens die Mitteilung enthielt, daß gestern eine Frau Heinisch für ihn angerufen habe. Sonst war nichts weiter vorhanden. Noch vom Getöse der Bahnhöfe und Menschen überfüllt, empfand er einen solchen Widerwillen gegen die stumme Zimmerfalle, in der er nun wieder festsaß, daß er wie ein flüchtiger Besucher seinen unausgepackten Koffer abstellte und zunächst einmal mit Frau Heinisch telefonierte. Sie lud ihn für den Abend zum Essen ein, allerdings sei das Essen der traurigen Zeiten wegen mehr als bescheiden. Das Zimmer war doch nicht so schlimm. »Wundervoll wäre, wenn Sie etwas eher kämen, denn Sie müssen mir viel von Ihrem Besuch bei Frau Bonnet erzählen.« Er versprach, was sie wünschte, froh darüber, bald in die Außenwelt zurückkehren zu dürfen. Ein Glück nur, daß er dank der brieflichen Beförderung seines Kongreßberichtes heute nicht mehr zur Zeitung zu gehen brauchte. So konnte er sich einstweilen ungestört mit einer bestimmten Tatsache beschäftigen, um die er sich schon seit seinem Eintritt ins Zimmer nicht zu bekümmern suchte. Oder sollte er es sich vielleicht nicht zu Herzen nehmen, daß ihm Fred keine Nachricht hinterlassen hatte? Während er sich langsam umzog, pfiff er über Fred hinweg, der im Untergrund blieb, die Melodie aus dem Hotel nach, ohne sie je genau zu erreichen.

Pünktlich läutete er bei Frau Heinisch. Das Mädchen öffnete ihm die Tür. Aber obwohl Frau Heinisch in der Diele stand, gelang es ihm nicht, sich ihr bemerkbar zu machen. »Du solltest dich schämen«, schrie sie, mit dem Rücken gegen die Tür, in ein Gebrüll hinein, das Georg schon draußen gehört hatte. Sie war erhitzt wie nach einem Kampf und hatte eine keifende Stimme. Das Gebrüll wurde von einem Jungen ausgestoßen, der nur ihr Sohn sein konnte. Georg sah ihn zum erstenmal und war ganz betroffen von seinem Anblick. Denn da Frau Heinisch bei jeder Gelegenheit stolz versicherte, daß sie Willi im Interesse des Weltfriedens nicht mit Bleisoldaten zu spielen erlaube, hatte er sich den Jungen immer als ein besonders inniges Musterbübchen vorgestellt. Statt dessen entpuppte sich Willi als ein rötlicher, fetter Brocken, der so wenig an die Verwirklichung des Weltfriedens dachte, daß er seine Fäuste drohend gegen die Mutter erhob. Durch die Art der Erziehung schien dieser mit Konditorsachen überfütterte Kriegsbengel nicht gebändigt, sondern eher noch streitbarer geworden zu sein. Vielleicht war ihm der unmäßige Genuß von Pazifismus zuwider, und er litt darunter, schon als Kind im goldenen Zeitalter leben zu müssen, in dem es keine Bleisoldaten mehr gab. Entzog man sie ihm weiter, so wurde er sicher später ein General. Als Frau Heinisch Georg erblickte, erhielt ihre Stimme sofort die gewohnte Sanftmut zurück. »Sonst ist er immer so lieb«, sagte sie und versprach dem Liebling mit einem völkerversöhnenden Lächeln die Reste der süßen Speise. Willi wurde durch dieses Versprechen um so leichter beschwichtigt, als er in Georg einen neuen Gegner gefunden zu haben hoffte. Er starrte ihn feindselig an, hüllte sich dabei in ein furchtbares Schweigen und flüsterte zuletzt der Mutter etwas ins Ohr. Besorgt prüfte Georg seinen Anzug von oben bis unten. »Wenn du unartig bist«, erklärte Frau Heinisch mit jener Milde, die sie stets in Gesellschaft bewies, »hebe ich dir vom Nachtisch nichts auf ... Marsch in dein Bett.« Marsch hätte sie von Rechts wegen nicht sagen dürfen. Das Zimmer des Jungen war mit unaufgeräumtem Spielzeug vollgestopft und hatte rosa Tapeten, auf denen lauter Lämmchen harmonisch weideten. In der Ecke lag ein verstümmelter Teddybär. »Ich halte viel vom Einfluß der Umgebung«, meinte Frau Heinisch auf dem Weg zum Salon, »die Kinderseelen sind wundervoll bildsam.« Offenbar war Willi früher ein Lämmchen gewesen und hatte sich dann allmählich infolge der äußeren Einflüsse umgebildet. Der große dunkle Raum, der sich gewöhnlich neben dem Salon öffnete, war heute abend durch die Portieren abgeschlossen. »Ich sollte Ihnen doch von Frau Bonnet erzählen«, sagte Georg. Frau Heinisch tat, als tauche sie aus unergründlichen Tiefen auf, und seufzte »Ach ja«. In diesem Augenblick kamen die Gäste.

Sie kamen beinahe zu gleicher Zeit, die Wolffs, ein Ehepaar Guth und Fräulein Samuel. Diese trug ein Kleid, das wie zusammengeknotet aussah – eine Menge Knoten und dar-

über die Brille. Georg hatte gar nicht gewußt, daß auch Dr. Rosin bei Frau Heinisch verkehrte. Er erschien in Begleitung eines jungen Mädchens, das Beate Walter hieß und an der hiesigen Universität Kunstgeschichte studierte. Kaum war er eingetreten, als sich auch schon die Unterhaltung belebte; das heißt, Dr. Rosin führte sie selber. Allerdings merkte niemand, daß er allein sprach, da die Art seiner Beredsamkeit den Eindruck erweckte, als seien ganze Serien von ihm vorhanden, lauter schwarzglänzende Herren mit abgezirkelten Koteletten auf den Wangen, die sich über völlig verschiedene Themen äußerten, obwohl sie einander wie Spiegelbilder im Frisiersalon glichen. Fräulein Samuel war böse darüber, daß es ihr nicht gelang dazwischenzufahren, und verknotete sich immer mehr. Wenigstens konnte Georg, der sich wieder im ratternden Zug zu befinden glaubte, ungestört Beate betrachten. Sie hatte ihr Haar in der Mitte gescheitelt, hielt den Kopf leicht vorgebeugt und war eigentlich hübsch. »Sämtliche Theorien sind also falsch«, schloß Dr. Rosin, funkelte gesellschaftlich und wandte sich dann an Georg, der neben ihm saß.
»Hören Sie, wir müssen uns unbedingt sprechen. Im Vertrauen gesagt: meine Sache entwickelt sich günstig, und ich werde mich wahrscheinlich bald habilitieren. Heute ist es bereits so weit, daß Fischer, Sie wissen doch Fischer, überhaupt nichts mehr ohne mich tut. Er hat mich inzwischen zum Assitenten gemacht und wälzt eine Menge Arbeit auf mich ab. Fischer ist wirklich fabelhaft. Sie kennen natürlich seine große Gesellschaftstheorie, ein Standardwerk des Sozialismus, wenn es auch von der Ultralinken heftig bekämpft wird. Ich helfe ihm eben, das Material für den zweiten Band zusammenzutragen –«
»Haben Sie nicht früher anders über Fischer geurteilt? Damals, als Sie aus Freiburg kamen?«
»Wissen Sie, lieber Freund, Urteile sind Mumpitz und werden von Leuten gefällt, die den Stoff nicht beherrschen.

Je mehr man sich ins Material vertieft, desto weniger empfindet man noch das Bedürfnis, einen sogenannten Standpunkt zu haben. Tatsachen, meine Herren, predige ich auch immer im Seminar. Jedenfalls ist Fischer zu neunundneunzig Prozent gewonnen. Doch was ich sagen wollte ... ja, meine Arbeit –«

»Wovon handelt sie denn?«

»Es kommt alles in ihr vor: das Wohnungswesen, die Mystik, die Beziehungen zwischen Provinz und Hauptstadt, das Naturrecht, der Wunderglaube. Wahrscheinlich nenne ich sie: ›Revolution und Politik‹, das ist ein zugkräftiger Titel. Auch habe ich eine verschollene, bisher unbeachtete Briefsammlung aufgestöbert, die von Fleury, Sie wissen, zehn dicke Bände, die das ganze Bild völlig verändern. Sie sehen, es ist höchste Zeit, daß wir uns treffen. Der Standpunkt, den ich einnehme, ist übrigens extrem revolutionär ...«

»Damit wird Fischer aber nicht einverstanden sein –«

»Sagen Sie das nicht, Fischer ist restlos begeistert. Unter uns gesagt: die Revolution ...«

»Herzlichen Glückwunsch«, sagte Fräulein Samuel. Sie hatte beim Wort Revolution einen Ruck gemacht, durch den ein paar ihrer Knoten aufgegangen waren. Der Glückwunsch galt allerdings nicht Rosin, sondern Dr. Wolff, der sein Assessorexamen bestanden hatte. Er wollte sich jetzt als Rechtsanwalt niederlassen und für die Linke politische Prozesse führen. Seine Frau bemühte sich, glücklich zu strahlen, aber das Glück brach nicht durch. Um so mehr strahlte Frau Heinisch.

»Wer fehlt noch?« wandte sich Dr. Wolff vertraulich an sie.

»Natürlich Frau Heydenreich.«

Behutsam verbarg Frau Heinisch vor aller Augen, wie sehr sie an Frau Heydenreich litt. Auf dem Tisch lag das kommunistische Manifest. Der Salon war schwül wie ein

Zelt, und die Sessel quollen aus den Untergründen hervor.
»Meine Liebe, ich komme doch nicht zu spät –«
Alle Gesichter fuhren hoch. Frau Heydenreich ging siegreich auf Frau Heinisch zu, die ebenfalls Meine Liebe sagte, und entschuldigte nochmals ihren Mann, der heute früh habe verreisen müssen. Als sich die beiden Meine Lieben kreuzten, klirrte es leicht. Vielleicht wurde das Klirren auch durch Frau Heydenreichs Toilette verursacht, deren Eleganz gerade soweit abgeblendet war, als es die Inflation und die Teilnahme am Umsturz der Gesellschaft erforderlich machte. Beate hob einem fremden Tier gleich den Kopf und zog die Luft ein. Von der Herablassung getroffen, mit der Frau Heydenreich ihn begrüßt hatte, fragte sich Georg, worin er sich denn von anderen unterschied, die sie wie ihresgleichen behandelte. Es war ein Abgrund zwischen ihm und solchen Menschen, und er mochte sagen, was er wollte: er würde sie niemals erreichen. Plötzlich teilten sich die Portieren. Erlöst drängte die Gesellschaft ins Nachbarzimmer, die lange, blumengeschmückte Tafel schwamm wie eine selige Insel ins Licht. Während man die Plätze aufsuchte, dröhnte eine Grabesstimme, die Schatten über die Tafel warf:
»Haben Sie von den heutigen Hungerdemonstrationen gelesen? Überall finden Hungerdemonstrationen statt.«
Herr Guth – er war der Sprecher gewesen – saß so dumpf da, als sei er von der Gewalt seines eigenen Organs betäubt worden. Aber vielleicht gehörte ihm das Organ gar nicht immer, sondern kam nur in den Abendstunden über ihn, in denen er sich, wie Georg erfuhr, als radikaler Pazifist betätigte. Am Tag war er Kaufmann und mit Frau Heinisch verwandt. Hungerdemonstrationen – das Wort hallte durch den Eßraum, der groß wie ein Saal war, kehrte zur Tafel zurück und ließ sich mitten unter den Gästen nieder. Den Beginn des Soupers bildete eine Bouillon mit Mark-

klößchen, zu der es Toasts in verschiedenen Farben gab, zartgraue und rote. »Mit den Gummiknüppeln sind sie auf die Menge losgegangen, mein Gott, denken Sie nur.« Georg reichte das Salz weiter, lächelte künstlich und erstarrte zwischen den klappernden Löffeln und Stimmen. »Geschossen haben sie, scharf geschossen, das ist ja nicht möglich, auf wehrlose Hungerkinder und Frauen.« Wer war die junge Dame in Grün neben ihm, er wollte sie an sich fesseln, doch sie sprach von ihm fort. »Drei Tote sagen Sie? Fünf Tote, ich irre mich nicht, sie irrt sich nicht, wir haben es alle gelesen.« Schluck um Schluck Wein getrunken, die Zeit rauschte im Hintergrund. »Was daher den Hunger betrifft«, schloß Dr. Rosin, zu Frau Heinisch gekehrt, »so ist er, kurz gesagt, eine Funktion der modernen Gesellschaft.« Er kicherte fröhlich, weil er die Gesellschaft durchschaute. Frau Heinisch erwiderte: »Entsetzlich«, statt wie sonst Wundervoll zu hauchen, und machte eine gekräuselte Kinderstirn. Die leeren Tassen wurden weggeräumt, man erriet kaum die Decke. Von einer Woge emporgetragen, erschien Beate über den Gläsern, nickte in sich hinein und verschwand. Dann kreisten zwei riesige Geflügelplatten um die Tafel, die mit pommes frites und vielerlei Gemüsen garniert waren. Obwohl diese kunstvoll aufgebauten Gerichte nicht die geringste Beachtung fanden, riefen sie doch ein andächtiges Schweigen hervor, über das auch die eifrige Unterhaltung nicht hinwegzutäuschen vermochte, hinter der sich die Andacht verbarg. Lag es an der Ausgewähltheit der Gemüse oder an der Feinheit, mit der man sie zusammengestellt hatte: ihr undurchdringliches Ineinander löste, einer Folge herrlicher Harmonien gleich, Empfindungen aus, die beglückten. Sie wurden durch die Bratensauce vertieft, die unterhalb der Gemüseharmonien dahinfloß, und erfuhren eine letzte, nicht mehr zu überbietende Steigerung, so oft sich die knusprige braune Haut einmischte und wie selbstverständlich die

Führung übernahm. Den Reichtum der Gemüse auszukosten, ermöglichte der Wein, der die Schwelgerei in eine so unirdische Helle tauchte, daß sich der Körper wie eine Tür aus den Angeln hob und körperlos auf- und niederschwebte. Die gekräuselte Stirn war glatt geworden, und heiße Düfte wehten heran ...

»Hungerdemonstrationen« – wieder grollte das Organ von Herrn Guth. Und wie der Sturm manchmal nur innehält, um dann mit verdoppelter Macht loszubrechen, so wurde die erneute Beschwörung zum Signal für ein Getöse, das immer mehr anschwoll. Durch die Portieren und Wände strömten endlose Züge von Hungernden, die sich mit übertriebener Schnelligkeit näherten. Sie beachteten nicht die vollbeladenen Teller und Schüsseln, sondern kreuzten unaufhaltsam die Tafel. Ihre bleichen Gesichter wiegten sich regelmäßig im Takt, und ihre Plakate standen still über den Gesichtern. Mit einem Mal gerieten die Züge ins Stocken. Die an der Spitze befindlichen, längst entschwundenen Reihen wurden zurückgedrängt und stießen in die nachrückenden Massen hinein, die ihren Vormarsch nicht aufgeben wollten. Der Zusammenprall erfolgte genau an der Stelle, an der die kleine Gesellschaft saß, und führte zu einer erbitterten Schlacht. Besinnungslos schlugen die Hungernden mit ihren Plakatstangen um sich, machten einen gewaltigen Lärm, der offenbar als Ersatz fürs fehlende Essen dienen sollte, und zerrten die Tafel hin und her, die wie durch ein Wunder immer noch unentdeckt blieb. Nicht lange freilich: denn zuletzt trat ein schwer erklärlicher Umschwung ein, der sie aus ihrer Verborgenheit riß. Zahllose Augen starrten sie gierig an, und im Nu stürzten sich alle auf die Fleischstücke, die Knochen, die Gläser –

»Wie sie nur essen können«, sagte leise die junge Dame in Grün.

Georg, der in ihr Frau Guth wiedererkannte, bemerkte jetzt: die Leute am Tisch fraßen. Das Mitgefühl, das sie mit

den Hungernden empfanden, schien sie nur immer hungriger zu machen, und je lauter sie sich über den blutigen Verlauf der Demonstrationen empörten, desto wütender wurde zugleich ihr Appetit. Wenn noch mehr Opfer zu betrauern gewesen wären, hätten sie sicher auch die Bestecke mit verschlungen. Eine Ausnahme bildete allein Frau Guth, die tatsächlich kaum einen Bissen zu sich nahm: obwohl sie sich, ihren durchscheinenden Zügen nach zu schließen, vor Hunger verzehren mußte. Möglich war allerdings auch, daß sie selber von der unersättlichen Stimme ihres Mannes verzehrt wurde, die keine Barmherzigkeit kannte. Während Georg, erfreut darüber, von Frau Guth ins Vertrauen gezogen worden zu sein, die zarte Figur mit den rötlichen Haaren von der Seite betrachtete, begann sie still zu vergehen. »Wir werden vom Bund aus eine geharnischte Solidaritätserklärung erlassen«, schrie Fräulein Samuel. Sie befand sich in einem völlig entknoteten Zustand und schwenkte das Messer wie eine Fahne. Georg, der rechts von ihr saß, sagte auf alle Fälle Pardon. Da er das Mißtrauen spürte, mit dem sie ihm begegnete, fügte er noch hinzu, daß er gerade vorhin aus K. zurückgekommen sei. Ob sie auch den Kongreß besucht habe? Wichtige Sitzungen hatten sie an der Reise gehindert.
»Freund Huebner soll der Glanz des Kongresses gewesen sein«, erklärte sie den anderen, »ich hatte schon immer auf ihn getippt.«
Die ganze Tafel schwärmte für Huebner. War der Name nicht auch von jenem Studienrat erwähnt worden? Eine heftige Unruhe bemächtigte sich Georgs, und um nachträglich seinen Kongreßbericht zu retten, in dem Huebner nirgends vorkam, versuchte er sofort dem von ihm ausführlich wiedergegebenen Minister die Anerkennung der Gesellschaft zu sichern. Sein Versuch scheiterte kläglich. »Der ist doch ein ausgemachter Idiot«, platzte Frau Heinisch heraus, die diesmal um jeden Preis Fräulein Samuel

übertrumpfen wollte. Das Schlimme war, daß Georg ihr zustimmen mußte. Unter allgemeinem Gelächter wurde dann der Minister endgültig erledigt. Fräulein Samuel begnügte sich damit, eine Haarsträhne, die ihr über den Zwicker flog, wie einen gegnerischen Einwurf zurückzuweisen. Der Minister existierte jetzt nur noch im Kongreßbericht. Die Heiterkeit war ersichtlich auch durch die süße Speise geweckt worden, die in der Tat, dem glücklichen Ende einer Geschichte gleich, den Himmel verhieß. Helle, mit Nüssen gespickte Sahneeisberge trieben in den dunklen Fluten eines warmen Schokoladenmeeres umher – lauter unversöhnliche Gegensätze, die von einer begnadeten Küchenphantasie ausgeklügelt waren und auf der Zunge zu einer überraschenden Einheit verschmolzen. Eine solche Mischung hätte sich Georg nicht im Traum vorzustellen gewagt. Aber leider konnte er sich nicht recht über sie freuen, da er in einem fort an seinen Kongreßbericht denken mußte. Daß er ihn auch noch per Eilboten abgeschickt hatte! Jetzt stand der Artikel vielleicht schon morgen früh im Blatt und der unglückselige Minister ließ sich jedenfalls nicht mehr streichen. Aus Angst vor den Folgen seines Leichtsinns durchmaß Georg wie ein Gehetzter die Schokoladenmeere und floh immer tiefer in die Eisberge hinein. Als er sich zufällig einmal umdrehte, sah er, daß die andern längst hinter ihm zurückgeblieben waren. Freilich hatten sie keine Gewissensbisse und brauchten darum auch nicht rastlos weiterzulöffeln.

»Sie Glückliche«, sagte Frau Heydenreich zu Frau Heinisch, »daß Sie uns noch so delikate Dinge vorsetzen können. Ich selber habe mich der Zeit angepaßt und werde Sie gar nicht mehr einzuladen wagen . . . Übrigens muß ich gestehen, daß mir die einfache Kost ausgezeichnet bekommt.«

»Ich freue mich, daß es Ihnen geschmeckt hat«, erwiderte Frau Heinisch, »und verzeihe Ihnen Ihre Schmeicheleien um so lieber, als wir wieder einmal wundervoll übereinstimmen. Auch ich halte die Rückkehr zur Einfachheit für eine dringliche Pflicht. Aus diesem Grunde beklage ich zum Beispiel den unsinnigen Toilettenluxus, der heute noch vereinzelt in der Gesellschaft getrieben wird. Mir selber macht es nicht das Geringste aus, mich möglichst bescheiden zu kleiden.«

Die beiden Damen, die an den Kopfenden der langen Tafel saßen, zogen sich in ihre Verteidigungsstellungen zurück und legten eine so befriedigte Miene an den Tag, als habe jede die andere in die Flucht geschlagen. Wo waren die Eismassive? Sie hatten keinerlei Spur hinterlassen, und nur die schwarzen eingetrockneten Krusten, die alle Teller bedeckten, zeugten von der süßen, kaltheißen Pracht. Mit einer gewissen Genugtuung malte sich Georg die Schwierigkeiten aus, in die Frau Heinisch morgen geraten würde, wenn ihr dicker, roter Willi erfuhr, daß vom Nachtisch nichts für ihn übriggeblieben war. Jetzt hob sie die Tafel auf – es geschah ihr ganz recht, der Junge hätte noch viel gräßlicher sein müssen. Wieder zurück zum Salon, alle Figuren schwankten ins gepolsterte Halbdunkel hinüber. Satte Tiere, die ihre Höhle aufsuchten, nur Beate war leicht wie zuvor. Sie hielt die Arme nach vorne, die ganze Gestalt schien Widerstände bezwingen zu wollen, die es nicht gab. Georg versuchte sie in Gedanken mit Fred zu vertauschen. »Soviel ich weiß«, sagte neben ihm Frau Heinisch zu Dr. Rosin, »ist Frau Heydenreich mit Prof. Fischer befreundet.« Rosin rieb sich die Hände, es sprühte elektrisch. Als er einen Augenblick allein stand, erkundigte sich Georg bei ihm nach Beate. »Ein reizendes Mädchen«, erwiderte Rosin, »aber unter uns gesagt, mein Typ ist sie nicht. Ich liebe mehr die dunklen, rassigen . . . Der Vater ist ein angesehener Freiburger Justizrat mit recht guter Praxis. Wissen Sie, auf meiner Italienreise war ich mit einem Weib zusammen . . . Also, auf gleich.« Er winkte zurück und entfernte

sich so rasch, als sei er durch das Gespräch aufgehalten worden. Sämtliche Leute wußten, wohin sie gehörten. Man mußte Fred ersetzen, und hatte dieser ein Mädchen, so wollte auch er, Georg, eines haben. Er faßte den Entschluß, sich Beate zu nähern, kehrte aber auf halbem Weg um, weil bereits Dr. Wolff bei ihr saß. Der lauschte zuvorkommend und sprach leise wie ein Berater – eine vorteilhafte Erscheinung mit gekreuzten Armen und ein Bein über das andere geschlagen. Unwillkürlich ahmte Georg für sich seine Haltung nach. Frau Heinisch, die Likör einschenkte, richtete manchmal einen enttäuschten Blick auf Wolff, der den Blick gar nicht bemerkte. Leider gab es nicht genug Mokka, die Tasse war auch so klein. Sie sprachen wieder einmal vom »Morgenboten«, und Frau Heydenreich rühmte Dr. Albrecht nach, daß er als einziger unter seinen Kollegen von Anfang an den Unfug der passiven Resistenz erkannt habe. Allerdings sei er mit seiner Meinung nicht durchgedrungen und daher zum Schweigen verurteilt gewesen. »Er ist fabelhaft gescheit«, sagte sie, »und macht sicher noch eine große Karriere.« Die beiden kannten sich also, überhaupt hing jeder mit jedem zusammen. Alle sahen Georg an, als sei er selber der »Morgenbote«. Auch Beate, die schon der Lobrede auf Albrecht aufmerksam gefolgt war, schien sich plötzlich für ihn zu interessieren.
»Schreiben Sie die Theaterkritiken«, fragte sie.
»Nein. Lauter langweilige Sachen.«
»Schade. Ich gehe gern ins Theater.«
»Es tut mir leid, aber . . .«
»Macht nichts. Sicher lieben Sie ihren Beruf. Ich finde, daß jeder zu beneiden ist, der bei einer Zeitung sein kann.«
Sie hatte ihn angesprochen, schüchtern und vorgeneigt, sie hielt die Augen gesenkt. Dr. Wolff holte sie zu sich zurück, seine Frau war nirgends zu sehen. Georg fand keineswegs, daß er zu beneiden sei, im Gegenteil, durch das Zeitungs-

gespräch wurde ihm sein Kongreßbericht wieder bewußt, und er fürchtete sich schon vor morgen früh. Wie er selber jenen Huebner herausgeworfen hatte, so würde man jetzt ihn aus der Zeitung werfen. Beate ... der Minister – im Innern saß immer noch Fred. Und doch hätte er beim besten Willen den Kongreß nicht ernsthafter und vollkommener behandeln können, denn er empfand einen Abscheu vor dem Gemeinschaftsgerede und glaubte ja wirklich, daß eine Gemeinschaft unmöglich sei, solange die Menschen sich nicht veränderten.

»Natürlich«, hörte er Dr. Wolff sagen, »hängt alles von einer Veränderung unserer Einrichtungen im Sinne des Sozialismus ab.«

Lautlos tauchte Wolff auf, wie eine Erscheinung in einem Zauberstück, und Fräulein Samuel war eine Hexe, die ununterbrochen nickte. Um der Vernichtung seiner heimlichen Gedanken zu entgehen, setzte sich Georg gegen die Angreifer zur Wehr.

»Und die Menschen«, fragte er Wolff, »was nützen die veränderten Einrichtungen, wenn die Menschen dieselben bleiben?«

»Aber gestatten Sie – wir werden uns doch einig darüber sein, daß die Menschen ein Produkt ihrer Verhältnisse sind. Nun, wenn diese gebessert werden, so wandeln sich mit ihnen selbstverständlich die Menschen.«

»Sehr logisch«, warf Frau Heinisch ein.

Sie wollte sich wieder bei Wolff einschmeicheln, und es wäre nicht weiter erstaunlich gewesen, wenn sie ihn wundervoll menschlich gefunden hätte. Dr. Wolff wischte ein Fädchen von seiner Hose; als sei er peinlich davon berührt, daß man so etwas Selbstverständliches wie die Menschen überhaupt erwähnte. Die Menschen waren ein Zubehör zu den Einrichtungen.

»Ich glaube eben nicht«, begann Georg von neuem, »daß die Menschen bloße Einrichtungsgegenstände sind, die von den Architekten mit entworfen werden wie Schränke und Tische ... Die Menschen müssen sich selber entwerfen.«

»Sie scheinen doch den Einfluß der Zustände erheblich zu unterschätzen. Tatsächlich können sich die Menschen niemals nach ihrem Ermessen verhalten, sondern umgekehrt: Ihr Verhalten wird ihnen von den äußeren Bedingungen diktiert. Wollen Sie etwa leugnen, daß die russische Revolution auch die Moralauffassungen umgeformt und tief in alle Beziehungen zwischen den Menschen eingegriffen hat? Unsere Kapitalisten handeln ja nicht wie es ihnen beliebt, gehorchen vielmehr dem Druck des kapitalistischen Wirtschaftssystems und bleiben auf der Strecke zurück, wenn sie sich ihm entziehen. Erst muß dieses unselige System abgeschafft werden, dann ergibt sich alles übrige von selber.«

Heftig erwiderte Georg: »Nein. Erst kommt der Mensch an die Reihe und dann das System ... Seine Umwälzung hatte vorher gar keinen Sinn.« Er wurde in der Eile mit Wolffs Einwänden nicht fertig und behauptete daher zunächst einmal das genaue Gegenteil, ohne seinen eigenen Worten ganz folgen zu können.

»Da müssen wir aber lange warten.«

»Eine typisch reaktionäre Ansicht.«

Der letzte Zwischenruf stammte von Fräulein Samuel, die sich wieder in zusammengeknotetem Zustand befand. Eines Tages würde sich der Knäuel sicher nicht mehr entwirren lassen. Die ganze Gesellschaft scharte sich jetzt um Georg und Wolff und genoß ihre Auseinandersetzung wie einen Einzelkampf, der vielleicht mit einer Katastrophe endigte. Nur Frau Heydenreich saß außerhalb des Kreises und hätte sich ihm auch beim besten Willen nicht nähern können, weil Dr. Rosin sie mit rasender Geschäftigkeit umschwirrte. Er verursachte dabei ein summendes Geräusch, das wie Fischer klang. Alle Versuche Georgs, sich

zu sammeln und fortzufahren, scheiterten an dem Summen. In die dadurch hervorgerufene Gesprächspause ragte zum Überfluß noch eine stark vergrößerte Fußspitze herein, die sich gleichmäßig auf und nieder bewegte. Sie gehörte zu Wolff, der selber im fernen Hintergrund verharrte und eine Gelassenheit zur Schau trug, die dem Publikum beweisen sollte, daß er sich nicht im geringsten anzustrengen brauchte, um einen so winzigen Gegner zu erledigen. Als das Schweigen weiter andauerte, fragte er sich und die Allgemeinheit in höflich erstauntem Ton:
»Ich möchte wirklich wissen, was unter den Menschen als solchen zu verstehen ist.«
Lag es an der sicheren Ruhe, mit der er die Menschen als solche abtat, oder lag es daran, daß seine geübte Verhandlungsstimme über den Partner hinwegglitt, statt sich ihm unmittelbar zuzuwenden – jedenfalls wurde Georg durch Wolffs Benehmen so gereizt, daß er nicht länger an sich zu halten vermochte. Vergessen war die Zuschauermenge, die ihn eben noch befangen gemacht hatte, vergessen das niederdrückende Bewußtsein, sich doch nicht mitteilen zu können. Er redete, aufs Geratewohl begann er zu reden. Man mußte den Leuten helfen, ihnen ein für allemal zeigen, wie gleichgültig diese Einrichtungen waren, von denen verzaubert, sie das Entscheidende übersahen. Während er sich immer mehr ereiferte, fiel ihm plötzlich seine Schulzeit ein, die ihm ein gutes Beispiel zu sein schien. Der Französischlehrer, die Angst ...: »Ich selber bin von der Schule nie beeinflußt worden, und sogar mein Französischlehrer zum Beispiel, der mich doch haßte, war weit von mir weg. Aus diesem Grunde ist mir auch der leidenschaftliche Protest gegen das alte Schulsystem stets unverständlich geblieben ... Das streift man ja ab wie eine Haut.« Es dringt nicht in sie ein, spürte er, sie hören mich an und glauben mir nicht. Er ahnte ihre Gesichter, helle, unausgefüllte Flecken, die miteinander verschwammen, und wurde

wieder wie so oft schon von der Empfindung überwältigt, daß das, was er meinte, für die anderen bedeutungslos war. Wußte denn keiner im Kreis um die entsetzliche Trägheit zwischen den Menschen Bescheid? Indem er – Fred zu umgehen, war hier sehr schwierig – die Folgen dieser Trägheit zu schildern versuchte, ertappte er sich dabei, daß er mit den Armen ungewohnte Gebärden beschrieb. Ich ziehe Furchen durch die Luft, dachte er. Aber die Furchen verschwanden sofort, und seine Worte gingen mit Mann und Maus unter. Wie allein er doch war. Von der unwiderstehlichen Begierde gepackt, die Gesellschaft endlich zu erreichen, wurde er jetzt ausfällig gegen sie. Gewisse Menschen, behauptete er allgemein, wälzten die Schuld, die sie an den Verhältnissen trugen, einfach auf die Verhältnisse ab, und verkündigten nur deshalb so begeistert eine neue Gesellschaft, damit sie ungestraft nach der alten Art weiterleben konnten. Im Hintergrund summte es wieder. Die Musik im Hotel gestern abend – einem Verbannten gleich sehnte er sich nach dem Glanz zurück, der noch gestern in der Halle um ihn gewesen war. Es gab solche Menschen, die einen Glanz ausströmten, und nun erinnerte er sich auf einmal daran, daß er dort im Hotel Glanz und Menschen bei der Musik hinter den Palmen zusammengeträumt hatte. Kaum streifte ihn diese schon versunkene Welt, so bemerkte er, wie trüb und abgeschabt die Menschen hier waren. Dr. Wolff hob die Hand an den Mund, Frau Heinisch sah mit leidender Miene zur fernen Decke empor. Der Richtung folgend, in der sie zerstreut entschwand, verließ auch er die Gesellschaft und trieb der geträumten Herrlichkeit zu, die sich ihm reicher als gestern erschloß.
»Es gibt solche Menschen«, erklärte er, unfähig, sie zu beschreiben. »Und alles hängt davon ab, daß sie existieren. Sie kümmern sich nicht um die schlechten Einrichtungen, und lassen die guten hinter sich zurück. Sie sind mehr als sämtliche Einrichtungen. Sie sind wirklich vorhanden und

keine Figuren. Und ein Glanz geht von ihnen aus, der für jeden erkennbar sein muß . . . Oder ist es ein Duft.«

Stille. Er glaubte noch zu schweben, als ihn das Organ von Herrn Guth aus der eingebildeten Höhe herunterriß.

»Millionen hungern«, donnerte Herr Guth, »Millionen wissen nicht, wie sie ihre primitivsten Lebensansprüche befriedigen sollen, und Sie, Sie reden von Glanz und von Duft? Nehmen Sie es mir nicht übel: aber die Not des Proletariats verträgt keinen Spaß. Und wir, die wir sie fühlen und für ihre Abschaffung kämpfen, haben etwas anderes zu tun, als uns solche müßigen Sorgen zu machen.« – Seine Stimme war durch das gute Essen so angeschwollen, daß sie jetzt noch gewaltiger als vorhin klang.

Dr. Wolff zündete sich eine Zigarette an.

»Ganz Ihrer Ansicht«, sagte er zu Herrn Guth.

Alle erhoben sich. Inmitten des Gedränges, das die Salonwände verdeckte, stieß Fräulein Samuel einen hellen schnaubenden Ton aus, der sowohl ein Zeichen der Wut wie ein Lachen sein konnte, Georg zweifelte nicht daran, daß sich der Ton in beiden Bedeutungen gegen ihn richtete. »Als ob ich die Not nicht fühlte«, beteuerte er den Umstehenden, »aber es ging ja eben nicht um die Not.« Die Gruppen zerrieselten, ein Ineinander von Kleidern und Röcken. Beschämt warf er sich vor, daß er tatsächlich die Not nicht gefühlt hatte. Er war in einen Glanz hineingeflüchtet, der draußen nicht glänzte, sie hatten doch recht, die andern, sie lebten und wogten riesengroß, und er selber erlosch. »Sie haben mir aus dem Herzen gesprochen«, sagte Frau Guth, »nur, daß ich es nicht so ausdrücken kann.« Schon wurde sie wieder weggefegt, der Fluchtversuch, den ihr Herz gemacht hatte, war vergeblich gewesen. Eine Armbanduhr blitzte.

»Ich fand die Diskussion wirklich ganz wundervoll, fanden Sie nicht –« Frau Heinisch beglückwünschte sich zu der Diskussion in ihrem Salon und schien der Ansicht zu huldigen, daß die Diskussion gar nicht überall hätte veranstaltet werden können, sondern vom Salon erst hervorgebracht worden war. Der Salon erzeugte solche Diskussionen von selber. Dr. Rosin trieb die Gesellschaft zusammen und bildete einen Kreis um sie, dem niemand zu entweichen vermochte.

»Es gibt also überhaupt keine Menschen«, schloß er, »der Mensch ist für die moderne Gesellschaftswissenschaft ein überlebter Begriff.«

Millionen hungern. Die Tür stand offen. Aus dem Dunst von Schritten, Worten, Gesichtern trat Beate hervor. Sie schlug die Augen auf; als werde ein Vorhang hochgezogen, der Kopf blieb gesenkt.

»Es ist gut so«, sagte sie.

»Was?«

»Daß Sie Ihre Meinung gesagt haben.«

»Teilen Sie meine Meinung?«

»Wir werden uns bald einmal sehen.«

»Ihre Adresse.«

»Ich melde mich. Man kann Sie doch über die Zeitung erreichen?«

»Ja, nein –«

Sie wandte sich ab, um sich in den Mantel helfen zu lassen.

Frau Dr. Wolff rief ihren Mann Egon. Wir danken, ich danke, auf Wiedersehen, wundervoll, die Sitzung, das Essen, auf Wiedersehen, Egon, der Dollar, auf Wiedersehen, wundervoll, gute Nacht. Die Nacht war kalt. Zu Hause lag eine Karte von Fred auf dem Tisch: alte Häuser aus Hamburg an einem mit Schiffmasten gefüllten Kanal. Wie in Venedig. Eine Eisenbahn pfiff, seit wann fuhr die Eisenbahn durch die Stadt. Morgen –

VIII

Als Georg am anderen Morgen in die Zeitung kam, suchte er gleich Dr. Petri zu erreichen. Aufhalten ließ sich die Katastrophe ja doch nicht, denn sein Kongreßbericht war tatsächlich erschienen. So wollte er sich wenigstens sofort Gewißheit über sein Schicksal verschaffen, statt erst auf Umwegen herauszubekommen, was man etwa gegen ihn plante. Wahrscheinlich hatte irgendeine untergeordnete Stelle das Manuskript einfach in Satz gegeben, und da sich Sommer in Urlaub befand, war es vor dem Erscheinen nicht mehr gegengelesen worden. Daß Krug um die Sache wußte, glaubte er darum nicht annehmen zu sollen, weil ihm Krug in der letzten Zeit so günstig gesinnt zu sein schien, daß er den Artikel sicher zurückgehalten hätte. Allerdings waren die eigentlichen Absichten Krugs nie ganz genau zu durchschauen.

»Kann ich –«, fragte Georg im Vorzimmer mit einer Wendung nach der ledergepolsterten Tür.

»Besetzt.«

Fräulein Peppel sah nicht einmal auf. Es war, als hinge ein Schild mit der Aufschrift Besetzt an der Tür, das die Auskunft erteilte.

»Ich werde versuchen zu warten.«

Keine Antwort – nur der Haarknäuel von Fräulein Peppel drohte aus der Ferne wie ein Bollwerk herüber. Unschlüssig schwankte Georg eine Zeitlang zwischen den verschiedenen Sitzgelegenheiten, die sich ihm boten. Obwohl er in seiner verzweifelten Lage unstreitig besser daran getan hätte, einen der gewöhnlichen Stühle zu benutzen, wählte er zuletzt doch den Klubfauteuil, der ihm jetzt auch nichts mehr schaden konnte. Das Möbelstück war vermutlich für die fremden Besucher bestimmt. Ehe er sich in ihm niederließ, zog er den Mantel aus, um es sich etwas bequemer zu machen. Dann las er, zwischen den Lehnen versunken, seinen Kongreßbericht, den er in der Zeitung noch gar nicht kannte. Er war enttäuscht; denn der Minister wirkte in gedrucktem Zustand lächerlicher als vorher im Manuskript. Sonst merkte man in der Regel die Dummheit nicht so sehr, wenn sie erst einmal gedruckt war. Auf dem Besuchstischchen lagen einige schöne Hefte, die sich aber bei näherem Zusehen alle als Werbeprospekte für den »Morgenboten« erwiesen. Setzmaschinen, Versandraum, Tabellenbilder – der »Morgenbote« schien auch in seiner weiteren Umgebung nur sich selber dulden zu wollen. Gelangweilt schob Georg die Hefte beiseite, die Ärzte lenkten in ihren Wartezimmern wenigstens von sich ab. Während er den Zusammenhängen nachschweifte, in die er durch solche Prospekte unfreiwillig geriet, entfernte sich der Haarknäuel, hinter dem sich Fräulein Peppel verschanzte, in der Richtung zum Fenster. Ein Ruck, und das Fenster stand offen. Draußen war ein grauer naßkalter Herbsttag, der sofort das Zimmer erfüllte. Wortlos kehrte Fräulein Peppel zurück, ohne auch nur einen Blick auf Georg zu verschwenden. Dennoch wurde er die Empfindung nicht los, daß sie ihn durch eine in ihrem Haarwall angebrachte Locke beobachtete, um sich persönlich von dem Erfolg der Strafe zu überzeugen, die sie ihm auferlegt hatte. Hier war keine Wohnung, in der man sich einfach der Kleider entledigte, und wer sich ungebeten im Klubfauteuil einrichtete, hatte die Folgen zu tragen. Die Luft prickelte unangenehm und drang bis unter die Haut, Georg tat so, als ob ihn der ganze Vorfall gleichgültig ließe, schwor sich aber innerlich zu, seinen Mantel nicht wieder anzuziehen. Der stumme Kampf wurde auf beiden Seiten mit derselben Ausdauer geführt. Was trieb nur Petri da drinnen, man wußte nie, ob er überhaupt anwesend war, weil sein Zimmer einen eigenen Ausgang besaß. Um das Frostgefühl zu betäuben, das ihn mehr und mehr lähmte, sammelte Georg seine Aufmerksamkeit auf Fräulein Peppel, die offenbar unter der einströmenden Kälte nicht im geringsten litt. Im Gegenteil, mit ihren knallroten Bäckchen glich sie einem übermäßig geheizten Ofen, der auch den niedrigsten Temperaturen standzuhalten vermocht hätte. Die Glut, die er barg, mußte noch von Argentinien her in ihm aufgespeichert sein, wo Fräulein Peppel bekanntlich eine Zeitlang beschäftigt gewesen war. Nur strahlte sie diese tropische Glut nicht aus, sondern behielt sie lieber bei sich; so daß alles um sie herum bereits völlig winterlich wirkte. Die Menschen verdienten ihr argentinisches Innere nicht. Zu seinem besseren Schutz besaß sie außer der Haarknäuelanlage eine spitz vorspringende Nase, von der aus jeder Feind schon aus der Ferne erspäht werden konnte. Es wäre für niemanden geraten gewesen, sich unbefugt diesem Verteidigungssystem zu nähern. Denn Fräulein Peppel war scharf auf der Hut, und wenn zum Beispiel, was häufig geschah, das Telefon klingelte, ging sie ohne vorherige Warnung zum Angriff über und schlug den Gegner am anderen Ende der Leitung zurück. Viele, die sich noch rechtzeitig in Sicherheit bringen wollten, hängten gleich wieder ab. Besonders zudringliche Elemente klapperte sie einfach auf der Schreibmaschine nieder, aus der dann eine Menge von Geschäftsbriefen hervorquollen, die aber nur ein Nebenprodukt waren. Dabei verriet die Fürsorge, die sie während der seltenen Kampfpausen auf ihre Blumen verwandte, daß sie ein starkes Bedürfnis nach Zärtlichkeit hatte. Sie sah zur Vase hin, auf der selber Blumen prangten, und beugte sich vor, um den Duft zu genießen. In solchen Fällen verwandelte sich ihre Nase in ein Friedensorgan. Die Blumen schienen es allerdings nicht darauf angelegt zu haben, durch ein liebliches Wesen für sich zu gewinnen. Ihre Blüten erinnerten an Zahnräder, ihre Blätter waren von einem giftig grünen Lack überzogen, und ihre Stengel schossen rücksichtslos in die Höhe. Man hätte sich nicht vorstellen können, daß sie verträumt im Winde wehten. Wenn sie überhaupt aus einem Garten stammten, war dieser sicher von Stacheldrähten umgeben . . .

»Sie wollen sich wohl Ihre Glückwünsche persönlich abholen?«

Georg schrak auf.

»Glückwünsche – ich verstehe nicht –«

»Na, wie Sie meinen.«

Fräulein Peppel brach schroff ab. Schon fürchtete Georg, sie durch sein Unverständnis gekränkt zu haben, als er auf einmal merkte, daß sich die Sache umgekehrt verhielt und er von ihr gekränkt worden war. Denn mochten selbst die Glückwünsche, die sie ihm zugedacht hatte, den schüchternen Versuch einer Gesprächsanknüpfung darstellen, so waren sie darum doch nicht minder höhnisch gemeint. Ihm von Glückwünschen zu reden – aber vielleicht wollte sich die Sekretärin für sein Hinstarren rächen. Als sei es ein Vergnügen, in dieser Jahreszeit beim offnen Fenster zu warten. Da Georg sich zu erkälten fürchtete, beschloß er, den Mantel doch lieber anzuziehen. Der Entschluß fiel ihm um so leichter, als die Hartnäckigkeit, mit der er bisher, seinem ursprünglichen Vorsatz gemäß, mantellos ausgeharrt hatte, ohne jede Wirkung auf Fräulein Peppel geblieben war. Wie gut, daß sie gerade ihre Blumen liebkoste. Die purpurrote Farbe der Bäckchen floß mit dem Giftgrün des Blattwerks zu einem einzigen Frostgemälde zusammen, das noch dadurch verschönert wurde, daß die Stengel das Gesicht der Sekretärin durchschnitten und die Blütenzahnräder ihre Haare zerzausten. Leider tauchte sie wieder unbeschädigt auf. Hinter der ledergepolsterten Tür erhoben sich jetzt laute Stimmen, die anscheinend miteinander stritten und eine begreifliche Neugier in Georg weckten. Seine Absicht zu lauschen wurde indessen durch das Geklapper Fräulein Peppels vereitelt, das, kaum daß die Stimmen erklangen, mit einer noch nicht dagewesenen Gewalt losbrach. Es hatte wohl nicht nur den Zweck eines Störungsversuchs, sondern entsprang auch der Freude am sinnlosen Radau. Am liebsten wäre Georg geflohen; denn wenn sich nebenan schon ohne ihn ein Gewitter entwickelte, würden die Glückwünsche in seiner Gegenwart noch viel furchtbarer toben. War das nicht –

»Ich dachte, Herr Sommer ist auf Urlaub . . .«

Niemand hörte ihn. Einen Augenblick später ertönte ein entsetzliches Krachen; als habe der Blitz in unmittelbarer Nähe eingeschlagen. Die Tür war aufgeflogen, und auf der Schwelle erschien Herr Sommer. Sein Haupt loderte aus dem Schillerkragen, den es weit hinter sich ließ, der Freiheit entgegen, sein Blick drang in eine unerreichbare Ferne. Wie er, ohne sich in den Niederungen aufzuhalten, in denen Georg und Fräulein Peppel weilten, durchs Vorzimmer dem Ausgang zuwallte, glich er einem jener Feuerbrände, über die er selber am Sonnenwendfest sprang. Sie wurden auf Berggipfeln angezündet, ganz oben in der Nacht. Ehe man sichs versah, war das Jugendfeuer wieder vorbei, gewärmt hatte es nicht. Georg erhob sich; er war so gereizt, daß er nun unaufgefordert bei Dr. Petri eindringen wollte. Als er auf die Tür zuschritt, merkte er erst, daß ihm gar kein Hindernis in den Weg gelegt wurde. Ein scharfer Ruck von Fräulein Peppels Kopf, und das Schild mit der Aufschrift Besetzt hatte sich selbsttätig entfernt. Die Tür war nur angelehnt.

»Ach Sie«, sagte Dr. Petri, der gerade seine Schreibtischpapiere durchblätterte. Er lächelte: »Herr Sommer ist Ihnen sehr böse.«

»Ich gebe auch von vornherein zu«, begann Georg, ohne das Lächeln zu sehen, »daß mein Kongreßbericht –«

»Was geben Sie zu? Nichts gebe ich zu. Im Gegenteil, ich habe Sommer eben erklärt, daß er mich jetzt endlich in Frieden lassen soll . . . Es ist wirklich zum Verzweifeln, wie er sich manchmal in den Wolken verliert.«

Georg starrte Petri verständnislos an. Der wühlte weiter in seinen Papieren, war aber offenbar noch zu sehr mit Sommer beschäftigt, um auch nur einen Blick auf sie zu verschwenden; so daß es rein dem Zufall überlassen blieb, ob eines von ihnen in den Papierkorb flog oder beiseite gelegt wurde.

»Darf ich Ihnen helfen«, fragte Georg, den diese Zerstreutheit bedrückte.

»Kommt der Unglücksmensch zu mir«, fuhr Petri fort, »und beschwert sich ausgerechnet darüber, daß Sie den Minister zu breit wiedergegeben hätten. Sie hätten statt seiner Rede die des Dingsda würdigen sollen, ich habe vergessen, wen er eigentlich meint . . .«

»Huebner«, warf Georg dazwischen.

». . . und überhaupt sei der Minister ganz belanglos gewesen. Wo heute jedes Kind weiß, daß die Reaktion den Minister stürzen will und im Augenblick nichts wichtiger ist, als ihn mit allen Mitteln zu halten. Er ist eines der letzten Bollwerke, die wir haben. Hierzu mußte selbstverständlich auch die Kongreßrede dienen. Huebner – wer ist Huebner? Schließlich treiben wir immer noch Politik, und es ist wahrhaftig nicht unser Beruf, in Gefühlsduseleien zu schwelgen. Übrigens war die Rede so wenig belanglos, daß sie vermutlich ein gewaltiges Echo haben wird. Der Minister hat sich in ihr ja nicht nur äußerst eindrucksvoll zu seiner sozialen Gesinnung bekannt, sondern auch sämtliche gegnerischen Argumente zerpflückt. Aber was sage ich Ihnen da! . . . Glauben Sie mir, mein Freund, wenn es nach unseren Ideologen ginge, wäre die Linke schon lange erledigt.«

Wütend zerriß er ein dickes Manuskript, das sich heftig gegen die Mißhandlung wehrte. Vielleicht war es von einem Ideologen geschrieben. Georg wäre noch glücklicher gewesen, wenn er eine Bestätigung für Petris Behauptung hätte finden können, daß der Minister mit der Reak-

tion abgerechnet habe. Dabei hatte er doch die Rede selbst niedergeschrieben. Vergeblich durchirrte er die vom Minister heraufbeschworene Nacht der sozialen Not und wußte am Ende nicht mehr: begann er zu träumen oder erwachte er nun erst aus einem Traum. Um wenigstens Klarheit über den unerwarteten Erfolg seines Berichts zu gewinnen, fragte er geradezu:
»Ich habe also den Kongreß in Ihrem Sinn besprochen.«
Petri blickte auf:
»Sie wollen sich wohl Glückwünsche bei mir abholen?«
Wie Fräulein Peppel. Und er, Georg, hatte ihre Glückwünsche für Hohn gehalten! Die Glückwünsche waren echt, unbezweifelbar echt. Während er noch über diesen wunderbaren Umschwung staunte und ihn richtig zu fassen versuchte, traf Dr. Petri verschiedene Anstalten, die deutlich erkennen ließen, daß er das Gespräch zu beenden wünschte. Er erhob sich, warf die eben aussortierten Papiere von neuem zu einem Haufen zusammen und ging auf sein Garderobenschränkchen zu. Gerade jetzt, wo es so schön hätte werden können – vergessen stand Georg da. Erst als Petri schon den Mantel anhatte, schien er sich wieder seiner zu erinnern.
»In welcher Angelegenheit kommen Sie eigentlich?«
»Die Sache hat Zeit«, redete sich Georg heraus. Er fügte hinzu:
»Jedenfalls war es nicht meine Absicht, ein Glückwunschgewitter . . .«
»Ist mir auch lieber; denn ich muß schleunig verreisen. Übermorgen bin ich zurück. – Begleiten Sie mich noch die Treppe hinunter.«
Sein Paletot war umfangreich. Zuletzt griff er zur Aktentasche, einem gelben wichtigen Ding, das mit lauter Riemen umschnürt war, und rauschte wie ein Sonderzug zur Ledertür hinaus. Georg, der sie hinter ihm schloß, hatte das Gefühl, ein Anhängewagen zu sein. Im Vorzimmer ent-

stand gleich ein Aufenthalt. »Durchstöbern Sie noch einmal den Papierkorb«, sagte Dr. Petri zu Fräulein Peppel, die ihn am Bahnsteig begrüßte, »wir müssen das Manuskript unbedingt finden.« Fräulein Peppel beantwortete den Auftrag mit einem »Gut«, das nicht nur der Nachlässigkeit Petris eine scharfe Rüge erteilte, sondern auch deutlich verriet, daß sie das Manuskript unter keinen Umständen im Papierkorb zu finden gedachte. Aus Papierkörben holte sie nichts. Das Fenster war geschlossen, sie glühte in sich hinein. Es gab einen Ruck, und weiter rauschte der Zug. Zerstreut beobachtete Georg die gelbe Tasche, die wie ein vornehmer Passagier aus einer Mantelöffnung auf die Korridorfluchten blickte. Wie war es möglich gewesen, daß er sich über den Inhalt der Ministerrede so täuschte? Oder hatte er sich am Ende gar nicht getäuscht? Außerstande, seine eigenen Überzeugungen länger zu verbergen, erklärte er noch vor dem Treppenabsatz, daß er selber jedenfalls die Rede für durchaus nichtssagend gehalten habe. »Wenn ich ehrlich sein soll, kann ich auch nirgends in ihr jene Angriffe und Bekenntnisse entdecken, die Sie vorhin erwähnten. Wann hätte sich der Minister mit seinen Feinden auseinandergesetzt. Und das Gerede von der sozialen Not – die Leute führen den Hunger im Mund und fressen zugleich. Das sind doch alles nur Phrasen ... Aber vielleicht irre ich mich ...« Man konnte schließlich nicht immer stumm bleiben, und etwas anderes fiel ihm nicht ein.

»Sieh da, Herr Kummer«, sagte Dr. Petri.

Hinter der Biegung erschien in der Tat eine dunkle unförmige Masse, die sich mitten auf den Treppengleisen erhob. Sie wich auch beim Näherkommen nicht von der Stelle, und verriet eigentlich nur durch ihr unaufhörliches Schnaufen, daß sie Leben enthielt. Georg verwünschte innerlich die Begegnung, die das Gespräch gerade am entscheidenden Punkt unterbrach. Offenbar war der Korrektor unterwegs abgehängt worden und wartete jetzt darauf, weiterbefördert zu werden. Aber niemand zeigte sich weit und breit. So stand er hilflos in dieser verlassenen Stufengegend, von einem dicken Schal umhüllt, der ihn noch unbeweglicher machte. Es war, als ob er hier überwintern wollte. Seinen Kopf hätte er freilich sowieso nicht drehen können, da er viel zu fest mit dem Rumpf zusammenhing. Allein die Augen kreisten trübselig hin und her.

»Ja, ja, das Treppensteigen«, meinte Petri freundlich, während er ohne anzuhalten das Verkehrshindernis passierte. »Aber nur Mut, Kummer, gleich ist es geschafft.« Er wandte sich nochmals um: »Haben Sie übrigens die kuriose Pariser Meldung gelesen?«

Kummer rührte sich nicht; völlig vereinsamt blieb er zurück. »Armer Kerl«, flüsterte Petri Georg zu. Dieser trug indessen nicht das geringste Verlangen nach einem Austausch persönlicher Bemerkungen, sondern hätte viel lieber erfahren, ob seine Worte überhaupt durch den Pelz gedrungen waren. Sie näherten sich schon dem Vestibül.

»Wir waren noch nicht am Ende«, sagte er schließlich, nachdem ein betontes Schweigen gar keine Wirkung erzielt hatte.

Petri musterte ihn zerstreut, schnalzte ärgerlich und lachte dann.

»Ach so, die Rede ... Sie werden mir hoffentlich nicht zumuten wollen, daß ich Ihren eigenen Bericht gegen Sie verteidige. Wir haben im Augenblick andere Dinge zu tun ...« Er stand still: »Was ist denn in Sie gefahren! Ich muß Ihnen doch wirklich nicht erst erzählen, daß die scheinbar nichtssagenden Wendungen des Ministers von äußerster programmatischer Wichtigkeit sind. Phrasen, sagen Sie ... Natürlich Phrasen! Aber solche Phrasen sind das Instrument des Politikers, der vor der großen Öffentlichkeit spricht, und seine Kunst besteht eben darin, mit ihrer Hilfe, einem Marionettenspieler gleich, die Figuren der Wirklichkeit in Bewegung zu setzen. Es ist, als zupfe er an den Drähten: feine Nuancen bezeichnen weltanschauliche Differenzen, unverfänglich klingende Worte deuten in die Richtung eingreifender Aktionen vor ... Ich kann Ihnen dringend empfehlen, lesen Sie Ihr ausgezeichnetes Referat noch einmal aufmerksam durch, und Sie werden sofort bemerken, daß etwa der Hinweis auf die soziale Not nicht nur von ungefähr erfolgt. Er zieht einen deutlichen Trennungsstrich, bietet die Gewähr für eine Tendenz, die von uns doch gewiß zu begrüßen ist. Und welcher Einwand wäre gegen die Sprache zu machen. Nacht der sozialen Not – ein solches Bild prägt sich ein, und ich für meine Person finde überhaupt, daß die Rede viel glückliche Formulierungen enthält ... Nicht zu penibel, mein Freund! Wer immer ängstlich an den Worten kleben bleibt, kommt nie hinter ihren Sinn. Man muß sich mehr auf sein Gefühl verlassen. Und Sie haben es ja – – –« Beim Abschied noch ganz vertraulich: »Daß ich nicht vergesse: tun Sie mir die Liebe und beruhigen Sie Sommer ein wenig. Er regt sich immer so auf, und wir wollen doch Konflikte möglichst vermeiden. Sie verstehen mich ... Also bis übermorgen ...«

Der einarmige Portier grüßte mit der einen Hand und öffnete mit der nicht vorhandenen die Tür, durch die Petri enteilte. Als er schon untergegangen war, leuchtete seine gelbe Aktentasche noch eine Zeitlang von außen herein. Sie hätte zum Minister gepaßt. Der Fahrstuhl hing in der Luft, die Treppenstufen waren mit Gummi besohlt. Nicht zu penibel, dachte Georg im Steigen. Er versuchte sich von seinem Gefühl treiben zu lassen, aber die dunklen, bitteren Wogen, in die er sich stürzte, warfen ihn stets wieder zu Petris Worten zurück. Nach einer gewissen Frist, in der er fortwährend hin- und hergeschleudert wurde, prallte er mit ihnen so unsanft zusammen, daß er beinahe das Gleichgewicht verlor. Betroffen stellte er fest, daß die Wortmasse, an die er gestoßen zu sein glaubte, in Wirklichkeit der Korrektor war. Wahrhaftig, Kummer stand immer noch auf der Treppe und war inzwischen höchstens drei Stufen weitergekommen. Lauter Gummistreifen übereinander, ein endloser Weg. Georg bat um Entschuldigung für seine Unachtsamkeit.

»Scheußlich, daß der Aufzug kaputt ist«, sagte er, als Kummer schwieg. Pause. Er setzte ein zweites Mal an: »Wenn nur dieses Wetter nicht wäre. Auch mir fällt jeder Schritt schwer.« Man mußte versuchen, den Korrektor ein wenig aufzumuntern.

»Irren ist menschlich«, erwiderte dieser, »aber nicht immer irrt sich der Korrektor. Tatsächlich traf die Pariser Meldung erst nach Redaktionsschluß ein, so daß leider keine Revision mehr gelesen werden konnte. Das allein ist der Grund für ihre Verstümmelung ... Wichtige Ereignisse sollten immer schon in den frühen Nachmittagsstunden gemeldet werden, sonst sind Druckfehler kaum zu vermeiden.«

Seine Stimme war so farblos wie die Augen, die ins Leere blinzelten. Sie saßen irgendwo oben, man fand sie nicht gleich. Die ganze Masse bebte inwendig. Offenbar war der Stoß, den ihr Georg gegeben hatte, noch nicht bis zu Kummer selbst vorgedrungen. Auch die Lichtstrahlen brauchten Zeit ...

»Allerdings pflegen sich die interessanten Ereignisse in der Regel erst abends zuzutragen.«

»Wie bitte –«

Georg verstand nicht gleich, was Kummer meinte. Der bemühte sich, ein Lächeln zu erzeugen, das seiner Äußerung gelten sollte. Aber das Lächeln hatte nicht die Kraft, sich im Gesicht durchzusetzen, dessen Züge träg miteinander verschwammen. Am liebsten hätten sie sich zu einem Nebel verflüchtigt. Auf einmal war das Lächeln vorbei.

»Der Fahrstuhl ist noch mein Sarg«, sagte Herr Kummer.

Im selben Augenblick tat er ohne jede Ankündigung ein paar Schritte treppaufwärts. Die Bewegung, in die er unerwartet geriet, war ersichtlich die Wirkung des Zusammenstoßes vorhin, der sich ihm jetzt endlich mitgeteilt hatte. Er schien selber ganz erstaunt über seine Leistung zu sein. Georg, der von der Starre des Korrektors angesteckt worden war, benutzte die gute Gelegenheit, um sich zu verabschieden. Es war auch die höchste Zeit, denn Kummer stand schon wieder still. Wenigstens hatte er inzwischen Georg erkannt. Von seiner Anwesenheit überrascht, versank er in ein schwieriges Grübeln. Die Zigarettenschachtel lag immer noch da.

»Ich muß leider nach oben«, erklärte Georg etwas ungeduldig.

»Alles ist Bestimmung«, antwortete der Korrektor ohne die ihm dargebotene Hand zu beachten. Dann wiegte er einsam den Kopf: »Das Wetter streift bloß die Außenseite, aber meine Krankheit sitzt innen.«

Er weilte in einem Raum, der sämtliche Worte verschluckte und nur ihrem Echo Durchlaß gewährte. Es erreichte ihn jedoch immer erst so spät, daß sich niemand mehr daran zu erinnern vermochte, woher der Widerhall eigentlich kam. Kummer für seine Person litt allerdings nicht unter der Verzögerung, da ihm die Tatsache, daß das Echo überhaupt einen Ursprung hatte, zum Glück unbekannt blieb. Auf dem Weg zu Sommer mußte Georg die Korridore passieren, aus deren Dunkel ihm Dr. Albrecht entgegenblitzte. Ein seltener Anblick zu Zeit: hatte doch Albrecht als Wirtschaftspolitiker eine solche Bedeutung erlangt, daß ihn Unbefugte sonst kaum je zu Gesicht bekamen. Es war, als ob das Haus außer den öffentlichen noch geheime Gänge besäße, durch die er sein Zimmer betrat oder sich an den Ort wichtiger Konferenzen verfügte. Meistens befand er sich gerade in einer Konferenz. Und zeigte er sich wirklich einmal, so schoß er stets gradlinig auf sein Ziel zu, statt wie jetzt müßig hin und her zu schlendern, einem Spaziergänger gleich, über die Wiesen. In der Nähe erinnerte er freilich eher an eine Sense, die wie zum Spiel durch die Luft fährt. Die Wiesen waren schon abgemäht, und vor dem Flurfenster wirbelten Staubwölkchen auf und nieder. Am harmlosesten ließ sich seine verdächtige Untätigkeit noch daraus erklären, daß er eine Arbeitspause eingelegt hatte. Der Dollar stand längst über hundert Milliarden, und es mußte anstrengend sein, ihm immer zu folgen.

»Wieder zurück aus K.?«

Seit dem Verweis, den er damals Georg erteilt, hatte Albrecht diesen nie mehr einer Anrede gewürdigt. Er sprach in einem näselnden Ton, der ersichtlich wohlwollend sein sollte. Ganz so, als sei seine Stimme, die gewöhnlich messerscharf war, in ein Futteral gesteckt worden, durch das sie nur ungenügend hindurchdrang.

»Ich komme gerade von Dr. Petri«, sagte Georg.

»Sicher hat ihn Ihr Bericht in Entzücken versetzt ... Sie haben selbstverständlich gewußt, daß Petri mit dem Minister befreundet ist und es daher gern sieht, wenn der Mann bei uns gut behandelt wird ... Na ...«

»Aber –«

Albrecht sah Georg prüfend von der Seite an. Der war empört darüber, daß der andere einfach annahm, sein Kongreßbericht sei sozusagen aus Berechnung geschrieben worden. Was für Sachen es gab ... Immerhin verstand er nun Petri besser und bedauerte sogar hinterher, daß er die für ihn günstige Situation vorher nicht zu seinem Vorteil ausgenutzt hatte. Er wünschte sich schon so lang ein eigenes Zimmer in der Zeitung; allerdings war Petri sehr in Eile gewesen. Die Eile kam ihm jetzt auch höchst merkwürdig vor. Sollte er Albrecht gestehen, wie es sich in Wahrheit mit der Ministerrede verhielt? Sein Instinkt riet ihm zu schweigen. Überhaupt hatte er fast den Eindruck,

daß er in Albrechts Achtung gestiegen war, seit dieser bei ihm eine schlaue Nachgiebigkeit gegen Petris Neigung voraussetzen zu dürfen glaubte.
»Petri hat übrigens recht«, begann Albrecht von neuem. »Unser völliger Ruin läßt sich nur unter der Bedingung verhindern, daß zunächst eine gewisse innerpolitische Beruhigung eintritt. Wir können nicht mit dem Kopf durch die Wand, sondern müssen vor allem dafür sorgen, daß die Wirtschaft halbwegs intakt aus dem Schlamassel hervorgeht . . .« Von der Höhe des Rocks wehte sein Taschentuchzipfel wie ein Siegesfähnchen herab. »Natürlich ist der Minister ein Ignorant. Aber er liegt doch insofern in der Kurve, als er sich um einen Waffenstillstand zwischen den Parteien bemüht. Gerade die Kongreßrede hat seine Brauchbarkeit wieder einmal bewiesen.«
Alles matt hingenäselt. Sie bummelten weiter; das heißt, Georg trottete nebenher. Sonderbar war, daß Albrecht den Minister plötzlich mit sachlichen Gründen verteidigte, nachdem er ihn eben noch als Petris Freund hingestellt und dadurch gewissermaßen entwertet hatte. Aber wahrscheinlich hatte er inzwischen aus Georgs Befremden gefolgert, daß dieser viel zu ungeschickt sei, um ein besonderes Einverständnis mit Petri zu unterhalten, und wollte sich nun vor dem Verdacht schützen, als ob er eine solche Schmiegsamkeit überhaupt billige. Oder er glaubte auch wirklich an den Minister; fassen ließ er sich jedenfalls nicht. Seine Schlankheit wurde durch die Bügelfalten gesteigert, die so fein geschliffen waren, daß sie als Waffe hätten dienen können. Sie reichten ohne Unterbrechung bis zum Scheitel empor, der in ein paar Zornhärchen auslief, die noch höher hinauswollten. Albrecht ist kaum älter als ich, dachte Georg, und kennt sich schon wunderbar in der Welt aus. Zugleich dachte er daran, wie radikal Albrecht seinerzeit aufgetreten war und mit welchem Schwung er sich ihm gegenüber zu den revolutionären

Kräften der Jugend bekannt hatte. Statt den Minister zu rechtfertigen, hätte er ihn früher angegriffen und solche feinen Kompromisse verhöhnt. Wo war das alles geblieben. Man stieß nie auf Grund, und wenn man einen Menschen zu halten glaubte, lag er bereits in einer anderen Kurve, die dann meistens die richtige war. Die Korridore nahmen kein Ende, sie pflanzten sich an den Wänden vorbei durch die Häuser fort. Ein Schwindelgefühl ergriff Georg, und im Bedürfnis, Albrecht doch noch zu packen und sich an ihn zu klammern, erzählte er von der Gesellschaft gestern abend, vom Gelächter über den Minister und den Lobsprüchen, die sämtliche Anwesenden ihm, Albrecht, für seine sozialistische Haltung gespendet hatten.
»Wenn mich Frau Heinisch heute in der Zeitung liest«, setzte er für sich hinzu, »wird sie sehr unzufrieden mit mir sein.«
Seine Hoffnung war, daß sich Albrecht durch die Lobsprüche zu einem eindeutigen Bekenntnis verpflichtet fühlen werde. Der lächelte, ohne zu lächeln, wie über einen selbstverständlichen Tribut.
»Die Leutchen wollen natürlich das Beste, haben aber keine Ahnung von Politik. Frau Heinisch ist nun wirklich eine ausgemachte Kuh, und was die andern daherreden, beruht auch nicht gerade auf einer intimen Kenntnis der Dinge.« Er schien zu überlegen, ob er seine intimen Kenntnisse mitteilen solle. Da er ihre Preisgabe indessen als eine Entweihung empfunden hätte, fuhr er allgemein fort: »Echte Radikalität, Verehrtester, schwelgt nicht in Tiraden und Resolutionen und sieht im übrigen tatenlos zu, sondern sucht sich dem Endziel des Sozialismus mit allen Mitteln zu nähern. Wir stehen, teilweise durch unsere Schuld, in einem zähen Positionskampf – darüber hilft nichts hinweg. Um so notwendiger ist es, zu manövrieren. Man muß die vorhandenen Machtfaktoren berücksichtigen, die Einflüsse der maßgebenden Persönlichkeiten er-

forschen und jede Beziehung geschickt verwerten ... Keine Donquichotterien! Keine starren Prinzipien. Es geht um die Macht!«
Seine Stimme war aus dem Futteral gefahren, ein kaltes, gefährliches Instrument.
»Es geht um die Macht.«
Rücksichtslos sausten seine Bügelfalten der Macht entgegen und rissen dabei den Taschentuchzipfel mit, der sich steif machte und jetzt auch zu streben begann. Ihm folgten die Bleistifte, die aus Albrechts Westentasche hervorragten und mit einem Maschinchen gespitzt waren, damit sie vorne ganz zielbewußt wurden. Lauter Linien; das Streben hatte längst den Körper verzehrt. Es geht um die Macht – Georg begriff nicht, worum es ging, und erkannte nur so viel, daß es nichts Festes, nichts unbedingt Zuverlässiges gab, und daß sich ihm Albrecht immer entwinden würde. Mit hocherhobenem Kopf kehrte dieser in sein Zimmer zurück. Wie er sich leicht wiegenden Schrittes entfernte, wurde man das Gefühl nicht los, als köpfe er mit sicheren Streichen die Flurblümchen, die auf dem Linkrusta-Grund prangten. Ach, auf einer Wiese liegen, zwischen Gräsern geborgen. Aber nur die Korridore waren hier übrig, nackte Linienzüge, die aus dem Herbstregen kamen und einem Punkt zustrebten, den man nicht sah. Die Hauptsache war das Streben ... Georg raffte sich zusammen und klopfte bei Sommer. So peinlich war ihm dieser Besuch. Nicht allein, daß er sich schon sowieso mit dem Mann nie richtig verständigen konnte, er hatte ihn auch noch, wie er von Petri her wußte, durch seinen Kongreßbericht tief gekränkt.
»Dr. Petri hat mich gebeten, mit Ihnen zu sprechen.«
Die eigentlichen Redakteure klopften niemals an, wenn sie zueinander ins Zimmer traten. Sommer saß in sich versunken neben seinem Schreibtisch, ganz anders als sonst, wie verstört. War er noch vorhin in seiner vollen Jugendpracht

durch Fräulein Peppels Zimmer gefahren, so glich er jetzt einer Blüte, die vom Sturm vor der Zeit entblättert worden ist. Sein Kopf hing über den Knien, die Haare waren zerzaust. Der Sturm, der dieses Unheil angerichtet hatte, mußte aus dem Innern Sommers hervorgebrochen sein, das in der Tat zu klein für die viele Seele war, die in ihm gärte und brauste. Gewiß hätte Sommer sie beschwichtigen können; da er aber im Gegenteil alles tat, um ihre Unruhe zu schüren, die er für besonders jünglingshaft hielt, drohte sein Inneres fortwährend überzuschäumen. Hier brauten sich gewaltige Gefühlsmassen zusammen, denen er sich blindlings überließ, hier spielten sich furchtbare Kämpfe ab, in die er sich mit Leidenschaft stürzte. Gewöhnlich bestand er sie siegreich und trug dann das triumphierende Wesen eines Knabenhelden zur Schau, der gerade aus der Schlacht kommt; ohne zu merken, daß die wenigsten, die ihn so sahen, zu erraten vermochten, worüber er triumphierte. Im Augenblick schien er freilich eine schwere Niederlage erlitten zu haben. Mühsam erhob er sich aus den Abgründen, in die er von seinen Seelenstreitkräften gejagt worden war, und statt daß seine Augen die Außenwelt suchten, warteten sie unlustig und glanzlos darauf, gefunden zu werden. Endlich streiften sie Georg.
»Sie gehören auch zu denen«, brachte Sommer hervor.
»Weil ich nichts über Huebner geschrieben habe?«
Sommer war noch in seinem Innern verloren. Was heißt überhaupt denen, dachte Georg.
»Ich habe eben erst von Albrecht erfahren«, fügte er hinzu, »daß Dr. Petri mit dem Minister befreundet ist.«
»Ach Sie Ahnungsloser«, stöhnte Sommer.
Er lächelte düster und verfiel in ein Gestammel, das so verzweifelt klang, als müsse er sich immer neuer Erschütterungen erwehren. Wahrscheinlich wäre er vollends von ihnen überwältigt worden, hätte er nicht in kurzen Abständen ein grimmiges Ha ausgestoßen, durch das er sich

regelmäßig ein Stückchen voran half. Sonst hatte das Ha keinen Zweck. Den durcheinandergewühlten Worten war zu entnehmen, daß der Minister einige Beziehungen zu wichtigen Persönlichkeiten der Industrie und der Hochfinanz unterhielt, die ihn ihrerseits offenbar als eine Art von Mittelsmann bei Petri benutzten. Was Petri selber anging, so ließ er sich entweder gesellschaftlich leicht beeinflussen oder wollte auch von sich aus die großkapitalistischen Gruppen nicht ganz verärgern. Die Folge der verhängnisvollen Freundschaft zwischen ihm und dem Minister war jedenfalls die: daß Sommer dauernd daran gehindert wurde, gewisse, von den betreffenden Gruppen hervorgerufene Mißstände mit jener Deutlichkeit zu geißeln, die vom Standpunkt des »Morgenboten« aus gefordert gewesen wäre. »Ja, macht denn Albrecht das mit«, warf Georg dazwischen. Es fiel ihm ein, daß die Gunst, in der Albrecht heute bei Petri stand, früher Sommer zuteil geworden war. Sie hielt nicht still, sie wanderte wie das Sonnenlicht von Person zu Person. Ha, rief Sommer. Albrecht, mußte man wissen, galt in den führenden Wirtschaftskreisen als eine bedeutende Kraft. Vor einigen Wochen erst war eine Berliner Großbank an ihn herangetreten, die sich durch seine sozialistische Gesinnung so wenig beirren ließ, daß sie ihn auf einen leitenden Posten zu berufen gedachte. Er hatte das Angebot abgelehnt, obwohl es ihm eine schnelle Karriere verhieß. Warum er trotz seines Ehrgeizes eine solche Entsagung übte? Zweifellos würde er selber erklären: aus idealen Erwägungen heraus. Aber man durfte ja nicht vergessen, daß er durch diesen Verzicht seine Position innerhalb der Zeitung außerordentlich verbesserte und möglicherweise nur deshalb weiter den Redakteur spielte, um sich für noch vorteilhaftere Angebote aufzusparen. So war es immer bei ihm: wenn auch alle seine Handlungen scheinbar folgerichtig aus den radikalen Überzeugungen hervorgingen, die er vertrat, paßten sie sich doch zugleich wie zufällig der jeweiligen Konjunktur an. Nein, Sommer traute dem Zufall nicht, der hier die Karten mischte, und gab sich zum Beispiel gar keiner Täuschung über die merkwürdige Eintracht hin, die neuerdings zwischen Albrecht und Petri herrschte ...

Georg vermochte nichts zu erwidern. Das Zimmer war die reinste Jugendherberge: sehr schmal, unsystematisch und alles wie auf Einquartierung. Über dem Schreibtisch flatterte ein Strauß bunter Bänder, neben dem zahlreiche Photographien hingen, auf denen junge Mädchen und Männer in Gesellschaft Sommers durch die Wälder zogen, gemeinsam schwammen und in den Abend hinein ruderten. Am häufigsten ruderten sie. Und immer schwangen sie ihre Gitarren, von denen die selben Bänder herabwehten, die auch das Zimmer schmückten. Ein ewiger Frühling – die Photographien waren mit Reißzwecken angeheftet, damit sie desto leichtfüßiger wirkten. Ganz ohne Rahmen zu sein –

»Wie herrlich«, sagte Georg, von Sehnsucht erfüllt, »so zu rudern, zu wandern.«

Dabei hätte er in Wirklichkeit sicher nicht mitmachen mögen. Sommers Kopf tauchte aus der Handhöhle auf:

»Diese Lügen und Halbheiten, die sich weiter fressen ... Ich frage Sie: haben Sie nichts von der prachtvollen Unerbittlichkeit gespürt, mit der Huebner, aus dem Geist neuer Jugend heraus, die alte, verfaulte Gesellschaft bekämpft? Er ist der edelste, aufrichtigste Mensch, den ich kenne, einer der wenigen, die nicht nur kritisieren, sondern auch aufbauen könnten ... Aber überall, wo sich echte Begeisterung entzündet, sind sofort die Neunmalklugen zur Stelle, und ihr Besserwissen ist der Tod der Begeisterung. Wie sie Huebner verkleinern, wie sie sich hier im Haus erhaben über ihn dünken! Ach Sie – Ihr Gebrechen ist, daß Sie sich nicht mitreißen lassen wollen. Menschenskind, geben Sie sich doch endlich frei, sperren Sie

sich nicht länger gegen das Leben, das Sie durchflutet!«
»Huebner ist Sozialist?« fragte Georg, der sich daran erinnerte, daß Fräulein Samuel ihn als ihren Freund bezeichnet und sehr gerühmt hatte. Menschenskind war ihm etwas zu viel.
»Ha.«
Wieder erhob sich ein Sturm. War aber Sommer bisher die ohnmächtige Beute seiner Seele gewesen, so glückte es ihm diesmal, sich ihre entfesselten Gewalten dienstbar zu machen. Er fegte, selber ein Sturmwind, im Zimmer hin und her und ereiferte sich gegen die Sozialisten, die das Paradies herbeizuführen wähnten, indem sie die eine Klasse durch die andere ersetzten. Kalte Verstandesmenschen, denen völlig entging, daß sich der Mensch nicht in seiner Klassenzugehörigkeit erschöpfte. Der Mensch war mehr, und gerade insofern er Mensch war, hatte er heute bitter zu leiden. »Die Erneuerung muß aus dem Innern kommen«, stammelte Sommer und verbreitete eine Wärme, als sei er ein Föhn. Sein jetziges Gestammel entsprang jedoch zum Unterschied vom früheren nicht der Verzweiflung, sondern war ein einziges Jauchzen. Ein Jauchzen über die Gefühls- und Glaubenskräfte, die sich in der Jugend aller Parteien regten und immer unaufhaltsamer nach Erlösung verlangten. Sie spotteten der Vernunft, die sie vergeblich zurückzudämmen suchte, sie würden eines Tages von selber die Gemeinschaft erzeugen. Ha. Auf dem Schreibtisch lagen ein paar Manuskriptblätter, deren Schriftzüge in lockeren Verbänden über die Papierebene wanderten und ebenfalls jauchzten.
»Ich verstehe nur nicht«, meinte Georg, »warum die Vernunft so schlecht sein soll. Mit bloßen Gefühlen allein kann man doch nicht leben . . .« Das Manuskript trug den Titel: Sendung der Jugend.
»Daß Sie immer gleich alles einreihen wollen –«
Sommer betrachtete schweigend Georg; wie man ein see-

lenloses Geschöpf mustert, dem gegenüber die Sprache versagt. In das Schweigen war Mitleid gemischt. Dann wurde er plötzlich von Empfindungen erfaßt, die sich inzwischen neu gebildet hatten. »Ziehen Sie nächsten Sonntag mit uns hinaus«, beschwor er Georg. »Sie müssen unsere gemeinsamen Fahrten erlebt haben, sonst werden Sie es niemals begreifen.« Was unter dem Es zu verstehen sei, das er niemals begreifen werde, blieb Georg verborgen. Er hatte auch keine Gelegenheit, sich danach zu erkundigen, denn an der Stimmung, die ringsum herrschte, wäre jede Frage sofort abgeprallt. Sonnenmittag, Abkochen, Mondrudern, Feuergespräche, Zeltlagertraum – selig schwärmte Sommer von der innigen Verbundenheit des jungen Geschlechts mit dem Kosmos. Das heißt, er sagte eigentlich kein Wort, sondern legte sich verzückt in den Stuhl zurück und ließ seine Empfindungen sprechen. Sie schwollen allmählich so kosmisch an, daß sie das ganze Zimmer in Schwingung versetzten. Die bunten Bänder raschelten über dem Schreibtisch, die Gitarren auf den Photographien zupften selbsttätig ihre Lieder. Zuletzt verdichtete sich die wogende Seele zu einem Dunstschleier, aus dem nur noch der Schillerkragen Sommers hervorsah. Wie ein Wegweiser glänzte er im Nebel, der Zukunft entgegen.

»Heil«, sagte Georg, der sich verabschieden wollte; ein anderer Gruß kam hier nicht in Betracht.

Auf den Korridoren fühlte er sich gleich wohler, gerade, weil sie so finster waren. Nur machte er sich hinterher Vorwürfe darüber, daß diese Zusammenkunft wieder kein Ergebnis gehabt hatte. Statt eine Aussprache zu erzwingen, in der er sich richtig hätte darbieten können, war er vor allen Schwierigkeiten zurückgewichen und hatte nichts unternommen, um sich Sommer wirklich zu nähern. Und doch meinte Sommer es ehrlich und verdiente, daß man sich Mühe mit ihm gab. Ich habe ein schweres Versäumnis begangen, dachte Georg beim Hinuntersteigen. Aber er wußte auch unwiderruflich, daß seine sämtlichen späteren Gespräche mit Sommer genau so wie das jetzige verlaufen müßten und daß er ein für allemal in der Schuld dieses Mannes stehen würde. Vielleicht hatten sie sogar viel miteinander gemein; das winzige Etwas jedoch, das sich zwischen sie schob, hintertrieb endgültig ihre Begegnung. Sich zu erschließen, geöffnet zu werden . . .

»Ohne Hut heute«, fragte der Portier an der Drehtür.

Erschrocken griff Georg nach seinem Kopf. Wieder hinauf . . .

»Hier ist er.«

Tatsächlich hing der Hut noch im Zimmer von Fräulein Peppel. Diese hielt sich zwar wie gewöhnlich in ihrer Befestigungsanlage verborgen, war aber dank ihres vorzüglichen Beobachtungsdienstes sicher über jede Bewegung des Feindes unterrichtet. Da Georg befürchtete, daß sie seine laut geäußerte Wiedersehensfreude nicht ungerächt lassen werde, suchte er sich möglichst unauffällig zu entfernen. Zu spät. Schon hatte er die Hand an der Türklinke, als Fräulein Peppel ihm Halt gebot.

»Na.«

Er drehte sich wie ein Ertappter um.

»Na«, sagte Fräulein Peppel, »ich hatte also doch recht, als ich Ihnen vorhin gratulierte . . . Nur nicht so bescheiden sein . . . Der Chef hat eine hohe Meinung von Ihnen.«

Sie wandte sich ihm zu; auch ihr Gesicht verriet, daß sie, sonderbar genug, friedliche Absichten hegte. Georg, der einen scharfen Angriff erwartet hatte, wurde durch diese überraschende Versöhnlichkeit noch mehr außer Fassung gebracht.

»Ja, danke, Sie hatten wirklich recht«, sagte er von der Tür aus und traf erneut Anstalten, das Zimmer zu verlassen.

»Wollen Sie mir nicht die Hand geben?«

Von einem unbestimmten Mißtrauen geplagt, ging Georg

zu Fräulein Peppel hin. Was steckte dahinter, daß sie ihm jetzt die Hand anbot, die sie bisher immer verweigert hatte? Aber welch ein Wunder: ihr plötzlicher Sinneswechsel hielt stand. Sie lächelte, wahrhaftig, sie machte eine ernsthafte Anstrengung zu lächeln, eine Anstrengung, die eigentlich nur am Widerstreben der Nase scheiterte, deren spitzer Vorsprung stets auf der Hut blieb. Ganz gerührt war Georg über dieses Lächeln. Es sah so ungeübt aus, als ob es sich aus Mangel an Zuspruch nie richtig hätte entwickeln können, es war so allein auf der Welt, in der man dem Alter entgegenfror. Er lächelte wieder, damit es nicht gleich erstickte, und beglückwünschte sich insgeheim zu dem Händedruck, den er wie einen Ritterschlag empfand. Nun erst war er voll anerkannt, ein Ebenbürtiger in dem Kreis. Das Lächeln dauerte fort und überstrahlte schließlich die Blumen in der Vase, die neben der mühsamen Holdseligkeit ihrer Herrin doppelt griesgrämig wirkten.

IX

Die letzten Monate des Jahres waren mit Separatisten-Unruhen, Streiks, Teuerungskundgebungen und Sachwerten erfüllt. Je mehr man von den Sachen sprach, desto gleichgültiger wurden sie. Es regnete lauwarm, klärte sich auf, fror, regnete wieder. Manchmal verschwand der Himmel, und eine graue Leere entstand, in der sich die Häuser schaudernd verkrochen. Wer dann unterwegs war, bekam die feindselige Verschlossenheit der Straßen zu spüren. Erst am Abend begannen sie etwas freundlicher zu werden, wenn sich die Lichter entzündeten und aus den Lokalen Musik erklang. Schwere Lebensmittelausschreitungen waren jetzt überall die Regel. Georg hatte endlich sein eigenes Zimmer in der Zeitung erhalten, ein viereckiges Loch, das wie ein Blinddarm an einem der Korridorschläuche hing und auf den Hof hinaus blickte. Obwohl der Schreibtisch größer als das ganze Zimmer war, wirkte dieses, von innen betrachtet, doch gar nicht so klein. Auf sächsischem Gebiet wurden Truppen eingesetzt, die bayrische Regierung opponierte gegen das Reich. »Ich finde das Zimmer wirklich sehr gut«, sagte Beate, die neben dem Schreibtisch saß. Sie kam nach der Universität öfters in die Zeitung, klopfte zaghaft bei Georg an, machte Augen von unten nach oben und ließ sich immer wieder versichern, daß sie nicht störe. Ihre Schüchternheit war so groß, daß sie sich nicht getraute, die Sprache fest anzupacken, sondern statt der passenden Worte lieber schwierige Umschreibungen wählte. Wahrscheinlich hatte sie erklären wollen, daß das Zimmer sehr schön sei; aber sie scheute davor zurück und bezeichnete es als gut. Sooft sie sich einer derartigen Ausflucht bediente, lachte sie hinterher verlegen. Auf der anderen Seite machte sie freilich ihre Schüchternheit dadurch wett, daß sie einen leidenschaftlichen Hang zur Öffentlichkeit bekundete, die ihr von rechts wegen hätte Furcht einjagen müssen. Der »Morgenbote« mit seinen Druckfahnen, Neuigkeiten und Redakteuren übte eine unwiderstehliche Anziehungskraft auf sie aus, und je berühmter irgendein Künstler war, desto sehnlicher wünschte sie sich ihm persönlich zu nähern. Besonders glücklich war sie darüber, daß sie in Georgs Zimmer einmal den Theaterkritiker Ohly kennenlernte; denn er hing ja mit ihrem heißgeliebten Theater zusammen, das sie zweifellos auch deshalb vergötterte, weil sie selber gern mutterseelenallein auf der Bühne gestanden hätte und vom Publikum gefeiert worden wäre. Ohly drang seit jener ersten Begegnung ein paarmal in Georgs Zimmer ein, wenn er Beate dort wußte. »Nur auf einen Sprung«, sagte er entschuldigend, blieb aber während des Sprungs einfach in der Luft schweben und war nicht zu vertreiben. In der Gesellschaft Beates entfaltete er eine solche Lieblichkeit, daß man fortgesetzt in die Versuchung geriet, ihm über die seidigen Haare zu streichen oder an seinem Schlips zu zupfen, der schief wie ein Mützchen über die Hemdfläche jonglierte. Ein Nesthäkchen. Er hielt eine Uraufführung für wichtiger als jedes politische Ereignis und ging bei Ottilie Bürgel ein und aus, der neuen jungen Schauspielerin, die das ganze Entzücken Beates erregte. Nie genug konnte sie von der Bürgel hören. Dank dem linden Organ, über das Ohly verfügte, war auch alles, was er erzählte, gleich wunderschön eingewickelt. Beate dagegen platzte nicht selten mit einer unnatürlich lauten Stimme heraus, die offenbar dem Bedürfnis entsprang, ihre inneren Hemmungen zu bezwingen. Es war, als ob ein Champagnerpfropfen knalle, und dabei hatte sie doch unstreitig den Wunsch gehabt, die Flasche leise zu öffnen. Georg bemerkte sehr wohl, daß sie in Ohlys Gegenwart sogleich lebhafter wurde und begriff nicht, wie sie an einer Lieblichkeit Gefallen finden konnte, hinter der weiter nichts steckte. Da er sich durch ihr Verhalten zurückgesetzt fühlte, beteiligte er sich kaum an der Unterhaltung, sondern folgte stumm und düster von seinem Schreibtischstuhl aus den Gesprächen der beiden. Nach einiger Zeit stellte Ohly die Zimmerbesuche ein und Beate tat fortan so, als ob er überhaupt nicht mehr existiere. Weder brachte sie von sich aus je die Rede darauf, daß sie mit ihm ins Theater ging oder ihn sonst hie und da sah, noch auch duldete sie gar Fragen, die sich auf die Art und Weise dieser Zusammenkünfte bezogen. »Sie mögen ihn eben nicht leiden«, erwiderte sie, wenn Georg von Ohly sprechen wollte, und wurde vollkommen undurchdringlich. Ihre Verstocktheit erinnerte an die eines Schulmädchens, das über einer Kreidezeichnung ertappt wird und sie dann hastig wegzuwischen versucht. Vermutlich war die Zeichnung nicht einmal schlimm, aber die Beschäftigung mit ihr hätte doch zu peinlichen Auseinandersetzungen geführt. Ließ er die Heimlichkeiten auf sich beruhen, so kam es vor, daß sich Beate ohne Scheu herumtummelte, und er fast glauben konnte, sie habe sich ihm allein angeschlossen. Bald war sie ein gelehriges Kind, das aus der Aktentasche Bücher hervorholte und aufgeklärt zu werden verlangte, bald stellte sie in erhobenem Ton, als rede sie zu einem Tauben, unsinnige Behauptungen auf, die aus irgendeinem Dickicht ganz zerfetzt an die Oberfläche drangen. Die Szenen wechselten schnell, und Stimmungen eigensinnigen Übermuts wurden durch Auftritte abgelöst, in denen sich Beate äußerst zutunlich benahm und aus freien Stücken ihre hohe Meinung von Georg verriet. Nur war sich dieser unklar darüber, ob sie ihn wirklich meinte oder nicht am Ende eine Solonummer spielte, die ihm eigentlich gar nicht galt. Sie mochte verschiedene Wirkungen ausprobieren, sie hatte vielleicht die Absicht, sich für spätere Fälle Mut zu machen. Er begleitete sie am Fluß entlang in der Dämmerung und spürte die Ohnmacht des Zuschauers, an dem eine Handlung vorbeirauscht, in die er nicht eingreifen kann. Ihre Augen, die gewöhnlich hinter dem Scheitel verschwanden, tauchten groß aus dem Schatten auf, aber obwohl sie sich ihm zu öffnen schienen, war er ihr doch kaum näher als die Brücke dem Fluß, der von der einen Stadt zur anderen zieht. Da unten lag ein Kohlenschiff, das wie ein verriegeltes Haus aussah, und auf dem Kai standen zwei schwarze Krane, die ihre Arme regungslos vorstreckten. Jede Stadt brachte heute ihr eigenes Notgeld heraus, mit besonderen Bildern, Wappen und Sprüchen. Die Arme fanden sich nicht, vereinzelt und in Abständen strichen die Menschen dahin ... »Nettes Mädchen das«, sagte Albrecht im Zeitungskorridor. Er blickte Beate nach, die sich gerade von Georg verabschiedet hatte, betrachtete diesen gönnerhaft und wurde beinahe intim. Zwei Männer, die hinter einer Frau herreden. Sein Lächeln war von einer Süßlichkeit, die den Eindruck erweckte, als ob eine scharfe Speise mit Zimt bestreut worden sei. Sie mußte sehr merkwürdig schmecken. Bald darauf betrat Albrecht zufällig eine Konditorei, in der Georg und Beate saßen, und nahm nach erfolgter Vorstellung an ihrem Tisch Platz. Die Vorstellung hatte sich leider nicht vermeiden lassen. Mit einer aufreizenden Sicherheit, derselben, die er auch innerhalb der Redaktion bewies, ergriff er von Beate Besitz. Und zwar versenkte er sich gar nicht erst lang in sie, sondern entführte sie schnurstracks in die höheren Gesellschaftskreise, die seinen ständigen Aufenthalt bildeten. Ohly war neben ihm ein kleiner Junge, der unten in den Tälern weidete. Nachdem Albrecht zu seiner Genugtuung ermittelt hatte, was er anscheinend bereits wußte: daß Beate oder vielmehr das gnädige Fräulein bei Frau Heydenreich verkehrte, widmete er sich der Aufgabe, noch andere gemeinsame Beziehungen zu entdecken – lauter Namen, mit denen er wie mit Geldstücken spielte, die man lose in der Westentasche trägt. Während er sie lässig hervorholte, knallten die Jas Beates immer häufiger dazwischen. Man merkte deutlich, wie schwer es ihr fiel, eine richtiggehende junge Dame zu sein. Albrecht lächelte ihr andauernd zu, um sie sich zu versüßen, und befleißigte sich einer gedämpften Sprechweise, die sein schneidendes Wesen in Vergessenheit bringen sollte. Es war, als habe man ein Messer mit Watte umhüllt . . . Verstärkt wurde die Diskretion noch dadurch, daß sein Taschentuchzipfel zartfühlend herabhing und einen Hauch von Parfum entsandte. Nur die Zornhärchen hinten ließen sich nicht auf das Kosen ein, sondern strebten wie immer nach oben. Da Georg die meisten im Gespräch erwähnten Leute nicht oder höchstens ganz flüchtig kannte, war er längst allein auf der Strecke zurückgeblieben. Dennoch grämte er sich nicht sonderlich, weil er dieses Gesellschaftstreiben im Grund für völlig gleichgültig hielt. Was lag an der äußeren Großartigkeit, einflußreichen Verbindungen und am Glanz in den Salons? Nein, weit mehr Unruhe ging entschieden von Ohly aus, der doch wenigstens ein Theaterliebhaber war. »Nun, gnädiges Fräulein«, sagte Georg, als sich Albrecht endlich verabschiedet hatte. »Unerhört komisch«, erklärte sie laut. Im selben Atemzug ängstlich: »Habe ich mich sehr schlecht benommen?« Dann lachten beide wie über einen Spuk. Um diese Zeit unternahm Hitler in München einen Putschversuch, der aber kläglich mißlang. Nicht selten verstrich eine Woche, ehe sich Beate wieder einmal meldete, und gerade an den Sonntagen, an denen Georg sie gut hätte gebrauchen können, war sie regelmäßig verschollen. So gewöhnte er sich daran, jeden Sonntag sein Zimmerchen in der Zeitung aufzusuchen, in dem er sowohl der möblierten Verlassenheit zu Hause wie dem Vernichtungswillen der hellen Straßen entging. Hier lebte er, für alle Menschen erreichbar und doch vor ihnen allen geschützt, in einer Art von gläserner Einsamkeit. Kein Schritt hallte auf den Korridoren, und nur die Brandung des ausgestorbenen Gebäudes, in dessen Mitte die Schreibtischinsel lag, schlug eintönig an sein Ohr. Das Haus war alt und murmelte viel verworrenes Zeug in den Tag hinein. Und immer zog überraschend schnell die Dämmerung herauf, in der das entrückte Zimmerchen seine Macht einbüßte und kraftlos versank. Georg entfloh durch die dunklen Zeitungskorridore, um in den Straßen unterzutauchen, die inzwischen wieder aufgeblüht waren. Aus den Lokalen erklang Musik, die Lichter zitterten, und Extrablätter verkündeten den neuesten Raubüberfall. Der Dollar stieg, das Elend war groß. Ende des Jahres wurde die Mark stabilisiert.

»Ich begleite dich natürlich«, sagte Fred am Telefon, »und wir sind dann noch nachher zusammen.«
»Wenn es dir wirklich kein Opfer ist . . . Jedenfalls kann ich den Vortrag unmöglich versäumen.«
»Also um ½ 8, an deiner Wohnung.«
»Um ½ 8. Ich werde schon draußen sein.«
Georg war verzweifelt darüber, daß der Vortrag von Frau Bonnet, den er unter allen Umständen besprechen mußte, gerade mit dem Besuch Freds zusammenfiel. Es handelte sich um die Eröffnung der immer wieder geplanten Vortragsreihe: »Revolutionäre Frauengestalten«, die man jetzt glücklich bis März verschoben hatte. Gewiß, Frau Bonnet lebte davon. Aber das hinderte nicht, daß den wichtigsten persönlichen Verabredungen immer irgendein Vortrag in die Quere kam, der gar nicht gehalten zu werden brauchte und überdies in der Regel an die zwei Stunden dauerte, mit einer Diskussion hinterher, die ebenfalls unnötig war. Dabei konnte Fred nur zwei Tage bleiben, und der morgige Abend gehörte unwiderruflich seiner Mutter; was diese gestern bereits Georg zu verstehen gegeben hatte. Mit wieviel aufregenden Nachrichten hatte sie ihn außerdem überschüttet! Daß es Fred gelungen sei, eine gute Anfangsposition in einem großen New Yorker Haus zu finden; daß die Hamburger Firma, bei der er bisher beschäftigt war, ihm gottseidank erlaubt habe, von einem Tag auf den

anderen zu gehen; daß er sich Ende der Woche einschiffen werde, weil das große New Yorker Haus ausdrücklich auf seinem sofortigen Antritt bestehe; daß sich die dortige Position zu einer Lebensstellung auszuwachsen verspreche ... »Er wird Ihnen ja alles selber erzählen«, hatte sie voller Stolz gesagt. Sie war schon zur reinsten Freiheitsstatue geworden, die den Hafen bewachte, in den ihr Sohn einlaufen sollte. Allerdings wurde ihre Freude durch die Notwendigkeit der langen Trennung, durch die Stürme auf dem Ozean und durch die vielen Wolkenkratzer getrübt, die ihr angesichts der Jugend Freds als zu gewaltig erschienen. – –

»Georg –«

»Fred ... Du Amerikaner du –«

Schnell glitt Georg über den ersten Augenblick hinweg, den er nicht zu ermessen wagte, obwohl er seit gestern ununterbrochen in ihm gelebt hatte. Man mußte zugeben, daß Fred pünktlich war. Er sah, als er ankam, in seinem Reiseanzug mit den Pumphosen wie ein unbeteiligter Schiffspassagier aus, und Georg glaubte schon feststellen zu dürfen, daß ihm von diesem fremden jungen Mann keine Unruhe mehr drohe. Kaum aber hatten sie sich begrüßt, so verzichtete Fred darauf, dem Anzug nachzueifern, in dem er steckte, die Weltgewandtheit fiel von ihm ab, und er wurde wieder der frühere Fred. Und wie um die vertraute Art vollends vertraut zu machen, schmeichelte er mit unverstellter Zärtlichkeit die Vergangenheit zurück, als sei eigentlich er derjenige, der sie immer vermißt habe, und als sei zwischen ihnen niemals etwas gewesen.

»Denk' doch, Georg«, sagte er, während sie auf gewohnten Wegen zum Vortragssaal schlenderten, »daß wir über ein halbes Jahr auseinander gewesen sind ...«

»Mit welchem Schiff fährst du?«

Georg wollte sich unter allen Umständen die Unabhängigkeit erhalten, die er in der letzten Zeit gewonnen zu haben hoffte.

»Mit der Columbia. Zweiter natürlich. Aber ein Freund von mir, der erster Klasse mitreist, wird schon dafür sorgen, daß auch ich in die erste übersiedeln kann. Er ist in solchen Arrangements geübt, und jetzt sind ja die Schiffe nicht stark besetzt.«
Wie er Freund sagte. Wie er beim geringsten Anlaß in seine Zukunft entschlüpfte. So leer –
»Und sonst . . .«, fragte Georg abwesend.
»Was meinst du.« Fred hakte sich unter.
»Nun in Hamburg . . . Du hast wenig geschrieben.«
»Ach, mit Mädchen« – Georg, der sich erkannt fühlte, schüttelte abwehrend den Kopf – »Wenn du nur wüßtest, Georg, wie flüchtig meine Erlebnisse waren . . .« Es zuckte um die Lippen Freds, und dieses Zucken bewirkte, daß sein Gesicht mit einem Mal an einen abgegessenen Teller gemahnte. Trübe Reste, die verführerisch lockten – »Mein Unglück ist, daß die Mädchen mir nachlaufen, und ich die Enthaltsamkeit einfach körperlich nicht ertrage. So habe ich viele Geschichten gehabt, ohne übrigens je bei einer Hure gewesen zu sein. Mit Huren fange ich gar nicht erst an. Aber die sogenannten anständigen Mädchen sind eben nicht besser, man kann sie alle leicht haben, und was hat man dann schon davon. Ich fand die Sache gewöhnlich ekelhaft; vor allem hinterher, wenn die Mädchen jede Hemmung verlieren und sich ihre ganze Oberflächlichkeit entpuppt . . . Natürlich waren auch nette Beziehungen darunter – eine verlief sogar völlig platonisch, ich brachte es nicht über mich, das Kind zu enttäuschen. Am schönsten war es mit einer geschiedenen Frau, die wirklich ein ernster Mensch ist und immer von dir erzählt haben wollte. Ihr würdet euch beide sicher gefallen . . . Der Fall ist insofern sehr traurig, als ich beinahe davon überzeugt bin, daß sich Ellen eines Tages das Leben nehmen wird.«
Entsetzt spürte Georg, der, ohne zuzuhören, Wort für Wort überdeutlich vernahm, daß seine mühsam eroberte

Sicherheit ins Wanken geriet. Sie wankte nicht mehr, sondern war schon dahin. Wieder bemächtigte sich seiner das unsinnige Verlangen nach dem Jungen neben ihm, wieder verzehrte ihn jene alte Sucht, die selber die Welt verzehrte, bis nur der Geliebte übrig blieb, in dem er die Welt besaß. Besaß? Er erkannte gerade noch die ungeheure Gefahr, in der er schwebte: sich vom endgültig Verlorenen in den Abgrund nachzerren zu lassen, war aber durch die Gegenwart Freds so betört, daß er sich nicht zu rühren vermochte. Schweiß lief ihm über das Gesicht, die Abendluft wehte kühl, er mußte ein Zittern verbergen ... »Ich hatte oft Angst allein, Georg ... Sag, kannst du nicht doch auf den dummen Vortrag verzichten?« Als ob er das jetzt noch gewollt hätte! Es drängte ihn vielmehr nach der Saalgruft, in der man lange Zeit still dasitzen durfte, die revolutionären Frauen winkten ihm Trost, und waren sie erst vorübergezogen, so würde er gleich mit Frau Bonnet reden, sie hatte ihn in ihrem Briefchen ausdrücklich gebeten, daß er sie nachher aufsuchen solle. »Hol' mich einfach später ab.« – »Aber Georg –« Immer dasselbe Spiel: diese unaufrichtigen Vorschläge, diese Weigerungen. Und doch belächelte er heimlich die Ergebenheit, mit der ihm Fred folgte, als werde er zur Schlachtbank geführt.

Der Saal war noch leer; lauter Reihen gelber Holzstühle, die untätig herumstanden, und in den Wandnischen darüber Musikerköpfe. Die Stühle befanden sich so in der Überzahl, daß man am liebsten die Flucht vor ihnen ergriffen hätte. »Bleiben wir hinten«, meinte Georg. An der offenen Saaltür saß ein ältliches Fräulein, das die Billette wie einen Schatz hütete und alle Besucher mit einer Miene sanften Besserwissens empfing. Aus den zahllosen pazifistischen und revolutionären Vorträgen, die das Fräulein miterlebt hatte, wußte es nämlich ganz genau, daß einmal eine Zeit anbrechen werde, in der die Menschen keine Billette mehr brauchten. Wenn freilich immer so wenig

Besucher kamen, konnten bis dahin noch viele Jahre verstreichen. Das Fräulein war traurig. Auf den Rückenlehnen trugen die Stühle sämtlich Nummerschildchen, denen aber bei Vorträgen keine Beachtung geschenkt wurde. Georg sah zu den Musikerköpfen empor:
»Ich empfinde es als leichte Demütigung«, sagte er, um Fred zu zerstreuen, »in einem Saal, der für Konzerte bestimmt ist, Vorträge anhören zu müssen. Es ist, wie wenn man Personenzug fährt.«
Fred lachte: »Wer ist denn die da vorne?«
Fräulein Samuel. In der Gegend des Podiums machte sie sich mit einer Unbekümmertheit zu schaffen, die verriet, daß sie sich hier in ihren eigenen vier Wänden bewegte. Sie beaufsichtigte den Saaldiener, der eine Wasserflasche brachte, prüfte die Sitzreihen nach, verschwand manchmal durch einen Notausgang für Unbefugte, hinter dem offenbar die Vortragsküche lag, und kehrte geschäftig zurück – eine weithin sichtbare Hausfrau, die, während schon die Gäste hereinströmten, noch rasch ein paar Anordnungen traf. Natürlich konnte sie sich zum Beispiel nicht nehmen, Frau Heinisch, die als Ehrengast sofort zum Podium rauschte, durch ein persönliches Gespräch auszuzeichnen. Die Öffentlichkeit war ihr Heim, und sämtliche Umstände wiesen darauf hin, daß sie überhaupt keine Privatwohnung besaß, sondern später, wenn die Gäste gegangen waren, auf einem Stuhllager neben dem Vortragspult schlief, dem dann redselige Träume entstiegen ...
»Auf der Reeperbahn in Hamburg«, sagte Fred, »gibt es mehrere Vergnügungsetablissements, in denen die Mädchen hoch zu Roß herumgaloppieren ... Ganz lustig das.«
Er sah nach der Uhr. Der Saal hatte sich halbwegs gefüllt, und man hätte um so eher beginnen können, als sogar Frau Heydenreich inzwischen eingetroffen war. Aber die revolutionären Veranstaltungen fingen immer unpünktlich an. Plötzlich fiel Georg das Vorhandensein Beates ein. Warum

hatte er in seiner Ohnmacht nicht schon früher an sie gedacht.

»Erinnere mich bitte nachher daran«, sagte er zu Fred, »daß ich dir etwas von mir erzählen will.«

»Sag doch gleich –«

»Still.«

Frau Bonnet sprach bereits. Unbemerkt war sie über dem Podium aufgegangen und stand nun, eine große schwarze Himmelserscheinung, am Horizont. Georg, der sie zum ersten Mal öffentlich hörte, wunderte sich, daß ihre Stimme genau so klang wie zu Hause. Allerdings war sie auch zu Hause schon immer dem Alltag entrückt gewesen, hatte sie doch sogar den Schaum für die süße Speise nur unter den erhabensten Gesprächen geschlagen. »Nicht jetzt bitte«, flüsterte er Fred zu, der ihn durch ausdauernde Blicke davon zu verständigen suchte, daß er die Sache ein wenig lächerlich fand. Die reitenden Mädchen auf der Reeperbahn – sollte Fred ihm, Georg, in dem letzten halben Jahr so abhanden gekommen sein, daß er bei einer solchen Gelegenheit keine Scheu mehr zu empfinden vermochte? Seine Gleichgültigkeit war aber um so erschrekkender, als sich vorn auf dem Podium ein Schauspiel entfaltete, von dem der Verstockteste hätte berührt werden müssen. Das Innere von Frau Bonnet hatte sich weit aufgetan, und ihre Seele strömte frei und unendlich hervor. Seele war alles, was sie sprach. Seele erfüllte wie ein zarter Nebel den Saal. Auch die revolutionären Frauengestalten zerflossen im Nebel und verwandelten sich aus wirklichen Menschen, die eine Familie besaßen und mit anderen Menschen auf eine bestimmte Weise zusammenhingen, in unirdische, ja überirdische Wesen, die gleichsam körperlos irgendwo wallten. Wenn sie verzweifelten, war sofort die ganze Welt in finstere Nacht getaucht, wenn sie liebten, flammte und glühte das All; wenn sie für die Freiheit kämpften, stürmten sie, eine Fahne schwingend, im Dienst

der Menschheit unsichtbaren Scharen voran. Ob sie ihr Ziel erreichten und wie ihr Leben verlief, blieb im übrigen völlig in Dunkel gehüllt, da Frau Bonnet sämtliche äußeren Ereignisse um der inneren willen vernachlässigte, die ihr allein etwas galten. Und zwar wußte sie diese so zu mischen und zu verklären, daß den revolutionären Frauen auf jeden Fall Heil widerfuhr. Sie konnten die Fesseln nicht abstreifen: aber dann waren sie erst recht ihrer Fesseln ledig; sie grämten sich sehr: aber dann war gerade der Gram ein höchster Triumph. Kurzum, Liebe, Verzweiflung und Freiheit gingen in einem fort ineinander über, und die Freiheit würde natürlich zuletzt immer siegen. Sprach Frau Bonnet überhaupt noch? Tönend verschmolz ihre Seele mit den Schwesterseelen, und der Nebel, den sie verbreitete, funkelte in dem Licht, das aus ihrem Innern drang . . . Da krachte und knisterte es. Im selben Augenblick zerteilten sich die Schwaden, der Kronleuchter brannte trüb, die Musikerköpfe traten wieder aus ihren Nischen hervor. Fred hatte ein Blatt aus seinem Notizbuch gerissen. Unter den Zuhörern befand sich auch Dr. Petri, er gähnte und hielt die Hand vor den Mund. Und immer noch stand Frau Bonnet hinter dem Vortragspult und redete fort und fort. Ein Gefühl der Scham stieg in Georg hoch. Daß sie selber nicht ahnte, wie nackt sie sich zeigte. Fred schrieb auf den Knien.
»Das ist ja entsetzlich«, stand auf dem Zettel, den er Georg zuschob. »Man müßte mit dem Weib einmal schlafen.«
Georg lachte wider Willen. Sie lachten zusammen.
»Sei nicht so roh«, schrieb er zurück. »Die Frau meint es von Herzen gut.«
Sie jubelten eben über die Erlösung. Wenn man sich ihren Mann vergegenwärtigte, mit der Gießkanne, im Garten. Natürlich wurden alle Menschen erlöst.
Wieder der Zettel. »Wir wollen uns drücken, Georg, ich halte es nicht länger aus.«

»Nach der Erlösung ist sowieso gleich Schluß«, kritzelte dieser, »und ich möchte dann noch rasch Frau Bonnet begrüßen.«
Freds Handschrift war geläufiger geworden; wie geölt.
»Wenn du Frau Bonnet mir vorziehst«, zischte Fred, »gehe ich jetzt allein.«
Er hatte einen seiner alten Zornanfälle, die immer auch der Befriedigung seiner Wünsche dienten.
Sie schlichen sich auf den Zehenspitzen hinaus. An der Tür hörte man gerade noch, daß wieder von den Leiden der revolutionären Frauen die Rede war; der Vortrag verlief also wellenförmig. Das ältliche Fräulein mit den Billetten war fort. Georg ärgerte sich, daß er sich durch die überflüssige Erwähnung seines gar nicht ernst gemeinten Vorhabens in die Zwangslage gebracht hatte, nachgeben zu müssen, und schritt wortlos nebenher. Wann erinnert mich Fred endlich daran, daß ich ihm etwas von mir erzählen wollte. Im Café klammerte er sich an Frau Bonnet, um nicht zu versinken, und rechtfertigte gereizt den Überfluß ihrer Seele. Es klang wie ein Vorwurf gegen Fred; als ob Fred überhaupt keine Seele besäße. Dieser zuckte die Achseln. »Was verlangst du eigentlich von den Menschen«, sagte er und erklärte, daß er für seinen Teil die Menschen so nähme, wie sie nun einmal seien, ohne nach ihren Hintergründen zu fragen. Der rote Schein des Tischlämpchens fiel auf sein Gesicht, das blütenleicht im Caféhaus-Teich schwamm, obwohl es mit den schweren traurigen Augen betrachtet war. Ihre Trauer war die von Gewächsen. Noch kannte Georg das Gesicht durch und durch; aber indem er es betrachtete, veränderten sich die schimmernden Züge, und an ihre Stelle trat, so schien ihm, ein ganz neues, fremdes Gesicht; jenes, das sich im Lauf der Jahre aus dem alten herausschälen würde. Und während er den drolligen Schilderungen lauschte, die Fred von seinen Kollegen entwarf, offenbarte sich ihm zugleich, daß der

Junge nicht etwa deshalb teilnahmslos blieb, weil er inzwischen geringer geworden wäre, sondern daß er tatsächlich eine Menge von Erfahrungen gesammelt hatte, denen er nun gehorchte. Er hatte sich ins Leben verwickelt, und es war nicht seine Schuld, daß Georg nur die Rückseite des Gewebes sah, das sich zu knüpfen begann. »Ich habe die Oper besucht und überhaupt viele gute Musik gehört.« Die Musikerköpfe ... Wann erinnert er mich an mich, dachte Georg. Der Rauch bildete Figuren, aus dem Lärm spritzten vereinzelte Worte empor.

»Schlendern wir noch ein bißchen«, meinte Fred.

Auf der Straße fing Georg unvermittelt an: »Ich möchte dir etwas von mir erzählen.«

»Ach richtig – du glaubst doch nicht, daß ich es vergessen hätte? Die ganze Zeit über wollte ich dich erinnern.«

»Eigentlich ist nichts weiter zu erzählen, als daß ich ein Mädchen kennengelernt habe. Sie heißt Beate, studiert an der Universität und ist furchtbar nett.«

So sprachen sie alle. Fred blieb stehen:

»Und davon erzählst du erst jetzt? Warum hast du sie nicht gleich mitgebracht, ich muß sie unbedingt sehen. Sag', mein Freund, ist sie hübsch?«

Er war nicht im geringsten betroffen über die Nachricht, im Gegenteil, er freute sich ehrlich. Geradezu selbstlos begeistert.

»Sehr hübsch sogar«, sagte Georg.

»Und – du bist also glücklich?«

»Das, woran du zu denken scheinst, ist nicht der Fall.«

»Aber Georg, du wirst mir doch nicht einreden wollen, daß sie nicht deine Geliebte ist ... Oder trägst du dich am Ende mit Heiratsprojekten?«

Er fragte wie ein Sachverständiger, der ein Gutachten zu liefern hat. Georg fühlte sich in die Enge getrieben. Um keinen Preis zugeben –

»Nun ja, ich bin glücklich, wenn du es unbedingt hören willst.«

»Wie schön das ist!«

Fred legte den Arm um seine Schultern und sah ihm voll in die Augen: »Weißt du, Georg, es ist gut, daß gewisse Dinge begraben sind. Du weißt, was ich meine.«

Georg nickte wie unter Zwang. »Heiraten kommt natürlich nicht in Betracht«, fügte er aus Genauigkeit hinzu.

Sie hielten am Opernhaus, das schon ganz ausgestorben war, mit seinen Bronzepferden hoch oben.

»Bringst du mich noch?« fragte Fred. »Es darf heute abend nicht so spät werden, meiner Mutter wegen, verstehst du, sie leidet doch sehr unter der Trennung . . . Ich wäre dir dankbar, wenn du dich manchmal nach ihr umsehen würdest.«

Die Freiheitsstatue schwebte in den stillen Straßen vor ihnen her.

»Wir telephonieren morgen«, sagte Fred an der Tür, »und grüß' mir deine Beate.«

Der Sommer ist heiß. Die Stadt hat ihre Poren geöffnet, die Menschen sind Körper, die Ereignisse verlangsamen sich. Eines Nachmittags streift Georg zufällig durch die städtischen Parkanlagen und entdeckt zu seiner Freude Herrn Kummer, der schon seit vielen Wochen in der Zeitung fehlt und dem Vernehmen nach so krank sein soll, daß man an der Möglichkeit seiner Genesung zweifeln zu müssen glaubt. Nun ist er also doch wieder aus seiner Höhle hervorgekrochen! Von hohen grünen Bäumen behütet, sitzt er am Rande des Rondells, auf dem lauter bunte Kinder wimmeln – eine dunkle unförmige Masse, die durch die Krankheit sicher vollends gelähmt worden ist. Georg nähert sich ihr. Wie erstaunt ist er darüber, daß er sich dem Korrektor gar nicht erst umständlich bemerkbar

zu machen braucht, sondern im Gegenteil selbsttätig von ihm angesprochen wird.
»Ich habe längst vorher gewußt«, sagt Kummer, »daß ich Sie heute noch sehen würde. – Bitte, nehmen Sie Platz.«
Er blinzelt öd vor sich hin, ohne sonst das geringste Lebenszeichen zu äußern.
»Woher konnten Sie wissen –«, fragt Georg betroffen.
»Oh danke, ich fühle mich so wohl wie noch nie. Das Fieber hat aufgehört, der Puls schlägt normal, und mein Atem strömt wunderbar leicht aus und ein ... Jetzt endlich bin ich von allen Übeln befreit.«
Eine Antwort, die um so unerwarteter kommt, als ihr keine Frage vorausgegangen ist. Georg gerät in Verwirrung. Gewiß hat er sich gleich zu Anfang nach dem Befinden Kummers erkundigen wollen, aber wenn er sich recht erinnert, ist es bei der bloßen Absicht geblieben. Oder sollte er im Traum laut gesprochen haben? Schon die ganze Zeit über starrt er ins leuchtende Grün, das aus der Zeit herauswächst, folgt den verschlungenen Zickzackbahnen, die das Gekrähe der Kinder beschreibt. Helle Rufe, Flüstern und Lachen ... »Welch ein Glück«, sagt er, »wir hatten uns große Sorgen um Sie gemacht.« Ein kleiner Junge schlüpft unter die Bank, um seinen Ball zu suchen, verfängt sich auf dem Rückweg zwischen den Beinen Kummers und krabbelt ahnungslos an ihnen empor. In seinem roten Kittelchen glänzt er wie ein Käfer. Und Herr Kummer selber – wahrhaftig, er duldet den Jungen nicht nur bei sich, sondern schaukelt ihn auf den Knien und summt dazu:

»Hopp, hopp, hopp,
Pferdchen, lauf' Galopp.«

Dann läßt er die Last zur Erde gleiten und schleudert den Ball weit weit fort. Wenigstens scheint es so; in Wirklichkeit rollt das Bällchen kraftlos vor seinen Füßen.
»Lauf'«, befiehlt er dem Jungen an. Zu Georg gewandt:

»Meine Eltern haben auf dem Lande gelebt, und ich bin in meiner Jugend oft in die Schwemme geritten.«
Es ist, als spräche ein andrer. Sein Schädel ragt eisgrau aus der Lüsterjacke hervor, sein verrutschtes Krawättchen sucht sich mit aller Gewalt am Kragen festzuhalten. Bald fällt es vom Gaul. In seiner Jugend das rote Kittelchen ist verschwunden.
»Was haben Sie eigentlich studiert«, fragt Georg, der sich darüber zu vergewissern wünscht, wie aus dem reitenden Knaben allmählich Herr Kummer entstanden ist.
»Ich will Ihnen etwas anvertrauen«, erwidert dieser. »Obwohl ich es gar nicht nötig hätte, lese ich gewöhnlich die Artikel, die ich korrigiere, und versenke mich im Anschluß daran in die Handlungen der Staatsmänner und Politiker. Dank meiner durch die Betrachtung der Druckfehler geschärften Augen habe ich nun die Erfahrung gemacht, daß diese Handlungen beinahe regelmäßig von dem Originaltext abweichen, den sie doch getreu wiedergeben sollten. Die Geschichte ist nichts anderes als ein verstümmelter Text. Gerade in der letzten Zeit aber haben sich die Verstümmelungen so gehäuft, daß sie vollends unleserlich zu werden droht. Eine Katastrophe bereitet sich vor . . . Angesichts ihres Nahens möchte ich fortan, entgegen den Pflichten des Berufs, die Druckfehler nicht ausmerzen, sondern eher noch künstlich vermehren, um durch solche Warnungszeichen die Aufmerksamkeit der Menschen desto nachdrücklicher auf die Fehlerhaftigkeit der Geschichte zu lenken. Allerdings kennen nur die wenigsten den Originaltext. Am richtigsten wäre es daher natürlich, die Geschichte gleich selber zu korrigieren. Vielleicht werde ich morgen . . .«
Er erhebt sich, zieht seinen breiten Schlapphut auf, der ihn ganz beschattet, und setzt sich in der Richtung auf ein paar Treppenstufen in Bewegung, die unmittelbar jenseits des Rondells liegen. Da er nach jedem Schritt innehält, dauert

die Reise dorthin eine Ewigkeit. Aber Georg befindet sich so sehr im Banne eines ihm unerklärlichen Ereignisses, daß er das Gefühl hat, als ob eben diese Ewigkeit in kürzester Frist durchmessen werde – des Ereignisses, daß Herr Kummer vollkommen verwandelt ist. Statt wie früher immer hinter den Worten herzutrödeln, galoppiert er ihnen jetzt voraus und läßt sie in der Vergangenheit zurück. Man kann ihn nicht mehr erreichen. Wie der Wind sprengt er durch die grüne Luft dahin, um schließlich, am Ziel angelangt, als Korrektor der Geschichte seines Amtes zu walten und mit einem riesigen Rotstift alle fehlerhaften Taten zu verbessern ...

Die Treppenstufen. Das Rondell hat sich geleert, Gruppen von Arbeitern überqueren den Platz.

»Ich werde Sie nach Hause begleiten«, sagte Georg.

Herr Kummer lächelt ihn listig an. Seine Augen sind wieder blau geworden; wie frisch gewaschen.

»Sie müssen sich tummeln«, sagt er, »die Hauptsache ist Bewegung.«

Dann wendet er sich ab und beginnt allein emporzusteigen.

Georg blickt ihm noch lange nach ... Über Stock und Stein. – – –

Zwei Tage darauf meldet der »Morgenbote« das plötzliche Ableben des Korrektors, der ein besonders verdienter und treuer Korrektor gewesen sei. Herr Kummer hat seine Verspätung eingeholt, weiß Georg, er ist wie als Junge damals in die Schwemme geritten.

»Möchten Sie die Eier wachsweich oder lieber Rühreier?«

»Wie es einfacher ist«, sagte Georg.

»Also sagen Sie schon.«

»Dann wachsweich.«

»Gut. – Ich bin gleich wieder da.«

Was lag ihm an der Form der Eier. Heute abend empfing ihn Beate zum ersten Mal in ihrem Zimmer, und er verlangte nur danach, das Alleinsein mit ihr auszunutzen. Leider war er bisher noch nicht sehr erfolgreich gewesen. Überhaupt, wenn er an seine verschiedenen Bemühungen dachte ... Die Sache hatte seit dem Abschied von Fred ernster zu werden begonnen, das heißt, strenggenommen war er eben durch jenen Abschied dazu bestimmt worden, sich in einen Liebhaber zu verwandeln und gewissermaßen um Beate zu werben. Man mußte Fred beweisen, wie glänzend es ohne ihn ging. Im Lauf der Zeit war dessen Bild allerdings merklich verblaßt, und als dann Beate nach langer Abwesenheit aus den Sommerferien zurückgekehrt war, hatten sich in Georg bereits Gefühle entwickelt, die nicht mehr der Austreibung Freds dienten, sondern nur noch ihr selber galten. Wenigstens schien es ihm jetzt so. Das Zimmer, das Beate bewohnte, unterschied sich zwar durch seine Größe und Freundlichkeit vorteilhaft von den übrigen möblierten Zimmern, enthielt aber irgendeinen Gegenstand, der ihn störte. Damals, als sie zurückgekehrt war – von außen betrachtet, war eigentlich alles wie früher geblieben. Die Spaziergänge, die Besuche in der Zeitung, die Caféhaus-Gespräche: alles wie früher. Nur, daß er kaum noch fähig gewesen war, etwas zu denken oder zu tun, was sich nicht auf Beate bezog, und in jedem lieben Wort von ihr eine Gewähr der Liebe, in jeder Absage, die sie ihm erteilt, eine Bestätigung seines Versagens erblickt hatte. Und seine Briefchen! Wieder und wieder hatte er ihr Briefe geschrieben, solche abgerissenen Zettelchen, auf denen er das Sie geflissentlich vermied, sämtliche Empfindungen verschleiert offenbarte, die er mündlich nicht auszudrücken wagte, und mit Hilfe zahlreicher Punkte, Gedankenstriche und anderer Interpunktionszeichen eine Menge dunkler Anspielungen machte, die kinderleicht zu enträtseln gewesen wären. Beate hatte sie jedoch stets im

Dunkeln gelassen und sich damit begnügt, diesen schriftlichen Zeitvertreib wie eine Huldigung entgegenzunehmen, über deren Inhalt es weiter keiner Worte bedurfte. Schon war sie so sehr an ihren Empfang gewöhnt, daß sie neulich das zufällige Ausbleiben der Zettelchen als Gleichgültigkeit gebrandmarkt hatte. Würde er sie je ganz erobern können oder wie man das nannte? Es fehlte manchmal nicht viel, und er hätte sich eingestanden, daß die Leidenschaft, mit der er sich in seine Leidenschaft hineingesteigert hatte, diese an Stärke möglicherweise übertraf. Immerhin brauchte er sich gerade jetzt nicht verloren zu geben, denn der Umstand, daß er sich hier in Beates Zimmer befand, bedeutete unstreitig eine Verheißung. Und verfuhr er nur einigermaßen geschickt, so mochte sie sich schon in der nächsten Stunde erfüllen ... Er richtete sich auf. Wie er so dastand, sah er sich ohne vorherige Warnung noch einmal von Kopf bis zu Fuß mitten im Zimmer stehen. Nun wußte er endlich, was ihn von Anfang an gestört hatte: dieser hohe schmale Spiegel in der Ecke dort, der seinen Doppelgänger erzeugte, von dem er sicher heimlich belauscht worden war.
»Hoffentlich haben Sie nicht zu lange gewartet«, sagte Beate, die mit dem Tablett eintrat.
Er schloß die Tür hinter ihr. In der Schürze sah sie erst recht wie eine Studentin aus.
»Ihre Blumen hätten eine bessere Vase verdient«, erklärte sie, »aber die Wirtin ist bös wegen der vielen Arbeit, die ich ihr angeblich verursache. Schrecklich böse. Wir wollen uns bitte leise verhalten.«
Sie sprach so laut, als sei sie das erste Mal nicht verstanden worden und nun zur Wiederholung ihrer Wünsche genötigt. Georg sollte gleich mit den Eiern beginnen. Es stellte sich heraus, daß sie hart waren – eine Tatsache, die er deshalb gern hinnahm, weil harte Eier eine geringere Aufmerksamkeit als wachsweiche beanspruchten. Überhaupt

hätte er am liebsten den ganzen Fraß in einem Zug heruntergeschlungen, um möglichst schnell zum entscheidenden Punkt vorzustoßen. Seine Absichten begegneten jedoch dem unerschütterlichen Widerstand Beates, die streng darauf achtete, daß er bei jeder einzelnen Platte ausführlich verweilte. Bald wurde ihm klar, daß sie mit ihrem Drängen und Nötigen nicht etwa nur den Pflichten der Wirtin genügen wollte, sondern vorwiegend einen anderen Zweck verfolgte. Anscheinend hielt sie ihn nämlich für ein reißendes Tier und wiegte sich in der Hoffnung, diese Bestie durch die auf dem Tisch gehäuften Gerichte unschädlich zu machen. Wenn er versuchte, ihr tief in die Augen zu sehen, reichte sie ihm statt der Augen regelmäßig die Butterdose; wenn er die Rede auf ihre Beziehung zu bringen verlangte, schob sie die Schüssel mit den belegten Broten in den Vordergrund. So beraubte sie Georg nach und nach seiner Bewegungsfreiheit; bis sie schließlich einen Käfig um ihn hochgeführt hatte, in dem er ihr nicht mehr gefährlich werden konnte. Zu den solidesten Gitterstäben des Käfigs gehörten die Essiggürkchen, das Konfekt und der englische Kuchen. Damit aber der Häftling gar nicht auf den Gedanken geriet, daß er eingesperrt war – eine Erkenntnis, durch die seine natürliche Wildheit sofort geweckt worden wäre –, bemühte sie sich außerdem, ihn unaufhörlich in Atem zu halten. Sie lachte grundlos, trieb einen großen Aufwand mit Förmlichkeiten und gefiel sich, vor dem Gitter hin- und herspazierend, in sonderbaren Gebärden, die offenbar eine Art magischer Beschwörung darstellen sollten. Zum Glück wurde der Zauber desto schwächer, je mehr das Essen zusammenschmolz, von dessen Umfang ja seine Gewalt abhing, und als nur noch der Tee in den Tassen übrig war, beschloß Georg, einen Ausfall zu wagen. Ziel dieses längst geplanten Unternehmens war die Erbeutung des Wörtchens Du.
»Ich möchte Ihnen etwas sagen, Beate –«

»Was Sie nur immer sagen wollen. Es ist doch alles sehr gut. – Wirklich.«
Er setzte sich trotz ihrer Beteuerungen auf die Sofalehne, um dicht bei ihr zu sein.
»Ich kann nicht finden, daß alles sehr gut ist. Wenn Sie zum Beispiel bedenken, wie lange – du mich schon kennst, Beate, müssen Sie selber zugeben, daß du eigentlich nicht länger so zu mir sprechen dürftest, als ob ich Ihnen ein Fremder sei, sondern richtiger daran täten, jene vertraute Anrede zu verwenden, die meinen Gefühlen zu dir entspricht. Ja, meinen Gefühlen zu dir. Ich meine –«
»Ich meine, daß das Unsinn ist . . . Wir wollen vernünftig sein. Nicht wahr?«
Sie hatte gerötete Wangen und ließ den Teelöffel fallen. Georg seinerseits schwieg verletzt. Alles äußerst vernünftig. »Es ist draußen kalt«, sagte sie verlegen, mit schallender Stimme. »Ja, im Dezember.« – »Der Artikel gestern war sehr schön.« – »So.« – Wahrscheinlich hatte sie Ihr Artikel sagen wollen, war aber zu feig, Georg direkt mit Sie anzureden. Der Artikel war ein gleichgültiger Bericht gewesen. Als einige andere tollkühne Behauptungen, die sie aufstellte, ebenso einsilbig beantwortet wurden, räumte sie stumm das Geschirr zusammen und trug es hinaus. Während ihrer Abwesenheit erschien im Spiegel eine verführerische Nymphe, deren Haare prächtig über den Leib flossen. Die Nymphe schmückte die Blumenvase der Wirtin, auf der überhaupt eine ganze Wasserlandschaft zu sehen war. Ins Zimmer zurückgekehrt flüsterte Beate, ohne sich um Georg zu kümmern, etwas Unverständliches vor sich hin, das wie nach verdorbenem Abend klang, setzte sich, stand gleich wieder auf und ging zum Kleiderschrank, in dessen Inhalt sie sich versenkte. Ein einsames Kind, das sich mit seinen Spielsachen vergnügt. Mochte sie sich nun wirklich gekränkt fühlen oder nur eine Kriegslist anwenden: jedenfalls gelang es ihr so, Georg die Waffe des

Gekränktseins zu entreißen und gegen ihn selber zu richten. Noch schwankte dieser unschlüssig, ob er sich in die zu seiner Ungunst veränderte Lage schicken oder einfach seinen Besuch abbrechen sollte, da hielt Beate mit ausgestrecktem Arm ein merkwürdiges rotschwarzes Kleid ins Licht. Sie streichelte es und zupfte daran herum – lauter Maßnahmen, durch die sie ersichtlich die Neugierde Georgs zu erregen hoffte.

»Was ist das?« fragte er unwillkürlich. Man konnte, wenn man schon dablieb, nicht immer den Beleidigten spielen.

»Ein Faschingskostüm ... In ein paar Wochen ist Fasching.«

»Aha. Sie wollen sich amüsieren.«

Sie sah mit schiefem Kopf hinter dem Kleid hervor. Er mußte lächeln.

»Ist es nicht hübsch«, sagte sie schmeichlerisch.

»Kann ich so nicht beurteilen.«

»Und wenn ich es anziehe –«

Mit raschem Blick musterte er den Raum. In seiner Gegenwart sich umziehen? Das hieße doch –

»Vielleicht beschäftigt man sich inzwischen mit Lektüre«, sagte Beate.

Sie nötigte ihm, ehe er Einspruch erheben konnte, irgendein zufälliges Buch auf und schlüpfte dann hinter einen Wandschirm, in der Waschtischgegend, der bisher sicher zusammengeklappt gewesen war. Gehorsam starrte Georg das Buch an, das sich wie eine neue Wand vor ihm erhob, vermochte aber kein Wort zu entziffern. Denn während er sich angestrengt zu sammeln bemühte, begann jenseits der beiden Wände ein leiser Singsang, den Beate wohl zu dem Zweck anstimmte, um das Rascheln der Wäsche zu übertönen.

Und nicht genug damit: aus dem verschwommenen Hintergrund stieg, von dem Geplärr herbeigelockt, wieder die Nymphe empor und neigte sich mit ihrem verbogenen

Leib über den Text. Zu der Erregung, in die Georg durch die Singerei und die Nymphe geriet, gesellte sich noch die quälende Ungewißheit, ob er nicht am Ende den eigentlichen Wünschen Beates zuwiderhandelte, wenn er ihre Anordnung so peinlich befolgte, statt sämtliche Hindernisse, die sie gegen ihn aufgerichtet hatte, kurzerhand niederzureißen. Bedachte man allerdings auf der anderen Seite ihr Benehmen vorhin –
»Ein interessantes Buch. Ja.«
Mitten im Zimmer stand eine kostümierte Beate und wartete mit vorgehaltenen Armen darauf, bewundert zu werden. Sie entwuchs zwei roten Hosenbeinen, in denen sie wie in Trichtern steckte, und trug einen schwarzen Kittel darüber, auf dem einige viel zu große Knöpfe prangten, die rot wie die Hosen waren und so kräftig herausknallten, als seien sie lauter Jas. Auch die Halskrause, die den oberen Abschluß bildete, leuchtete rot. Hatte sich Georg nicht gegen den vermeintlich falschen Zauber des Kostüms zur Wehr setzen wollen? Er wußte nichts mehr davon. Was ihn besonders an der Figur reizte, war aber dies: daß sie ein Gemisch aus Junge und Mädchen darstellte, das von einer unbeschreiblichen Süße war. Und zwar verkörperte sich der Junge hauptsächlich in den Knöpfen und der Hose, die, für sich allein genommen, reichlich unverschämt wirkten. Ihre Dreistigkeit wurde jedoch durch die mädchenhafte Angst ausgeglichen, der die hohe Halskrause ihr Dasein verdankte. In der Tat: verrieten die männlichen Bestandteile des Kostüms eine ausgesprochene Angriffslust, so glich diese Krause einer fürsorglichen Höhle, in die man sich vor gefährlichen Angreifern zurückziehen konnte.
»Nun mein Herr.«
Beate hatte gerade eine langsame Drehung um ihre Achse vollführt und glaubte sich jetzt im Bewußtsein der Sicherheit, das ihr die Höhle verlieh, einseitig als Junge aufspielen zu dürfen. Statt jeder Antwort näherte sich ihr Georg;

unter dem übermächtigen Zwange, sie zu küssen und zu umarmen.

»Du«, hauchte er nachtwandlerisch.

Bevor sich aber der Traum erfüllte, war Beate bereits in der Halskrause verschwunden, die sich sofort hinter ihr schloß und keine Öffnung mehr bot. Georg war ausgesperrt. Betäubt sah er sich nach der Flüchtigen um, bis er zuletzt entdeckte, daß sie sich in den Spiegel gerettet hatte, in dem sie unnahbar für ihn geworden war. Wahrhaftig, Beate hatte den hohen, schmalen Spiegel ins Helle gerückt und widmete sich so eifrig der Betrachtung ihrer Person, daß sie völlig unwirklich wurde. Es war, als habe sich alles Leben, das sie enthielt, in ihr Ebenbild ergossen, und sie selber sei zum Spiegelbild der kostümierten Erscheinung im Spiegel verblaßt. Von den Kräften des Urbildes genährt, blieb diese keineswegs untätig, sondern gab eine Reihe mimischer Szenen zum Besten. Sie machte Tanzschritte, verrenkte den Leib wie die Nymphe und beschrieb mit den Armen kunstvolle Figuren, die, Melodien gleich, lang in der Luft harrten. Gebannt folgte Georg dem Schauspiel und wunderte sich nur, daß der enge Spiegelrahmen immer weiter zurückwich, je ausladender die Bewegungen wurden. Schließlich ging das ganze Zimmer in den Spiegel hinein, und obwohl die selbstvergessene Erscheinung fortfuhr, höchst ungreifbar zu schimmern, hatte man doch den Eindruck, daß sie inzwischen aus der Spiegelfläche herausgetreten war und sich in räumlicher Freiheit entfaltete. Plötzlich zerrann sie in Nichts. Im selben Augenblick drängte sich wieder ihr Urbild vor, dem Georg kaum noch Beachtung geschenkt hatte, und begann seine Unabhängigkeit damit zu beweisen, daß es den Spiegel, der wie ein Hagestolz dastand, in die Waschtischecke schob. Wo war der Wandschirm hingeraten. Auf dem Sofa saß mit entspannten Gliedern Beate, sie barg sich im Schatten und hielt die Augen geschlossen, als ob sie

einem Rausch nachhinge oder in Erwartung versunken sei.
»Ich fürchte mich«, sagte sie zu sich selber.
Georg fühlte, daß er jetzt hätte zu ihr gehen und sie trösten müssen, rührte sich aber nicht vom Stuhl. Durch den Spiegel war Beate für ihn zum Bild geworden. Ein Spiegelbild, das ihn lähmte.
»Warum fürchten Sie sich?« fragte er. Zu blöd, so zu fragen.
Beate stand neben ihm. »Ach, nur so.«
Er nahm ihre Hand, die sie ihm widerstandslos überließ. Mehr verlangte er von einem Bild nicht. Ja, es gewährte ihm schon eine solche Befriedigung, die Hand festhalten zu dürfen, daß er sie nach kurzer Zeit aus eigenem Antrieb freigab, ohne weitere Möglichkeiten zu verfolgen. Wie es schien, hatte Beate den Vorgang gar nicht bemerkt. Ihre Arme hingen herunter, ihr Blick glitt an Georg vorbei.
»Warum ich mich fürchte«, äußerte sie unvermittelt, »weil ich morgen im Seminar drankomme.« – »Das ist doch klar«, fügte sie trotzig hinzu. Die roten Knöpfe trumpften gewaltig auf. Was sollte er sagen. Das Kostüm war ein schönes Kostüm.
»Sie sehen wundervoll aus«, sagte er.
Seine Lähmung war daran schuld. Er wollte sich von neuem ihrer Hand bemächtigen, aber sie entzog sich diesmal mit sanfter Ausdauer jeder Berührung, wobei es geschah, daß sie ihm wie aus Versehen über die Haare fuhr.
»Überhaupt bin ich sehr müde«, erklärte sie.
Hinterher fiel ihm ein, daß er geläufig Sie zu ihr gesagt hatte . . . Jetzt mußte er eben gehen.
»Also, es bleibt bei unserer Verabredung«, sagte er, »übermorgen abend 9 Uhr.«
Er zog seinen Mantel in der Zuversicht an, daß sich die Sache trotz aller Schwierigkeiten ganz gut entwickle. Um so größer war seine Enttäuschung darüber, daß ihm Beate eine Absage erteilte. Übermorgen abend sei es ihr nun

doch leider unmöglich. Sie gab keine Gründe dafür an, sondern erzählte statt dessen eine lange Geschichte, die immer verworrener wurde.
»Es ist aber nicht schlimm«, versicherte sie, wie um Georg zu hypnotisieren.
Der wurde böse.
»Und weshalb können Sie übermorgen nicht, wenn ich fragen darf.«
Pause.
»Sie sind unfreundlich, Georg. – Ja.«
Sofort nach dem Ja, das lauter denn je knallte, entwich Beate panikartig in der Halskrause. Sicher erwartete sie eine Katastrophe. Als sich aber nicht das Geringste ereignete, tauchte sie wieder an der Oberfläche auf, vergewisserte sich über das Unheil, das sie angerichtet hatte, und versuchte dann, dem Opfer der Explosion Trost zuzusprechen. Manchmal verstehe sie sich nicht recht, und an einem der nächsten Nachmittage komme sie auf jeden Fall zu Besuch in die Zeitung. Ganz gerührt mußte man sein über ihren flehentlichen Ton, der die burschikose Anmaßung der Hosenbeine so sehr Lügen strafte, daß für einen Augenblick der Eindruck entstand, das Kostüm habe sich von Beate abgelöst, und sie selber befände sich irgendwo anders.
»Hier sind die Schlüssel«, sagte sie. »Bitte vergessen Sie nicht: der zweite Briefkasten von links.«
Es klang als meinte sie gar nicht den Briefkasten und die Schlüssel, sondern bäte in Wahrheit Georg darum, noch etwas Geduld mit ihr zu haben. Halb getröstet ging er die Treppe hinunter. Konnte Beate auch übermorgen abend nicht, so winkte die Erfüllung doch bestimmt im zweiten Jahre von links. –
Übermorgen abend – ein sonderbarer Zufall fügte es, daß Georg genau für diesen Abend ein Theaterbillet von Frau Heinisch erhielt. Sie schickte ihm die Karte mit einer Zeile

zu, in der sie darüber jammerte, daß sie durch eine dringende Gesellschaft am Besuch des Theaters verhindert wäre. Aber die Pflicht ginge in der Saison dem Vergnügen voran. Wahrscheinlich traf sie auf der Gesellschaft mit Frau Heydenreich zusammen, und die Aussicht, diese in offener Feldschlacht zu schlagen, lockte sie mehr als das ganze Theater. Dabei handelte es sich nicht einmal um einen gewöhnlichen Theaterabend, sondern um eine Premiere. Das Stück hieß: »Die große Nacht« und stammte von einem gewissen Karl Grohmann; vermutlich demselben, über dessen Begabung sich Ohly vor kurzem in einem Feuilleton, das dank seinem Titel: »Die Jungen« allgemein beachtet worden war, sehr begeistert geäußert hatte. Allerdings wollte das nicht viel sagen; denn heute galten sämtliche jungen Dichter – und es gab überhaupt nur solche – schon allein ihrer Jugend wegen von vornherein als begabt. Was würde später aus ihnen, wenn sie infolge beginnenden Alters abgelegt werden mußten? Grübelnd betrat Georg das helle Theatervestibül, in dem sich erst wenige Besucher ergingen. Er war seit unvordenklichen Zeiten nicht im Theater gewesen und neigte beinahe zur Überzeugung, daß dieses eine veraltete Einrichtung sei. Jedenfalls hatte er nie Lust dazu verspürt, stundenlang vor festangewurzelten Dekorationen zu sitzen und sich durch Bühnentragödien von den wirklichen Ereignissen ablenken zu lassen. Kaum aber nahm er seinen Platz ein, einen herrlichen Sessel im ersten Rang, so bemächtigte sich seiner eine Empfindung des Glücks; als habe er zu einem guten Freund aus den Kinderjahren heimgefunden, der ihn wie einen verlorenen Sohn bei sich empfing. Und waren die Reichtümer von damals nicht immer noch vorhanden? Brüstungen schwangen vereint nach vorne, Putten bewachten das rötliche Dunkel der Logen, und in den Höhen wohnte der Kronleuchter nachbarlich neben dem Baldachin. Von wohligem Behagen erfüllt, blätterte Georg im

Programmheft und entdeckte zu seiner Freude, daß Ottilie Bürgel die Hauptrolle spielte. So würde er endlich Beates geliebte Bürgel sehen. Die Spannung, in die er dadurch geriet, erhöhte eher noch den prickelnden Reiz des Wartens. Genießerisch beobachtete er, wie sich – o wunderbares Schauspiel vor Anbruch des Spiels! – der große Raum in allen seinen Teilen unmerklich belebte, schweifte den Luftlinien nach, die mit Hilfe der Operngläser gezogen wurden, und versank im Geraune, das sich zum Tosen steigerte. Es klingelte zum erstenmal: Zwei Plätze in der Mitte des Parketts waren noch unbesetzt. Da erhob sich – Klingeln dauerte fort – die ganze Sitzreihe bis zu der Lücke hin, und hinter dem Wall der Stehenden zwängten sich unter geräuschvollem Klappern ein paar Nachzügler durch. Am Ziel angelangt, entpuppten sie sich als Beate und Ohly.

Aus Georg wich jedes Leben. Unfähig ein Glied zu rühren, blickte er starr auf die beiden herunter, die ihm den Rücken zukehrten und nichts von seiner Gegenwart ahnten. Die Gier, mit der er ihr Bild einsog, bewirkte, was sonst nur durch ein Opernglas zu erreichen gewesen wäre: daß sie, zwei ferne Figürchen, aus ihrer Umgebung heraustraten, in ein blendendes Licht rückten und sich so stark vergrößerten, als würden sie ganz in die Nähe geschoben. Wie in einem Guckkasten hatte Georg sie vor sich. Ohlys Haar kräuselte sich zu Löckchen. Nachdem sie endgültig saßen, entnahm Beate ihrem Beutel ein Tütchen, das sie Ohly hinhielt. Der neigte sich zu Beate und flüsterte ihr etwas ins Ohr. Sie steckten die Köpfe zusammen und lächelten sich an, sie dufteten beide so lieblich . . . Das also war der Grund der Absage – nichts sehen mehr, nur nichts mehr sehen. Ein Läuten ertönte, schrill wie ein Feuersignal, und Georg erinnerte sich auf einmal einer anderen Szene. Wann war das gewesen: Er hatte am hellen Tage in einem ausgebrannten Theater gestanden, und über den

Trümmern hatte ein kalter blauer Himmel gestrahlt. Die Vorstellung des verwüsteten Zuschauerraums ergriff jetzt gewaltsam von ihm Besitz. Und er versuchte sich keineswegs gegen sie aufzubäumen, sondern überließ sich ihr in einer Art von Verzückung. Hatten die Flammen doch auch alles Verborgene hervorgezerrt, alle diese entsetzlichen Heimlichkeiten, die ihn erstickten –

Es war dunkel geworden. Der Vorhang ging auf.

X

Gewaltiger Lärm erbrauste, Farben wogten im Lärm, Lampions glühten dazwischen in allen Farben, und inmitten dieses brausenden, glühenden wogenden Durcheinanders tanzte zu den Klängen der Jazzmusik ein Menschenknäuel, der die Lampions, die Farben und den Lärm so ungestüm mit sich riß, daß zuletzt der ganze Raum uferlos in sich selber kreiste.

Georg blieb an der Tür stehen, um in dem Strudel nicht zu versinken. Er war in der Garderobe draußen mit einem Bekannten verabredet gewesen, durch den er bei Münzers eingeführt werden sollte, aber der junge Mann – es handelte sich um den Zeichner, der die Illustrationen für die Wochenbeilage des »Morgenboten« lieferte – hatte das Rendezvous offenbar völlig vergessen. Alles klatschte wie wild, am liebsten wäre Georg gleich wieder gegangen. Wenn er doch noch zu warten beschloß, geschah es im Augenblick nur aus Rücksicht auf die große Mühe, die sich Frau Anders mit seinem Kostüm gegeben hatte. Sie hatte eigenhändig die schwarze Satinhose genäht, Stoffreste, die nach nichts aussahen, zu einer malerischen Bauchbinde verarbeitet, und das orangefarbene Hemd mit einem ihrer Halstücher drapiert. »Je knalliger, desto besser«, hatte sie unter Berufung auf einen vor Jahrzehnten besuchten Kostümball erklärt, von dessen Herrlichkeiten sie dann unvermittelt zu Herrn Neubert übergesprungen war, ihrem Untermieter, der seit mehreren Monaten Freds Zimmer bewohnte. Herr Neubert bildete insofern ihr Glück, als er ihr tagtäglich Gelegenheit gab, über ihn zu jammern. Und zwar verdächtigte sie ihn nicht allein sämtlicher Untugenden, die ein möblierter Herr überhaupt haben konnte, sondern äußerte obendrein die schlimme Befürchtung, daß er ein Kommunist oder etwas ähnliches sei. Das Wort Kommunist sprach sie stets im Flüsterton aus. Man müßte diesen Neubert einmal sprechen, dachte Georg, und fuhr mit der Hand über die Backe, um nachzuprüfen, ob die braune Schminke noch hielt. Der Menschenknäuel zerfiel. Aus dem Gewimmel schlenkerte ein langer Matrose auf ihn zu, in dem er den Zeichner erkannte.

»Hallo, Toni«, rief ein Mädchen dem Zeichner nach.

»Mensch«, sagte dieser, »da bist du ja endlich. Und ich glaubte schon, du läßt uns im Stich ... Sehr nett dein Kostüm – so eine Art Farmer, was ... Komm, wir wollen zu Münzer.«

Er gebrauchte das Du mit der gleichen Selbstverständlichkeit wie seine Bleistifte. Die Skizzen, die er in der Zeitung hatte, waren immer sehr flott.

»Hallo, Toni«, sagte Münzer. Ein jüngerer Mann mit südlichem Gesicht, der einen prachtvollen Schal trug. Nach erfolgter Vorstellung lächelte er Georg melancholisch an. Aus dem Nebel, in den ihn seine Melancholie hüllte, glitzerte nur noch der Schal hervor.

»Wo ist deine Frau«, fragte der Zeichner.

Münzer zuckte die Achseln. Der Zeichner faßte Georg unter: »Also Servus ... Ich hab' einen schrecklichen Durst.«

Mit der Sicherheit des gewiegten Seemannes steuerte er die Bar an und drängte einen Typ, der sich dort breit machte, einfach beiseite. Der Typ grinste wie über einen Witz. Sie tranken Pfirsichbowle, Musik ertönte, und alles strömte wieder zum Tanz. Georg, der sich in der Gesellschaft des Zeichners wunderbar geborgen fühlte, suchte diesen dadurch noch länger an sich zu fesseln, daß er ihn um verschiedene Auskünfte bat. Welche Bewandtnis hatte es mit den Leuten, dem Fest.

»Der Münzer arbeitet in einer Bank«, sagte der Zeichner, »ist aber sonst ein anständiger Kerl, der schon seit Jahren in unserem Kreis verkehrt ... Servus ... Pardon. Laß' dir einmal seine erotische Bibliothek von ihm zeigen, Mensch, da bleibt dir die Spucke weg.« Er sah Georg tief in die Augen und griff nach einem neuen Glas Bowle: »Hast du eigentlich eine Ahnung, wo du dich augenblicklich befindest? In einem ehemaligen Spital. Hier haben Syphilitiker und Wöchnerinnen gelegen, hier sind dir eine Menge von Leuten krepiert . . .«

Aus seinen weiteren Erklärungen ging hervor, daß das Faschingsfest nur deshalb bei Münzers stattfand, weil diese dank der Spitalwohnung über die größten Räume verfügten. Veranstaltet wurde es vom ganzen Kreis; das heißt, von einem Rudel junger Künstler, der zwar die bürgerliche Welt verachtete, aber seine guten Beziehungen zu ihr für die Zwecke des Unternehmens nutzbar zu machen verstand. Besorgten die Künstler das gesamte Arrangement, so erledigten die Bürger den finanziellen Teil und stifteten, vom Sekt angefangen bis zu den belegten Broten herunter, die Mehrzahl der Naturalien.

»Im Grund müssen sie noch froh sein, daß sie von uns gerupft werden. Denn untereinander pflegen sie sich ja doch nur zu mopsen, und nun erhalten sie für ihr bißchen Geld einen fabelhaften Klamauk . . . Ich kann dir sagen, Mensch, diese sogenannte feine Gesellschaft . . . Aber nein, Liebling . . . Siehst du die Grüne da, die mit dem Spanier tanzt. Sie ist die Frau von Münzer, und der Hidalgo betätigt sich zur Zeit als ihr Freund . . . So, fertig . . . Ich werde dir jetzt rasch alles zeigen; die Dunkelkammer nicht zu vergessen. Wir haben die Sache diesmal als Hafenrummel aufgezogen . . .«

»Hallo, Toni. Hallo, Toni.«

Eine kleine Bande, deren Mitglieder sich bei den Händen hielten, umjohlten den Zeichner. Der stieß ein Kriegsgeheul aus und schleuderte im Vorwärtsstürmen die Menschenschlange so lange hin und her, bis sie sich in ihre Bestandteile aufzulösen begann. Georg folgte ihm beinahe neidisch mit den Blicken – wie schön, ein solcher Toni zu sein und von lauter zärtlichen Hallos getragen zu werden. Er beschloß, auf eigene Faust loszuziehen. Um sich den Anschein zu geben, als sei er gut untergebracht, vertiefte er sich mit erheucheltem Interesse in die Bilder, die alle Wände bedeckten. Ein riesiges Schiff ruhte am Kai, eine Frau wölbte ihren tätowierten Unterleib vor, und ein nacktes Paar liebte sich ungeniert. Im Nachbarraum, der eine etwas geringere Ausdehnung hatte, hing zwischen frechen Karikaturen eine große afrikanische Trommel. Wahrscheinlich lagen hinter diesem Raum noch andere Zimmer, denn an seinem Kopfende befand sich eine Tür, die nicht selten benutzt wurde. Da aber immer nur Pärchen durch sie gingen und kamen, bezähmte Georg seinen Forschungseifer und trödelte wieder zurück. Viele Tanzende hatten sich in die gleichen bunten Tücher gewickelt, mit denen auch die Decke verkleidet war, und so schien diese selber niederzuwallen. Mitten im Gewoge tauchte plötzlich Frau Heydenreich auf, die in ihrem Flitterstaat wie eine illuminierte Lustyacht vorbeisegelte. Die Yacht war mit einem blonden Jüngling bemannt, der sie zweifellos besser gelenkt hätte, wenn er nicht durch die Brüste verwirrt worden wäre, die fortwährend über Bord quollen.

– Was machst du mit dem Knie, lieber Hans –

»Dich kenne ich doch«, sagte ein Mädchen.

»Ach nein – und wer bin ich denn«, meinte Georg, krampfhaft bemüht, sich möglichst ungezwungen zu benehmen. Wie Toni –

»Morgenbote?«

In Ermanglung einer schlagfertigen Antwort begnügte sich Georg mit einem Nicken, worauf das Mädchen zu strahlen begann. Erst kostümierten sie sich, um unkenntlich zu werden, und dann waren sie glücklich, wenn sie die kostümierten Leute wiedererkannten.

– mit dem Knie, lieber Hans –

Der Schlager gefiel ihm. Das Mädchen suchte durch seine krausen Haare, die grellrote Bluse und das kurze Röckchen den Eindruck einer Dirne zu erwecken, roch aber in Wirklichkeit stark nach Familienanschluß. Die Dirne war nur ein Köder.

»Also Servus«, sagte Georg kurz entschlossen, »ich muß noch jemand treffen.«

Kaum hatte er das Mädchen verlassen – es blieb einsam wie auf einem Bahnsteig zurück –, so überkam ihn eine ungewohnte Leichtigkeit. Nicht so, als ob er sich gewaltsam an die Oberfläche gedrängt hätte; vielmehr versank er gewissermaßen von selber, und ein anderer, den er nicht kannte, bemächtigte sich an seiner Stelle der Führung. Dieser andere fremde Georg, in dem er übrigens keineswegs aufging, zog mit Apachenmädchen, Zuhältern und Negerinnen herum, sagte bewundernd »Ah«, ließ keinen Unfug aus und befand sich stets an sämtlichen Orten zugleich. Das alles rein automatisch.

– wo hast du denn die schönen blauen Augen her –

»Hallo, Toni.« – »Hallo ... Mensch, du machst ja einen tollen Betrieb.« Kein Lob hätte ihn so wie dieses anfeuern können. Von ihm beschwingt, folgte er der Stimme des Saxophons, die auf menschliche Weise durch die Höhen und Tiefen fuhr und ihn in eine rubinrote Gegend lockte. Als sie abbrach, wollte er sofort weiterrauschen, fühlte sich aber von einer äußeren Macht gebannt. Sie wohnte einem Augenpaar inne, das sich aus dem Hintergrund auf ihn richtete. Dort stand, immer neu von den Tanzenden überdeckt, eine junge Frau, deren blauer, enganliegender Kittel bis zum Hals hinauf zugeknöpft war. Die Frau – oder war es ein Mädchen – rief in ihm die Vorstellung einer Russin wach. Diese großen ernsten Augen, die sie besaß. Er tauchte in ihnen unter, und vergessene Vorzeit summte, ein Zeichen der Heimat, in seinem Blut. Doch die Heimat grüßte von einem Stern. Denn trotz des Blicks, den die

Russin Georg zusandte, harrte sie so unbeweglich an ihrem Ort, als ob sie sich nie und nimmer durch irdische Anziehungskraft beeinflussen lasse. Und ehe er auch nur auf den Gedanken kam, sich der Erscheinung zu nähern, war sie bereits hinter dem Gewölk verschwunden, das sich vor ihr zusammenzog.

– Taramtaramtaramtamtam. Taramtaramtaramtamtam – Verschwand mit den Augen das ganze Fest? Wäre nicht der beleibte Mann gewesen, der wie ein Besessener die afrikanische Trommel schlug, man hätte wahrhaftig glauben können, daß jetzt alles zu Ende sei. Der Mann hatte eine Melone auf den Kopf gestülpt und trug einen rotweißen Trikot, dessen Streifen die Bedeutung seines Oberkörpers noch unterstrichen. Ein Kerl wie aus einem Schiffsbauch; die Hosen waren mit einem Riemen verankert. Offenbar spürte er das Bedürfnis, die Jazzkapelle zu ersetzen, die ein für allemal verstummt zu sein schien, aber sein Getrommel lockte nur zwei Paare herbei, denen auch bald die Lust zum Tanzen verging. Dann wurde es unnatürlich still. Die Decke hing schlaff im Raum, die Helligkeit war von Schatten durchwachsen, die Menschen standen einzeln und nutzlos herum oder lagerten an den Rändern. Da viele fehlten, mußte sich ein Teil von ihnen im Gebüsch verkrochen haben. Wie bei einer Sonnenfinsternis. Georg ließ sich irgendwo auf dem Boden neben einer Gruppe von Leuten nieder, die aufgeregt miteinander flüsterten. »Meiner Ansicht nach«, hörte er einen von ihnen sagen, »ist die Psychoanalyse ein Gesellschaftsspiel für bürgerliche Müßiggänger, die sich einen Zeitvertreib daraus machen, ihren Seelendreck zu beschnüffeln. Als käme es heut überhaupt auf die Seele an . . .« – »Man merkt«, lautete die Antwort, »daß du noch nicht analysiert worden bist. Sonst wüßtest du nämlich, daß sich hinter Einwänden wie den deinen höchst primitive Abwehrreaktionen verbergen, die erst einmal aufgelöst werden sollten.« Der Sprecher war ein schwarzhaariger junger Mann, dessen goldenes Pincenez vor Selbstzufriedenheit laut funktelte. Außerdem hatte er beständig ein öliges Lächeln auf den Lippen, mit dem er sicher seine Gescheitheit einfettete; so daß diese nicht nur alle Seelen durchdringen, sondern auch stets wieder unversehrt aus ihnen herausrutschen konnte. »In gewissem Sinn habt Ihr beide recht«, erklärte ein Mädchen, das zwischen den Streitenden lag und sich durch seinen Versöhnungsversuch ein geistiges Übergewicht verschaffen wollte. Abwehrreaktionen zeigte sie keine. Um von dem Schwarzhaarigen nicht aufgelöst zu werden, wandte sich Georg ab und beobachtete von neuem den Mann im Trikot, der bald Konfetti ausstreute, bald durch ein dunkles Gebrumm nichtsahnende Mädchen erschreckte. Diese Späße galten aber weniger dem in Mitleidenschaft gezogenen Publikum als der Unterhaltung seiner eigenen Person, mit der er sich auch noch dadurch verständigte, daß er fortwährend die Melone aus der Stirn in den Nacken und zurück ins Gesicht schob. Zuletzt nahm er sie ganz vom Kopf herunter und tanzte mit ihr so graziös, wie man es einem gewichtigen Seebären niemals zugetraut hätte. Dabei beabsichtigte er keineswegs, eine Solonummer zu spielen; im Gegenteil, er machte die Melone nur deshalb zu seinem Partner, weil er endlich der Einsamkeit zu entrinnen begehrte. Und vielleicht war es der Gewalt seiner Sehnsucht zuzuschreiben, daß er tatsächlich die Vorstellung zu erwecken vermochte, der zerbeulte, alte Hut, den er mit seinen Händen umfaßte, sei in Wirklichkeit eine entzükkende junge Prinzessin, die sich hingebungsvoll an ihn schmiege. Allerdings hielt der Trug nur kurze Zeit vor, und hatte sich Georg eben noch am Anblick des aus dem Nichts geschaffenen Mädchens erbaut, so fiel er jetzt der toten Stunde zur Beute, die selbst dem Glanz zu glänzen verwehrte. Lang ausgestreckt döste er vor sich hin, das Beispiel der anderen befolgend, die in der Nachbarschaft ruhten. Die Prinzessin, die eine Melone war – Er dachte unablässig an Beate, vergegenwärtigte sich gepreßten Herzens die Kläglichkeit seiner Beziehung zu ihr. Seit jenem furchtbaren Theaterabend, der schon viele Wochen zurücklag, hatte er sie nur noch selten und immer bloß flüchtig gesehen. Sie war aus den Weihnachtsferien mit dem Vorsatz zurückgekommen, im nächsten Semester an einer anderen Universität zu studieren, sie hatte im Vertrauen darauf, daß er den Fasching zu verachten vorgab, verschiedene Feste mitgemacht, ohne ihn je um seine Begleitung zu bitten. Es war ihm längst klar, daß sie ihn nicht ganz für voll nahm. Und er beteiligte sich hauptsächlich deshalb am heutigen Fest, um ihre Meinung über ihn Lügen zu strafen und sich zu beweisen, daß er so gut wie irgendeiner das sogenannte Leben bewältigen könne. Natürlich hatte er sich vorher darüber vergewissert, daß Beate selber nicht anwesend sein werde – eine Maßregel, die sich geradezu als ein Glück erwies. Denn wenn er ehrlich sein wollte, mußte er sich gestehen, daß dieser Abend ihm nicht die erhoffte Bestätigung brachte. Die Menschen entzogen sich ihm, und alles verlief wie damals, als er am Spiegel abgeprallt war, in den sich Beate geflüchtet hatte. Er sah sie wieder in ihrem Kostüm im Zimmer stehen, halb Junge, halb Mädchen . . .

– Wo hast du denn mit dem Knie, lieber Hans –

Er sah wieder ihr Kostüm – träumte er etwa – aber er träumte ja auch nicht die Jazzmusik, die neu eingesetzt hatte – nein, so gewiß er die Jazzmusik hörte, ebenso gewiß erschien in seiner unmittelbaren Nähe Beates Kostüm. Die roten Hosen, der schwarze Kittel, die leuchtende Halskrause darüber – eine Verwechslung war ausgeschlossen. Das Kostüm bewegte sich, wie um ihn zu äffen, nur zögernd vom Fleck. Georg sprang auf – er hatte als letzter am Boden gelegen –, holte es ein und – blickte in ein völlig fremdes Gesicht.

»Woher haben Sie das Kostüm«, fragte er schroff.
»Na, hör' einmal«, entgegnete das Mädchen, »du bist aber plötzlich ... Was geht dich überhaupt mein Kostüm an!«
»Sehr viel sogar. Ich kenne es nämlich.«
»Ach wirklich ...« Das Mädchen blieb stehen und runzelte die Stirn wie bei einem schweren Problem: »Dann kennst du vielleicht eine Freundin von mir, die –«
»Beate?«
»Hm.«
Die Sache klärte sich dahin auf, daß das Mädchen in der Tat mit Beate befreundet war und von ihr das Kostüm für diesen Abend ausgeliehen hatte. Sie heiße Mimi, sagte das Mädchen. Georg bewunderte ihren Namen in der Hoffnung, sie über Beate aushorchen zu können, aber Mimi interessierte sich mehr für sich selber. Sie komme gerade von einem anderen Ball, der entsetzlich öd gewesen sei, und da habe sie sich kurz entschlossen dünn gemacht und sei zu Münzers gefahren, wo es immer am stimmungsvollsten zugehe. Und jetzt sei sie eben hier. Es war wie eine Fügung; als hätte sie den Auftrag erhalten, das Kostüm zur Stelle zu schaffen. »Tanzen wir«, sagte Georg zum Kostüm, und sofort öffnete Mimi ihre Arme. Er versuchte sie während des Tanzens in ein Gespräch zu verwickeln, erreichte indessen nur, daß sie sich noch einmal über die Langeweile der meisten Feste verbreitete. Andere Themen schienen ihr zu langweilig zu sein. Wenn sie es denn nicht langweilig fände, meinte er, nur um etwas zu sagen. Statt jeder Antwort preßte sie ihn eng an sich und schob wie zufällig ihre Beine zwischen die seinen.
»Du gefällst mir«, sagte sie.
»Du gefällst mir auch«, sagte er.
Sie sah wirklich recht nett aus und war überhaupt so zutunlich, daß er es unter keinen Umständen übers Herz gebracht hätte, sie zu enttäuschen. Indem er aber, immer

weiter tanzend, die stumme Zwiesprache ausspann, die sie mit den Beinen eröffnet hatte, wurde ihm auf einmal bewußt, daß seine Zärtlichkeiten nicht eigentlich die ihren erwiderten, sondern die Antwort auf eine Herausforderung darstellten. Jedenfalls führte er den Dialog, der sich manchmal sogar zu Küssen verdichtete, mit einer Erbitterung, die nur dann gerechtfertigt gewesen wäre, wenn er einen hochmütigen Feind hätte besiegen müssen. Ein Benehmen, das, wie er deutlich erkannte, um so sinnloser war, als sich ja Mimi in Wahrheit äußerst willfährig zeigte. Diese Einsicht bewog ihn jedoch nicht etwa dazu, die Überzeugung, daß er auf Widerstand stoße, fallen zu lassen, steigerte vielmehr eher noch seine Verstocktheit. Und je länger er tanzte, desto dringlicher wurde sein Verlangen, jenem unbekannten Gegner, von dem er sich herausgefordert wähnte, vollends den Garaus zu machen. Auch Mimi schien von Verlangen beseelt; denn in der nächsten Tanzpause strebte sie unaufhaltsam der Tür im kleineren Raum zu, durch die immer die Paare kamen und gingen. Wie auf gemeinsame Verabredung passierten beide die Tür. Sie betraten einen finsteren schmalen Gang, der mitten in seinem Lauf von einem Lichtstreifen unterbrochen wurde. Sicher hatte der Gang früher, zur Zeit des Spitalbetriebs, als geheime Verbindung zwischen den Krankenzimmern gedient. Das Licht, das auf ihn fiel, entquoll einer gewöhnlichen Küche, in der ein paar Frauen unter lautem Gekreisch Berge von Faschingskrapfen häuften. Aus dem Wasserhahn hinter ihnen strömte in einem fort Wasser. Während Mimi sich vor diesem Stück Alltag verzögerte, das wie ein Bühnenbildchen in die Nacht hereinragte, starrte Georg auf das vom Küchenschimmer verklärte Kostüm. Unmöglich, daß er sich täuschte: die großen roten Knöpfe wiesen ihn höhnisch zurück. Ja! »Fehlt dir was?« fragte Mimi. Sie gingen den Korridor zu Ende und landeten in einem Raum, in dem man nicht die Hand vor den

Augen sah. Erst nachdem Georg über mehrere Beine gestolpert war, merkte er, daß der Boden aus Menschen bestand. Schwüle, Polster, Gekicher. Mimi zog ihn zu einem erhöhten Ort, einer Art Ruhestätte, die ihnen endlich Platz bot. Die Ruhestatt war erstaunlich tief. Kaum hatte sie sich gelagert, so trieben sie zueinander. Ihre Münder verschmolzen, ihre Hände bemächtigten sich, gierige Eroberer, immer neuer Gebiete, ihre Leiber duldeten nicht die geringste Lücke zwischen sich. Nahe im Umkreis wogten unbeteiligte Atemzüge, ein eintöniges Auf und Nieder, von dem sie entführt und geschaukelt wurden. »Jetzt habe ich dich«, stammelte Georg in den gelben Dunst hinein. Er meinte das Kostüm. Kein anderer als das Kostüm – soviel stand unbedingt fest – hatte ihn von Anfang an herausgefordert und zu demütigen gesucht. Er haßte es blind. Natürlich meinte er Beate, die ihn verschmähte, aber Beate und das Kostüm waren eins. Sie steckte in den roten Hosen, sie lachte aus den anmaßenden Knöpfen heraus. Doch der Spieß hatte sich umgedreht, und nun würde er selber lachen. Flüchtig stieg eine Erinnerung in ihm auf, die er sofort wieder verwarf. Mimi – als ob ihm Mimi etwas bedeutete. Und wäre sie nackt zugegen gewesen, er hätte ihr nicht einmal einen Blick gegönnt, sondern sie unberührt in der Ecke stehen lassen. Mochte sie zusehen, wenn sie wollte, ihn kümmerte allein das Kostüm. Hemmungsloser als je zuvor griff er es an. Wie es aufstöhnte, wie es sich unter ihm wand! Und als sei der Triumph, mit dem ihn die Vergeltung erfüllte, noch nicht vollständig genug, liebkoste es ihn gar zum Dank für die Niederlage, die es erfuhr. Beate liebkoste ihn – Oh, Seligkeit ohnegleichen! Der Atem wogte, der Kittel zerriß . . . Da wuchs das Gelb unbarmherzig –

»Schau, schau.«

Von oben die Stimme. Auseinander.

»Was ist –«

Georg wollte sich aufrichten, aber an seinem Körper hing noch die Lust. In der Höhe schwebte ein Kreidegesicht. So bleich wie ein Mond.
»Nichts für ungut«, sagte der Pierrot, der zu dem Gesicht gehörte, »ich freue mich ja nur, daß dir Mimi gefällt ... Mimi ist nämlich meine Frau.«
Der Raum war ein gelb tapeziertes Schlafzimmer. Überall nisteten Menschen mit künstlich verrenkten Gliedern. »Licht aus«, rief einer. Frau Heinisch, die vorhin wie eine Vergnügungsyacht aufgetakelt gewesen war, hatte ein Leck bekommen und glitt ihrem Blonden vom Schoß.
»Ihre Frau«, murmelte Georg. »Hätte ich das geahnt. Ich wußte doch nicht –«
Das Entsetzen überwog seine Scham. Der Mond, eine unheimliche Scheibe, rührte sich nicht vom Fleck. Mimi räkelte sich faul; als sei sie weit weg und langweile sich wieder. Nach einer endlosen Zeit blinzelte sie die Scheibe an. Jede ihrer verschiedenen Wimpern blinzelte einzeln für sich.
»Ach du, Max«, sagte sie gedehnt. »Das ist Georg, das ist Max.« Sie gähnte. »Fein, daß du nachgekommen bist. Bei Münzers geht es immer noch am stimmungsvollsten zu.«
Georg machte sich auf eine furchtbare Auseinandersetzung gefaßt. Und das mit dem Kostüm würde doch niemand verstehen ...
»Licht aus!« – »Anlassen!«
Der Pierrot neigte sich zu ihm herab.
»Ist sie nicht lieb«, sagte er innig.
Er zerfloß förmlich vor Innigkeit. Sollte er trotz seines Mondscheins nichts gemerkt haben? Aber alle Anzeichen bewiesen das Gegenteil ... Gleichviel, im Augenblick gab es jedenfalls keinen Krach. Ganz erleichtert stand Georg auf. »Bleib ein bißchen«, bat Mimi den Pierrot. Sie hockte auf den Kissen und bemühte sich, ihr Gewand in Ordnung zu bringen.

Der Pierrot schüttelte ablehnend den Kopf: »Viel Vergnügen ... Du solltest dich pudern, mein Kind.«
Traurig versank er am Horizont. Mimi puderte sich.
»Ist er nicht lieb«, fragte sie.
Sie trotteten zum Hauptraum zurück, in dem unverändert weiter getanzt wurde. An der Wand kam das nackte Paar zum Vorschein, das sich in voller Öffentlichkeit liebte. Ich habe wahrhaftig einen Ehebruch begangen, stellte Georg nicht ohne Genugtuung fest. Vom Bewußtsein dieser Leistung erfüllt, fand er die ewige Hopserei ein wenig lächerlich und begriff nicht mehr, warum sie ihn zu Anfang so mitgenommen hatte. Die Leute behalfen sich mit einem Zeitvertreib, der für Vorzimmer paßte.
»Ja, Mimi ... Du hier.«
Die Russin. Sie selber. Alles verwandelte sich.
»Das ist Georg«, erläuterte Mimi, gab ihr Kunstblinzeln zum Besten und plauderte unbefangen drauf los.
Georg hielt sich stumm abseits und verwandte keinen Blick von der jungen Frau im Russenkittel, die, ohne ihn zu beachten, freundlich auf das Geschwätz einging. Wieder versetzte sie ihn in einen wunderbar beunruhigenden Zustand der Schwebe; denn obwohl er jetzt dicht bei ihr weilte, schien sie ihm genau so entrückt wie vorhin zu sein. Und es war ihm nicht anders zumute, als sei er schon von alters her mit ihr vertraut gewesen und würde sie doch bis ins späte Alter hinein nicht erreichen. So zwischen Nähe und Ferne gebannt, vernahm er langgezogene Töne, über denen er alles außer diesem einen Mädchen vergaß. Fragte ihn Mimi etwas? »Ach, Fritzchen«, jubelte sie wie erlöst und lief dem dicken einsamen Seebär in die Arme, der auf einer Mundharmonika spielte. Es war auch die höchste Zeit, daß sie samt ihrem gepumpten Kostüm auf Nimmerwiedersehen verschwand. Nun hatte er endlich die Russin für sich allein. Leider dachte diese gar nicht daran, sein Lächeln über Mimis eilige Flucht zu erwidern, sondern ließ

ihre Augen mit unvermindertem Ernst auf ihm ruhen. Um so schwerer, richtig zu reden. Er wollte ihr sagen, wie glücklich ihn das Zusammensein mit ihr mache und brachte statt dessen nur heraus, daß es ihm auf dem Fest gut gefalle. »Die Menschen freuen sich so« . . . »Glauben Sie wirklich?« meinte die Russin. »Was Sie für Freude halten, ist in den meisten Fällen ein einziger Krampf.« Sein Glück sollte ein Krampf sein? Leidenschaftlich beteuerte er: »Meine eigene Freude zum Beispiel ist unbedingt echt.« Das heißt, diese Beteuerung war lediglich der erbärmliche Rest eines Bekenntnisses, das nicht nach außen drang und in dem er der Russin unter anderem versicherte, daß er sie sich erträumt habe, daß er sie notwendig lieben müsse und daß sie zu ihm gehöre wie der Himmel und seine Hand. Die Russin hatte eine Falte in der Stirn. »Nur schade«, sagte sie, »daß sich manche auf eine merkwürdige Art freuen.« Entgeistert sah er sie an. Spürte sie nicht, daß es ihm um sie ging und daß er aus jener Verbundenheit zwischen ihnen sprach, die auch sie durch ihre Blicke vorhin bejaht hatte? Erst allmählich verstand er: sie glaubte, er freue sich Mimis wegen und erniedrige sie selber zum Mitwisser dieser Freude. Oh, unentwirrbar falscher Sinn seiner Worte! »Bitte, hören Sie mich . . .«, bettelte er. Ihre Stirn war wieder glatt und sie lächelte sogar, wie um ihm zu bedeuten, daß er sich töricht benehme. Da näherte sich ihr ein Unbekannter, den sie kannte. »Auf Wiedersehen« – mehr sagte sie nicht. »Wann«, rief er sich zum Trost. Aber schon hatte sie mit dem andern zu tanzen begonnen. – – –

Unmittelbar nach diesem Vorfall suchte Georg die Garderobe auf, in der ein solcher Trubel herrschte, daß er Geduld üben mußte. Nicht alle Leute übrigens, die sich hier sammelten, waren im Gehen begriffen. Mehrere Jünglinge führten ein leises Gespräch, und vor dem großen Spiegel neben der Kleiderablage machten sich die vom Fest verbrauchten Mädchen wieder neu zurecht. Als würden beschädigte Dekorationen ausgebessert, der nackte Untergrund trat stellenweise hervor. Während Georg zerstreut dieses Schauspiel betrachtete, hatte er mit einem Mal das Gefühl, es öffne sich vor ihm eine Allee von Gesichtern und Mänteln. Er durchglitt die Allee. Angstvoll vergegenwärtigte er sich im Gleiten, daß sich die Zusammenhänge lockerten und eine Lücke freiließen, auf die er geradewegs zutrieb. Mitten im Durcheinander der Garderobe hatte sich zwischen Tag und Nacht, Gestern und Morgen diese unmögliche Lücke gebildet, in der er nun nicht mehr auffindbar war ... Man müßte sich an die alte Kleiderfrau klammern –

»Mensch, du willst weg? Jetzt, wo die Spießer fort sind, wird es doch erst richtig intim ... Also, bleib' schon.«

Der Zeichner, der aus der Herrentoilette kam, empfand den verfrühten Aufbruch ersichtlich wie einen Verrat. Georg machte eine Bewegung der Abwehr. Die Garderobenfrau reichte ihm seinen Mantel.

»Na, wenn es dich heim zieht –«, sagte der Zeichner. Er lachte:

»Du scheinst dich ja in der Dunkelkammer schön aufgeführt zu haben. Man erzählt allerhand ...«

»Hallo, Toni. Hallo, Toni.«

Die Saaltür war aufgeflogen.

Gewaltiger Lärm erbrauste, Farben wogten im Lärm, Lampions erglühten dazwischen in allen Farben, und zu den Klängen der Jazzmusik drehten sich die Menschen im Kreis.

XI

Nach ein paar Stunden Schlaf ging Georg, kaum später als gewöhnlich in die Zeitung und versuchte zu arbeiten. Aber die Geräusche aus dem Hof klangen viel zu aufdringlich, als daß er sich hätte sammeln können. Auch mußte sein Schreibtisch über Nacht größer geworden sein, die Platte dehnte sich unübersehbar wie der Vormittag, der lautlos in den Nachmittag hineinwuchs, den man nicht merkte, weil er so grau wie der Vormittag war. Als Georg einmal aufblickte, trat ein Bote ein und meldete Dr. Rosin.

»Ich komme zufällig vorbei –«, erklärte Rosin.

»Sie sehen so bekümmert aus«, sagte Georg, der sich darüber wunderte, daß Rosin nicht die geringste Unruhe stiftete. Sonst verzehnfachte er sich immer gleich. Allerdings wurde er heute vom Schreibtsich in die Enge getrieben.

»Bekümmert ist gar kein Wort ... Wissen Sie, ich bin wirklich froh, daß ich Sie treffe. Ich möchte Ihnen nämlich etwas von mir erzählen, eine Geschichte, die mich noch wahnsinnig macht ... Da läuft man herum und hat niemanden, um sich auszusprechen ... Sie müssen mich anhören. Ihr Rat ist mir unentbehrlich.«

»Aber gern ... Hoffentlich haben Sie in der Universität keinen Ärger gehabt.«

»Wo denken Sie hin ...« Er wehrte die Universität wie eine lästige Fliege ab. »Es handelt sich um eine rein private Sache, sagte ich ja ... Wie soll ich es ausdrücken – ich befinde mich in der scheußlichen Lage eines Menschen, der vor eine innere Entscheidung gestellt ist, die ihn vollkommen aus der Bahn zu werfen droht. Wissen Sie, eine richtige seelische Katastrophe ... Hineingeraten bin ich in sie, nebenbei bemerkt, durch ein bestimmtes Ereignis, das ich – an dem ich – kurzum, ich habe mein Elend gewissermaßen selber verschuldet. Doch lassen wir die Schuldfrage auf sich beruhen, vielleicht bin ich gar nicht der Schuldige, mir dreht sich alles im Kopf. Überhaupt, das Schlimmste ist: je länger ich über den Fall nachgrüble und mir mein Hirn zermartere, um einen Ausweg zu finden, desto größer wird meine Verwirrung. Glauben Sie mir, ich weiß buchstäblich nicht mehr ein und aus. Und wenn ich Ihnen noch sage, daß auch ein fremdes Schicksal dabei auf dem Spiele steht, werden Sie wohl begreifen, warum mir soviel daran liegt, mich einem vernünftigen Menschen unter vier Augen zu offenbaren ... Die Angelegenheit ist, im Vertrauen gesagt, streng vertraulich ...«

»Ich verstehe. Eine Art Beichte.«

»Genau das: eine Beichte –«

Das Telefon klingelte. Rosin zuckte schmerzlich zusammen. Die Verbindung war falsch. Aus der uferlosen Tischfläche ragten die Gegenstände einzeln hervor.

»Gehen wir ins Café Geyer«, meinte Georg, dem die Unterbrechung ganz angenehm war, »dort können wir ungestört reden.«

Während sie die Korridore durchmaßen, versuchte er zu ergründen, wo der wahre Rosin eigentlich steckte. Der Rosin, den er kannte, entwickelte, seit er vor bald einem Jahr Privatdozent geworden war, eine gesteigerte Betriebsamkeit, daß er auch beim besten Willen keine Muße für seelische Katastrophen gehabt hätte. Und dieser neue Rosin? Es ließ sich nicht leugnen, daß er in sich selber versank. Er hatte eingefallene Wangen, die von den Koteletten wie von einem schwarzen Trauerrand umrahmt wurden, und verriet auch durch sein ungewohntes Schweigen, daß er innerlich litt. Ich habe ihm Unrecht getan, dachte Georg und legte sich darüber Rechenschaft ab, daß alle Menschen die Möglichkeit hatten, eines Tages in die Tiefe zu stürzen. Auf der Straße konnte er das stumme Nebeneinander nicht länger aushalten und erkundigte sich trotz seiner Scheu vor der kommenden Beichte nach den Arbei-

ten Rosins. Dieser war jedoch nicht gewillt, sich zerstreuen zu lassen, sondern verfiel erst recht in einen düsteren Ton.
»Wo sollte ich Lust zum Arbeiten hernehmen ... Wissen Sie, es lohnt sich auch nicht. Denn, unter uns gesagt, die Soziologie ...« Eine wegwerfende Gebärde vollendete den Satz. »Sie werden erstaunt sein, daß gerade ich eine solche Ansicht vertrete, aber haben Sie schon erlebt, daß bei der Soziologie etwas herauskommt? Da schreiben die Leute dicke Wälzer über soziale Organismen, soziale Strukturen, soziale Funktionen und was weiß ich nicht alles und vergessen nur immer die Hauptsache: daß nämlich der Sinn einer Wissenschaft in der Gesellschaft – nun, wir beide sind uns ja glücklicherweise in dieser Hinsicht ganz einig ... Schwindel, sage ich, meine Herren ... Und erst die Universität – Wenn Sie wüßten, wie satt ich das Dasein als Privatdozent habe. In den nächsten Monaten bin ich sogar mit einer Fülle von Arbeit überhäuft, lauter höchst wichtige Dinge, ich muß Ihnen unbedingt nachher davon erzählen, die Sache dürfte Sie interessieren ... Natürlich ist das alles im Augenblick höchst unwichtig ... Vielleicht bleibt uns aber noch Zeit ...«
Das Café Geyer, in dem Georg während der Arbeitszeit häufig auf einen Sprung einzukehren pflegte, erstreckte sich von der schmalen Straßenfront aus wie ein Höhlengang in die Tiefe. An den Längswänden und um die zwei Mittelpfeiler herum saßen hier tagsüber Geschäftsmänner, kleine Leute aus der Umgegend und unbestimmbare Pärchen – Besucher, die schnell wechselten und zur Stunde des Nachtessens wie auf Kommando alle verschwanden. Mit ihnen verschwand auch die Höhle, und wer sie etwa spät abends hätte entdecken wollen, wäre sicher achtlos an ihr vorbeigegangen, ohne zu ahnen, daß sie bereits hinter ihm lag. Jetzt, mitten im Nachmittag, war das kleine Lokal so belebt, daß Rosin und Georg nur schwer Platz finden

konnten. Nachdem sie endlich ihren Kaffee hatten, lächelte Georg in Erwartung der Beichte sein Gegenüber aufmerksam an.

»Also, ich höre –«, sagte er schließlich, um Rosin zum Reden zu bringen. Der wiegte den Kopf und seufzte.

»Wenn es nur einfacher wäre, sich verständlich zu machen. Ist Ihnen nicht überhaupt aufgefallen, daß den heutigen Menschen ganz das Bedürfnis fehlt, von sich selber zu sprechen. Ich meine das keineswegs psychologisch, sondern gehe soweit zu behaupten, daß wir uns gar nicht mehr mitteilen können. Denken Sie im Gegensatz hierzu an die Romantik«: – Er setzte sich in Bewegung wie ein fahrender Zug und winkte gleichzeitig aus dem Zug zurück – »diese Seelenergüsse, diese Bekenntnisse, dieser Drang, das Ich zur Welt auszuweiten. Übrigens gründet sich das bekannte Vorurteil, daß die Romantiker politisch reaktionär gewesen seien, einzig und allein auf ihre eigenen Schriften. Sieht man von ihnen ab, so zeigt sich zum Beispiel, daß die intimsten Beziehungen zwischen der romantischen Innerlichkeit und dem modernen Reklamewesen bestehen. Die blaue Blume prangt im Knopfloch des Propagandachefs. Der späte Schelling, ich weiß – aber ich habe Quellen gefunden, aus denen sich erstaunliche Zusammenhänge ergeben . . . Und heute? Die Neue Sachlichkeit, der Maschinenmensch, das Zeitalter der Rationalisierung. Sehr merkwürdig: der Geist ist abgebaut worden, und die Seele ein unnützer Ballast. Was ist da geschehen, frage ich . . .«

Jetzt hat er sich in die nötige Stimmung gebracht, dachte Georg, und wird gleich mit der Beichte beginnen. Am Nachbartisch führten zwei Männer ein erregtes Gespräch. »Dreißig Prozent?« – »Ausgeschlossen!« Der eine durchsuchte eine gekrümmte Brieftasche, der andere stierte auf ein Papier. »Und wenn ich alles in die Masse werfe, mehr ist der Bettel nicht wert.«

»... an die Heraufkunft der Massen geknüpft, die nach dem Krieg zum erstenmal in der europäischen Geschichte wirklich als Massen auftreten. Sie sind etwas grundlegend Neues. Was heißt überhaupt Ideengeschichte? Es gibt keine Ideengeschichte, sondern der Zug der Ideen wird immer wieder von den ökonomischen und sozialen Ereignissen bedingt. Die Soziologie ist die Grundwissenschaft. Wo waren wir stehen geblieben. Auf alle Fälle steht fest, daß die Massen, zu denen neuerdings auch die gesunkenen Mittelschichten gehören, von der gegenwärtigen Gesellschaft nicht mehr absorbiert werden können. Wissen Sie, interessant wäre eine Deutung der Tatsache, daß sich die großen Demokratien in einer Epoche geringer Bevölkerungsdichte entwickeln. So gewiß nun jede geistige Ordnung eine soziale zur Voraussetzung hat, ebenso gewiß muß sie durch den Einbruch der Massen zerstört werden. Die Massen bringen sämtliche Maßstäbe in Verwirrung und entfesseln die Anarchie. Alles schon dagewesen, ich brauche Sie nur an die ersten nachchristlichen Jahrhunderte zu erinnern. Gekennzeichnet wird aber die herrschende Anarchie dadurch, daß sich in ihr die materielle Not mit der ideellen Obdachlosigkeit verbindet. Ein Zustand, der die meisten Menschen zu einem Hundeleben verdammt und ihnen, was entscheidender ist, das richtige Sterben verwehrt. Der Mensch der Masse krepiert. Ich will ein Buch über den Tod schreiben –«
Um die Wirkung des Wortes Tod zu unterstützen, das er feierlich hohl aussprach, machte er die eine Hand gleichfalls hohl und hielt sie ausdrucksvoll neben sein Gesicht. Am Nachbartisch waren die zwei Männer durch ein stilles Liebespaar abgelöst worden. Er mochte ein kaufmännischer Angestellter sein und sie eine Stenotypistin.
»Das Problem ist, wie man der Masse wieder Herr werden kann. Werfen Sie einen Blick auf Sowjetrußland oder Italien, ohne sich an solchen äußerlichen Formeln wie

Bolschewismus und Faschismus zu kehren . . .« Die Liebenden vertieften sich in ihre Züge mit einer Sorgfalt, die noch den leisesten Hauch treu verbuchte. »Im Grund möchte man in Rom und in Moskau ein und dasselbe: von unten her die mythischen Kräfte erneuern und von oben her einen Glauben schaffen, der alle Menschen verpflichtet. Dostojewskis Großinquisitor tut recht daran, wenn er Christus gegenüber die bindende Gewalt der Kirche verficht. Soll die Masse aufhören, Masse zu sein, so bedarf es der Sakramente . . .« Die kleine Stenotypistin ließ ihre Finger so zärtlich über den Nacken ihres Freundes gleiten, als ob sie auf einer himmlischen Schreibmaschine einen Liebesbrief an ihn tippe, und während er postwendend Zeile um Zeile beantwortete, entschwebten beide, immer eifriger miteinander korrespondierend, dem Café, den Büros und der Welt. »Ein Abschnitt meines Buches über den Tod ist daher den Sakramenten gewidmet. Was sagen Sie nun. Ich habe jahrelang Theologie betrieben, müssen Sie wissen. In dem betreffenden Abschnitt werde ich das Sakrament in soziologischer Hinsicht würdigen und die Wandlungen verfolgen, die seine Gestalt vom Mittelalter an bis zur Jetztzeit erfährt, in der es bekanntlich dahin gekommen ist, daß sportliche Wettkämpfe sakramentale Bedeutung erlangen. Nehmen wir zum Beispiel die Beichte, ich glaube, wir sprachen schon vorhin von ihr –«
»Halt«, rief Georg verzweifelt.
Er schrie, er mußte unter allen Umständen verhindern, daß diese Raserei fortgesetzt wurde. Aber trotz seiner Anstrengungen gelang es ihm nicht, den Tumult zu bannen, der sich in der Runde erhob. Um nämlich so schnell wie möglich den verschiedensten Meinungen gerecht zu werden, hatte sich Rosin nach seiner gewohnten Art wieder zu einer Gesellschaft vervielfältigt, deren Mitglieder sich gegenseitig ihre Meinungen auszureden bemühten. Der erste hielt an den Sakramenten fest, der zweite schwor auf die

Weltrevolution, der dritte versah abwechselnd beide mit den erforderlichen Gründen. Eine Unmenge schwarzer Herren, die gar nicht mehr bekümmert blickten, sondern im Schmuck ihrer Koteletten wie gewichst glänzten. Sie stellten sich fortwährend auf Standpunkte, von denen aus sie Perspektiven entwickelten, die zu Gesichtspunkten führten. Noch wogte der Streit, über dem Georg längst in Vergessenheit geraten war, ergebnislos hin und her, da kicherten plötzlich sämtliche Rosins triumphierend Hihi. Das heißt, streng genommen kicherte nur ein einziges Exemplar, das anscheinend in dieser Sekunde alle anderen davongejagt hatte. Haha, frohlockte der überlebende Rosin und rieb sich geschäftig die Hände. Dann zog er die Uhr.
»Um Himmelswillen, gleich fünf! Ich muß ins Seminar . . .«
»Sie wollten mir doch etwas erzählen . . .«, sagte Georg flehentlich. Ein letzter Versuch.
»Ach richtig. – Ich wollte noch von der Arbeit erzählen, die mir bevorsteht. Also, unter uns gesagt, Fischer tritt in der nächsten Woche einen Urlaub an, der sich über das ganze Sommersemester erstrecken wird, und ich soll ihn inzwischen vertreten . . . Vorlesungen, Doktorarbeiten, Fakultätssitzungen, Prüfungen: keine Kleinigkeit, sage ich Ihnen . . . Wissen Sie, Fischer schreibt den Schlußband seiner allgemeinen Soziologie . . . Schade, daß es schon so spät ist . . .«
Er winkte der Kellnerin. Sie zahlten. Vorbei, dachte Georg, vorbei. In seiner Angst hatte er immer nur Fischer, Fischer gehört.
»Ist Fischer genauso wie Sie«, fragte er, während sie sich anzogen. Ich weiß jetzt den Tod – dieser eine Gedanke füllte ihn vollständig aus.
»Was glauben Sie! Fischer trägt einen langen Vollbart und ist ein äußerst wortkarger alter Herr, der mich sogar zuerst nicht ausstehen konnte . . . Aber heute wickle ich ihn um

den Finger ... ›Sie sind ein Teufelskerl, Rosin‹, sagt er immer.«
Draußen verabschiedete sich Rosin eilig; mit der Begründung, daß sein Seminar auf ihn warte.
»Hören Sie, es ist wirklich reizend gewesen, und ich habe mich selten so gut unterhalten ... Wir müssen uns öfter treffen ... Dort fährt meine Straßenbahn ...«

Rosin hatte schon lange das Weite gesucht, und noch immer stand Georg auf demselben Fleck. Er war ganz leer inwendig und wußte nur soviel, daß er um keinen Preis in die Zeitung zurückkehren wollte, in dieses Zimmer, das aus dem Vormittag stammte und in dem er nun wieder mit sich allein eingesperrt wäre. Zuletzt beschloß er, zu Frau Anders zu gehen, der er sowieso noch einmal für das Kostüm danken mußte. Sie war ein Mensch, sie empfand Teilnahme für ihn. Im Schein der Hängelampe, so malte er sich aus, würde er friedlich bei ihr sitzen und sich von den verschollenen Deckchen einsäumen lassen.
Frau Anders öffnete selber die Tür.
»Marie hat ihren freien Nachmittag«, sagte sie, »seien Sie bitte so leise wie möglich.«
Aus Freds ehemaliger Stube drang Licht, ein Zeichen dafür, daß Herr Neubert, der Untermieter, zu Hause war. Kaum hatten sie das Wohnzimmer erreicht, so platzte Frau Anders los.
»Wissen Sie das Neueste: ich habe ihm gestern gekündigt!«
»Herrn Neubert?«
»Wo haben Sie denn Ihre Gedanken, Georg? Natürlich!«
Sie zeigte sich ordentlich gekränkt darüber, daß er die Tragweite ihres Schrittes nicht gleich ermaß. Auf dem hellerleuchteten Tisch lagen der »Morgenbote«, die Brille und ein umfangreiches Strickzeug, das sich in die Dämmerung hineinwölbte, die unmittelbar jenseits des Tischran-

des begann und mit Sorgen und Sächelchen vollgestopft war. Von ihr umwoben war auch der Bericht über die gestrige Kündigungsszene. Verstand Georg ihn recht, so war die Kündigung deshalb erfolgt, weil Herr Neubert sich erdreistet hatte, im Verlauf eines harmlosen Gesprächs gegen Frau Anders ausfällig zu werden, ja, sie gewissermaßen aus seiner Stube zu weisen.

»Denken Sie sich, diese Unverschämtheit! Und ich hatte ihn doch nur darum gebeten, die Asche nicht immer auf den Boden zu streuen. Aber das hat man davon, wenn man freundlich mit den Leuten ist! Überhaupt ein sauberer Herr! Meinen Sie, daß er die geringste Rücksicht auf das Mädchen nimmt? Kein Abend vergeht ohne Besuch, und die Besucher sind lauter Schlawiner, die bis in die Nacht hinein lärmen und das ganze Zimmer verräuchern. Meine Gardinen sind hin ... Schließlich muß man auch wissen, wen man bei sich in der Wohnung hat. Frau Eisemann sagte heut früh mit vollem Recht, daß nur ein Kommunist so unverschämt sein kann. Was wollen eigentlich diese Kommunisten, Georg. Sie, der Sie am ›Morgenboten‹ sind ...«

Um das Abgleiten in allgemeine Betrachtungen zu verhindern, erkundigte sich Georg nach Fred. Zufällig war heute ein Brief von ihm eingetroffen.

»Wenn ich nur wüßte«, sagte Frau Anders, »warum er plötzlich seine Stellung gewechselt hat. Sicher hat jemand gegen ihn intrigiert. Es ist wirklich schrecklich mit ihm! Obwohl er genau weiß, wie sehr ich mich für jede Kleinigkeit interessiere, schreibt er einfach, daß er seit einer Woche in einer Konfektionsfirma tätig sei, ohne irgendeine nähere Erklärung zu geben. So eine wichtige Angelegenheit – und von Konfektion versteht er doch nichts.«

Sie entnahm ihrem Beutel einen zerknitterten Briefbogen und fragte Georg, ob er etwas daraus hören wolle. Er wollte nicht, Amerika war so weit. Umständlich setzte sie

ihre Brille auf, überflog die ersten Sätze und las von der zweiten Seite an:
»Ich habe zwar viel mehr als vorher zu tun, freue mich aber doch über die Veränderung. Weißt Du, es ist gut, so herumgeworfen zu werden, man sammelt eine Menge Erfahrungen für später. Neulich begegnete ich Max, dem es sogar im Augenblick glänzend geht. Übrigens hoffe ich zuversichtlich, Dir bald monatlich ...«
Frau Anders unterbrach die Lektüre mit der Bemerkung, daß sie diesen Max, den Fred erst drüben kennengelernt habe, gewissen früheren brieflichen Andeutungen zufolge für einen ausgemachten schlechten Charakter halte. Dann studierte sie den Text allein weiter, umwölkte sich, lächelte selig und rief: »Ach, das wird Sie interessieren!«
»... Samstag Abend war ich in großer Gesellschaft bummeln, worüber Du aber nicht zu erschrecken brauchst, denn ein Freund, der es sich leisten kann, hatte mich eingeladen. Ich tanzte fast ausschließlich mit Jane, die ich trotz Deiner Bedenken sympathisch finde – und sei es nur darum, weil sie nicht wie alle andern Mädchen hier den Autofimmel hat. Im Gegenteil, sie ist ernst veranlagt und liebt gute Bücher. Im Sommer will sie mit ihrer Mutter einen Trip to Europe machen, und so wirst Du vielleicht die Gelegenheit haben, Dir über Jane Deine eigene Meinung zu bilden ...«
Gerade war Frau Anders im Begriff, den Brief wegzulegen, als ihr einfiel, daß sie eine für Georg bestimmte Stelle vergessen hatte. »Mein schlechtes Gedächtnis«, jammerte sie und holte die Stelle nach:
»NB.: Grüß bitte Georg, wenn Du ihn siehst, und sage ihm, daß er dieser Tage ausführlich von mir hören wird. Ich sei in den letzten Wochen nicht zum Schreiben gekommen.«
Sie sah Georg über die Brille weg an und eröffnete ihm, daß die Mutter von Jane anscheinend in guten Verhältnis-

sen lebe. Frau Eisemann behaupte steif und fest, daß Jane bis über die Ohren in Fred verliebt sei, und gratuliere schon zur künftigen Schwiegertochter.
»Sie haben mich noch gar nicht nach dem Fest gefragt«, sagte Georg.
»Wie war es, wie war es?«
»Wunderbar. Mein Kostüm hat solches Aufsehen erregt, daß sämtliche Mädchen herausbringen wollten, wer mich so glänzend ausstaffiert hätte . . . Sehr schöne Mädchen . . .«
Er schlenderte dem Fenster zu, in die Dunkelheit. Frau Anders strahlte vor Begeisterung über seine Erfolge.
»Ich brenne richtig darauf, Georg, daß Sie mir alles haarklein erzählen. Wenn man jung ist, soll man sich amüsieren, sage ich immer, das Alter kommt zeitig genug.«
Im Gang draußen hallten Schritte.
»Jetzt läuft er wieder in die Küche«, flüsterte Frau Anders, »den ganzen Tag läuft er hin und her.«
Am Fenster angelangt, schob Georg den Vorhang beiseite und wurde sofort von einem Haufen lärmender Hinterzimmer überfallen, die alle auf den Hof blickten, der selber ein dumpfer Innenraum war. Kein Ausweg; der Vorhang wallte zurück. Links neben ihm erhob sich die schwarze Holzsäule, die, einer Schildwache gleich, das Photographiealbum hütete, in dem die Vergangenheit schlief. Vor den Büchern auf der Etagere lag ein Kartenspiel. Frau Anders hatte zum Strickzeug gegriffen. Im Lichtkreis der Hängelampe saß sie, düster wie ein verängstigtes Kind, auf dem gelbschwarzen Sofa, klapperte mit den Nadeln und strickte an einem Gewebe, das sich endlos in die Zukunft erstreckte.
»Habe ich Ihnen nicht gesagt, daß ich zum ersten Oktober ausziehen will. Wer weiß, wann Fred in die Lage kommt, mich zu unterstützen, und was fange ich überhaupt mit der großen Wohnung an. Zwei Zimmer genügen mir völlig. Ich werde in die Neubauten draußen ziehen, in denen alle

Schikanen vorhanden sind, so daß ich nur noch eine Zugehfrau brauche. Gewiß, für Marie tut es mir leid, aber ich sehe keine andere Lösung. Selbstverständlich erwarte ich, daß Sie die Entfernung nicht scheuen und mich auch später manchmal besuchen ... Ach, Georg, wenn ich so allein hier sitze, geht mir immer viel durch den Kopf. Wie ich mich einrichte, damit ich Fred nicht zur Last falle, und ob ich eines Tages Enkel erlebe. Die Zeiten sind ja ganz unsicher zur Zeit ... Zu schade, daß ich Sie nicht zum Abendessen dabehalten kann ...«

»Ich bin auch verabredet«, beeilte sich Georg zu sagen.

Er hing dieser Liebe nach, die in zwei einsamen Stübchen auszuharren vermochte. Frau Anders ließ sich nicht davon abbringen, ihm das Geleit zu geben. Als sie durch den Korridor schritten, wurde plötzlich die Tür von Freds Zimmer aufgerissen, und heraus stürzte ein junger Mann, der, ohne sich zu entschuldigen, rasch dem Ausgang zustrebte.

»Ach, Herr Neubert!«

Der gekündigte Mieter – eine schöne Bescherung. Aber zum Erstaunen Georgs bekam Frau Anders nicht etwa einen Wutanfall, sondern flötete so zärtlich, daß jeder Unbeteiligte hätte glauben können, sie sei in Herrn Neubert verliebt.

»Immer beschäftigt«, umschmeichelte sie ihn, »immer auf dem Quivive ... Darf ich die Herren bekannt machen –«

Die Vorstellung war für Georg sehr peinlich, da sie von den ausschweifendsten Lobsprüchen strotzte: »... Einflußreiche Position am ›Morgenboten‹ ... große Karriere ... hochinteressante Artikel ...«

So ähnlich hatte Frau Anders auch einmal den toten Herrn Kummer vorgestellt. Kein Zweifel, sie wollte ihrem Zimmerherrn vor Augen führen, mit welchen berühmten Persönlichkeiten sie verkehrte, und seiner Anmaßung dadurch einen Stoß versetzen. Begann Herr Neubert in sich zu gehen? Er schien sich eher noch zu verhärten. Jedenfalls bestand die Begrüßung von seiner Seite aus darin, daß er etwas vor sich hin knurrte und die Hand flüchtig an die Kopfbedeckung hob – eine ausladende, grobkarierte Schirmmütze, die offenbar auf seinem Schädel angewachsen war, denn er zog sie die ganze Zeit über nicht ab. Frau Anders warf Georg heimliche Blicke zu, die ihm bedeuten sollten, wie empörend sie diese Manieren fände. Die Blicke waren weithin zu sehen. »Also recht bald, Georg –«, sagte sie zum Abschied; in einem Ton, der unmißverständlich ausdrückte, daß sie recht bald Herrn Neubert los zu sein hoffte. Dann trat sie zurück und schloß die Tür hinter sich.

»Eine unleidliche Kleinbürgerin«, erklärte Herr Neubert auf der Treppe; mit einer Bestimmtheit, die jeden Widerspruch ausschloß. Er war blond und trug eine Mappe.

Georg wehrte sich dagegen, daß Frau Anders in Bausch und Bogen als Kleinbürgerin abgetan werden sollte:

»Immerhin ist Frau Anders sehr gütig ... Ich bin mit ihrem Sohn schon seit Jahren befreundet.«

Noch während des Sprechens hatte er das deutliche Vorgefühl, daß er mit seinem Einwand bei Neubert nicht durchdringen werde. Tatsächlich erteilte ihm dieser einen scharfen Verweis.

»Als ob nicht gerade die Güte eine spezifisch kleinbürgerliche Tugend wäre! Indem man sie pflegt und verherrlicht, will man sich nur von der Verpflichtung loskaufen, das kapitalistische System zu bekämpfen, dem man seine Rente verdankt. Der Besitz der Rente bildet die Voraussetzung für das gute Herz.«

Es war, als rolle ein Tank an. Um nicht zermalmt zu werden, sprang Georg rasch auf ein anderes Gebiet über.

»Sie geben hier Ihr Zimmer auf«, meinte er. Eine gewisse Vorsicht riet ihm zu verschweigen, daß Frau Anders er-

zählt hatte, die Kündigung sei von ihr ausgegangen.
»Ja, ich habe gekündigt. Da Sie die Frau kennen, werden Sie wissen, wie geschwätzig sie ist. Dieser Tage ist sie noch dazu unverschämt geworden. Ihr falsches Bewußtsein funktioniert nämlich so wunderbar, daß sie jeden Kommunisten von vornherein mit einem Verbrecher verwechselt. Aber Unverschämtheiten dulde ich nun einmal nicht ... Nach welcher Richtung gehen Sie?«
»Wenn es Ihnen recht ist, bringe ich Sie ein Stück.«
Neubert nahm die Begleitung wie eine Selbstverständlichkeit hin. Wahrscheinlich stimmte seine Auskunft, und Frau Anders hatte ihre Niederlage einfach in einen Sieg umgedichtet. Eine solche Kinderei – Georg lächelte unwillkürlich. Bei dieser Gelegenheit kam er dahinter, daß Neubert noch nie gelächelt hatte, sondern immer ganz ernst blieb. Er schien eben vollständig von seiner revolutionären Aufgabe erfüllt zu sein, die ihm ja auch keine Zeit für Höflichkeiten ließ. Das Lächeln war sicher kleinbürgerlich.
»Ich erinnere mich«, sagte Neubert, »vor Monaten einen von Ihnen gezeichneten Kongreßbericht gelesen zu haben, der dadurch, daß er sich absichtlich auf die Wiedergabe einer stupiden ministeriellen Begrüßungsansprache beschränkte, den Unfug der bürgerlichen Kongresse nicht ungeschickt verhöhnte. Ist Ihnen der Artikel damals von der Redaktion sehr verübelt worden?«
Der arme Kongreßbericht, dachte Georg. Laut:
»Man hat den Hohn gar nicht gemerkt.«
Natürlich hütete er sich einzugestehen, daß er selber jenen halbvergessenen Bericht in voller Unschuld geschrieben und bisher nicht den leisesten Verdacht gegen ihn geschöpft hatte. Wie genau solche Sachen gelesen wurden.
»Ich schätze«, fuhr Neubert fort, »daß auch Sie zu den zahlreichen sympathisierenden Intellektuellen gehören, die sich einbilden, sie könnten das bürgerliche Gewissen wekken und derart die Bourgeoisie sozusagen von innen zer-

stören; sei es durch gesellschaftskritische Feuilletons, sei es durch Elendsreportagen oder revolutionäre Theaterstücke. Aber all diese Versuche beruhen auf einer kleinbürgerlichen Illusion und sind daher zum Scheitern verdammt. Was geschieht? Entweder die Bourgeoisie stellt sich tot wie in Ihrem Falle und reagiert nicht einmal auf die Attacken, oder sie geilt sich noch an der Empörung an, die ihr aufgetischt wird. Kein Wunder! Denn erstens besitzt die Bourgeoisie einen sehr gesunden Klasseninstinkt und zweitens ist die These von der inneren Zerstörung insofern unmarxistisch, als sie das Pferd beim Schwanz aufzäumt und anstelle der Änderung des Seins die des Bewußtseins rückt. Zugegeben selbst, daß sich auf diese Weise ein paar nützliche Nebenwirkungen erzielen lassen – der entscheidende Faktor ist und bleibt allein das klassenbewußte Proletariat. Und die Partei weiß genau, wieviel oder wie wenig sie von den sympathisierenden Intellektuellen zu halten hat.«

Georg quälte sich damit ab, eine wirksame Entgegnung zu finden.

»So einfach liegt der Fall doch wohl nicht«, sagte er, um Zeit zu gewinnen.

Je länger er aber über eine Antwort nachgrübelte, die es ihm ermöglicht hätte, seine Bedenken an den Mann zu bringen, desto ohnmächtiger kam er sich vor. Sämtliche Antworten, deren er überhaupt fähig war, würden – das spürte er bereits, während er sie in rasender Eile durchmusterte – angesichts der unfehlbaren Sicherheit Neuberts hilflos vergehen. Er hatte die Vorstellung nackten, bebenden Fleisches, das sich mit stahlharten Konstruktionen messen muß, und das Beben ist ganz umsonst. Einen Augenblick lang schwankte er, ob er sich nicht, die eigene Ungewißheit bemäntelnd, seiner Beziehung zu Dr. Wolff, Fräulein Samuel und all den anderen rühmen sollte, die ihm damals bei Frau Heinisch mit ihrer radikalen Gesinnung so fürchterlich zugesetzt hatten. Doch es stand ja von vornherein fest, daß Neubert auch diese Leute nicht für voll nehmen würde. Im Gedanken daran freute sich Georg sogar heimlich. Waren seine stummen Erwägungen an die Oberfläche gedrungen? Jedenfalls glaubte er Neubert »Salonkommunisten« sagen zu hören. Sie durchschritten eine winklige Gasse, die in einen kleinen Platz mündete, der sich gegen den Fluß hin öffnete. Es roch nach Wasser, die Kaimauern grenzten ans Nichts. Wie oft war er hier mit Beate gegangen. Beate – von Jazzmusik und leuchtenden Farben umwogt, erschien sie ihm in ihrem Kostüm, und er lag wieder bei ihr wie in der Nacht und liebkoste sie, bis der Kittel zerriß, bis der Pierrot mit dem Mondgesicht sich über ihn neigte. Verstört sah er auf: ein riesiger Vollmond trieb durch den Raum. Oh, diese Gaukeleien des Lichts! Indem es schonungslos die Armseligkeit der alten Häuser am Ufer enthüllte, hob es sic gleichzeitig sanft aus den Angeln und verlieh ihnen einen überirdischen Glanz.

»Die Häuser schweben –«, staunte Georg.

»Unhygienisches Gerümpel«, knurrte Neubert.

Georg haßte sich dafür, daß er die Schönheit empfunden hatte, und fürchtete jetzt erst recht, von Neubert verachtet zu werden. Aber der kümmerte sich überhaupt nicht um ihn. Die Mütze tief in die Stirn gepreßt, schob er sich – dem Kran vergleichbar, der jenseits der Kaimauer aufstieg – unberührt durch das ganze Staunen und Schweben; als ob der Mond ein im Wohlleben schwimmender Klassenfeind sei, gegen dessen Lockungen er sich verteidigen müsse. Vor einer baufälligen Baracke machte er halt und pfiff wiederholt ein paar Takte, die zuletzt aus dem Innern erwidert wurden. Georg stand da. Ohne sich ihm richtig zuzuwenden, zupfte Neubert am Mützenrand, der das Gesicht nahezu bedeckte, und gab auch sonst zu erkennen, daß er seine Zeit nicht länger mit einem Bürgerlichen zu verplempern wünsche. Wahrscheinlich besuchte er einen

revolutionären Genossen. Seine Aktentasche war überfüllt, sein Mantel verschlissen.
»Ich möchte mich gern einmal ausführlich mit Ihnen unterhalten«, sagte Georg, seiner ursprünglichen Absicht entgegen.
Er wurde sich der Tatsache bewußt, daß ihn dieser Mensch, der ihm doch eher widerstrebte, in Unruhe versetzte.
Inzwischen hatte sich die Haustür geöffnet. Niemand erschien. Wie bei einem Komplott.
»Leider« – Neubert ließ sich wirklich zu einem Leider herab – »werde ich Sie vorerst nicht sehen können, da ich nächste Woche für unbestimmte Zeit ins Industriegebiet verreise. Ich spreche dort in den Zellen und organisiere eine Reihe von Kursen ... Vielleicht im Sommer ...«
Die Tür schlug hinter ihm zu. Der Kran durchschnitt die Mondscheibe. Was hilft der Glanz, dachte Georg. Eine trügerische Moosdecke schwebte ihm vor; aber er war so müde, daß sich ihm alles verwirrte. Man muß durch die bürgerliche Moosdecke hindurch auf den kahlen Grund dringen. Wie hatte doch der kommunistische Stadtverordnete geheißen, der immer so zappelte, wenn er von den Ausbeutern sprach –

Der Frühling machte sich diesmal entsetzlich breit. Überall Knospen und ein unaufhörliches Tirili. Alles trieb. Auch die Tage wuchsen zusehends, so daß die schöne Dämmerung in den Straßen mehr und mehr zusammenschmolz. Und die Menschen? Kaum spürten sie die wärmere Jahreszeit, so verloren sie mit einem Schlag den Sinn für Kostümfeste und Gesellschaften und kümmerten sich wie auf Verabredung nur noch um die Natur. Fenster auf, ohne Hut unterwegs, ins Freie hinein – nicht genug Natur konnten sie haben. Georg staunte darüber, wie leicht es ihnen fiel, je nach der Jahreszeit ihre Bedürfnisse vollkommen zu ändern. Er selber hätte lieber weiter getanzt. Fräulein Peppel hatte auf dem Schreibtisch einen großen Fliederstrauß stehen, den sie wie ein Schoßhündchen betreute. Lieblicher wurde sie dadurch nicht. Was würde man zu Ostern anfangen und später zu Pfingsten. Um sich vor der aufdringlichen Natur zu retten, suchte Georg an sonnigen Spätnachmittagen manchmal in einem billigen Kino Unterschlupf, in dem junge Burschen und Ladenmädchen verkehrten, lauter Leute, die sich den Frühlingsbetrieb nicht zu leisten vermochten. Die Saisons waren nur fürs bessere Publikum. Der Zuschauerraum roch nach ungelüfteten Körpern, Bier, Umarmungen, Pissoir und Kleingeld – alteingesessene Gerüche, mit denen man rasch Kameradschaft schloß –, und wenn er sich während der Pausen erhellte, schien er erst recht dunkel zu werden, so düster brannten seine paar Birnen. Männerstimmen, rosa Programmzettel, magere Pelzchen – im Zwielicht, dem diese Bruchstücke entstiegen, schleppten sich die Stuhlreihen an tapezierten Wänden vorbei träg durch den Saal, der gar kein Saal war, sondern ein aus zwei ehemaligen Geschäftsräumen zusammengestoppelter Schlauch. Hier fühlte sich Georg geborgen. Und immer wieder genoß er jenen Augenblick, in dem es wirklich dunkel wurde und die Bilder zu leben begannen. Natürlich tauchte gleich dieselbe Frühlingssonne auf, vor der er eben die Flucht ergriffen hatte, aber er versöhnte sich jetzt mit den blühenden Landschaften und spazierte selig durch ihren Widerschein über die Fläche. Wozu verreisen? Die Blaue Grotte schwebte ganz nah heran und glänzte so fern, wie sie an Ort und Stelle nie hätte glänzen können. Musik ertönte. Ein Trapper im Wilden Westen, der fabelhaft ritt, schoß und schwamm, befreite eine bildhübsche reiche Bankierstochter aus den Klauen ihrer Verfolger, und eine bildhübsche Stenotypistin bekam trotz ihrer Armut einen Bankdirektor im Grunewald zum Mann. Durch die Art der Musikbegleitung verloren jedoch die Ereignisse selbst ihr Gewicht. Da nämlich der Klavierspieler von dem Platz aus, an dem der Raumnot wegen sein Instrument stand, die Leinwand nur schlecht übersehen konnte, spielte er einfach, was ihm gerade Spaß machte: Militärmärsche, Opernpotpourris, Tänze und Lieder. Das heißt, er reihte nicht etwa unvermittelt Stück an Stück, sondern fügte die verschiedenen Melodien wie Muster in ein Gewebe ein, das sich aus glitzernden Läufen und Passagen zusammensetzte. Mit dem Erfolg, daß zu Mordszenen Walzervariationen erklangen und aussichtsreiche Verlobungschancen unverhofft in ein Gewitter von Akkorden gerieten. Dank der Tatsache nun, daß die Musik, ihre Unabhängigkeit bewahrend, höchstens zufällig einmal mit den Bildern übereinstimmte, wurden diese ihrer eigentümlichen Geltung beraubt und in Vorgänge verwandelt, die so ungreifbar waren wie das Verhältnis zwischen Bild und Musik. Ihnen hingegeben, mußte Georg regelmäßig Tränen vergießen, wenn am Ende der letzte Schleier sank und sich das Glück der Liebenden strahlend offenbarte. Denn anstelle dieses Glücks, dessen Verlogenheit er sich keineswegs verhehlte, zog das wahre Glück aus dem Nirgendwo leibhaftig herauf. Der Klavierspieler war ein verbummelter Konservatorist, dem man in seinen Jugendtagen eine große Konzertlaufbahn vorausgesagt hatte. Mitunter sehnte er sich ihr wohl noch entgegen. Dann ließ er die gewohnten Melodien im Stich und spann Phantasien aus, die, einem Perlenschleier gleich, jene verschollene Zukunft umwoben. Es war, als sei er nach einem nie zustandegekommenen Konzert auf dem Podium zurückgeblieben und träume im leeren Saal vom Jubel der Menge und der Vergänglichkeit allen Ruhms. Schimmernde Träume – sie durchfuhren die ewige Kinonacht, in der er sich jetzt zu verkriechen strebte. Wie eine Fledermaus huschte er unbemerkt zum Klavier und wieder von dannen, und nichts war ihm peinlicher, als sich, vom Eintritt einer programmwidrigen Pause überrascht, dem Publikum zeigen zu müssen. Ein beleibter Mann, dessen Kopf der Finsternis einer ungeheuren Lavallière entwuchs, die in einem fort mit den Flügeln schlug. Sein Gesicht war verquollen, und seine Haare wehten unordentlich wie die Lawatschs, an den er überhaupt stark erinnerte. Jedenfalls wurde Georg stets von der Erscheinung des Kinomusikers verfolgt, sooft er, auf dem Weg zu Lawatsch spät abends durch die verödeten Zeitungskorridore strich. Obwohl er längst nicht mehr unter der Obhut des Lokalredakteurs arbeitete, leistete er ihm doch gern beim Nachtdienst Gesellschaft. Der Alte ließ sich durch den Besuch nicht weiter stören, sondern korrigierte wie immer die täglichen Marktberichte, Plaudereien und Vortragsreferate, klebte schmale Notizen, die er mit der Schere zurechtschnitt, auf einen weißen Konzeptbogen aneinander und kritzelte geräuschvoll in sämtliche Texte hinein. Am grausamsten behandelte er schwelgerische Stimmungsbilder, denen er alle Prachtworte vom Leib riß, bis sie zuletzt so jämmerlich aussahen, daß sie nur noch für den Papierkorb taugten; während sich Ehebruchsdramen und Raubmorde spaltenlang frei entwickeln durften. »Das fressen die Weiber zum Frühstück«, brummte er, »und da Dr. Petri neuerdings verlangt, daß der lokale Teil, wie er sich ausdrückt, anregender als bisher gestaltet wird ... Anregender – er meint natürlich sensationell; nur daß man sich so etwas unter Idealisten nicht eingesteht ... Wir müssen mit der Zeit gehen, Lawatsch, predigt er auch ... He, merken Sie, woher der Wind bläst ...« Die folgenden Worte blieben unverständlich. Georg, der im Schatten seines gebeugten Rückens auf dem Ripsdiwan saß, jubilierte innerlich. Was ihn wieder und wieder hierher lockte, war ja gerade die Verachtung, die den Alten erfüllte, und diese beständige Wühlerei. In den letzten Monaten vernachlässigte sich Lawatsch vollends, der Hosenlatz stand ihm offen, es schien, als nächtigte er in den Kneipen. Aber Georg liebte ihn doppelt um seines Verfalls willen und empfand vor ihm Ehrfurcht wie vor einem Ausgestoßenen. Laufburschen, deren Gesichter innerhalb des grünen Schreibtischreviers aufleuchteten, kamen und gingen mit Druckfahnen und Manuskripten. Blutjunge Larven. »Jetzt ist also Hindenburg Reichspräsident«, sagte Georg in der Hoffnung, daß Lawatsch seinem Groll gegen die politischen Zustände Luft machen werde. Doch der Alte krächzte nur: »Geschieht euch recht«; als werde er selber von diesen Dingen nicht mehr berührt. Man hörte ihn den Federhalter hinlegen, und dann wurde es still. Die Oberwelt zerrann, das Bodenlose dehnte sich aus. »Wer von euch denkt noch an Kummer? Und wer weiß etwas von ihm, außer daß er Korrektor war und sich sonderbar mühsam vom Fleck bewegte? Ihr habt darüber gelacht; begriffen habt ihr nicht die Spur. Wie immer bei euch ...« Die Stimme Lawatschs hallte aus weiter Ferne. Nach einer Pause fuhr er fort: »In Wahrheit verhielt es sich so, daß dieser bescheidene Kummer an echter Gelehrsamkeit sämtliche Herren im Hause übertraf. Was hat er nicht alles studiert: Geschichte, Sprachen, Antike, Volkswirtschaft,

Geographie. Er kannte die Bücher und Lexika, und hätte sich einer von euch in seiner Ratlosigkeit an ihn gewandt, er, Kummer, wäre für jede Frage gerüstet gewesen. Daß er sie auch beantwortet hätte, ist freilich wenig wahrscheinlich; denn er stand von frühester Kindheit an unter dem Druck einer unbeschreiblichen Angst. Der Angst davor, im entscheidenden Augenblick nicht die richtige Auskunft geben zu können ... Ja, sehen Sie, durch diese Angst ist Kummer so langsam geworden. Sie hat ihn während der Studienjahre gehindert, sich zum Staatsexamen zu melden, sie hat ihn schließlich ganz in die Nachhut gedrängt ... Vielleicht war es ihm aber gerade recht, daß er in seinem Beruf nichts anderes zu tun brauchte, als hinter den Texten herzutrödeln und ihnen die Druckfehler fernzuhalten. – – – Mit der Zeit gehen, he ... Zurückgehen in der Zeit ...« Lawatsch drehte sich um: ein Urweltpapagei, der plötzlich entdeckte, daß er im Käfig des Lokalredakteurs eingesperrt war. Wütend sträubte er sein Gefieder und schnarrte: »Sie geraten auf Abwege, junger Herr!« Georg erschrak. Es hatte nämlich den Anschein, als ob der Alte, von seinen Erinnerungen verwirrt, mit dem jungen Herrn sich selber meinte; zwinkerte er doch, mitten im Schnarren, dem Ripsdiwan zu, wie um ihm zu sagen: Wir beide! Was wir für Abenteuer zusammen bestehen. Erst beim Versuch hinauszuschleichen überzeugte sich Georg davon, daß das Zwinkern seiner eigenen Person galt, und erschrak noch einmal. Wahrhaftig, Lawatsch schmunzelte ihn an; ein pfiffiges, verständnisinniges Schmunzeln, durch das er offenbar ausdrücken wollte, daß er in Georg einen Spießgesellen erblicke und nicht übel Lust habe, Arm in Arm mit dem jungen Herrn wieder über die alten Abwege zu bummeln. Steht mir denn alles auf der Stirn geschrieben, fragte sich dieser betroffen. Er unternahm tatsächlich im Lauf des Sommers nicht selten gewisse Expeditionen, die sicher von den wenigsten gebilligt worden wären. Sie begannen regelmäßig damit, daß er abends, noch ohne festen Plan, dem Stadtinnern zuschlenderte, in dem sich die etwa bevorstehenden Ereignisse auf jeden Fall abspielen mußten. Je mehr sich die Straßen belebten, desto größer wurde seine Erregung. Sollte er schon jetzt oder lieber später ... Im Menschenstrom, an dessen Ufer Schaufenster, Restaurants, Hauseingänge und Vergnügungslokale auftauchten, glitten zahlreiche Pärchen dahin. Die jungen Leute trieben heut sämtlich Sport und sahen so gesund aus, daß man vor ihnen Angst haben konnte. Den lieben langen Tag nichts als Luft, Licht und Wasser. Wozu sie eigentlich die viele Gesundheit benutzen wollten, war nicht zu ermitteln. Dabei wurden sie durch die Mühe, die sie auf ihren Körper verwandten, sogar eher geschwächt. Es brauchte zum Beispiel nur ein bißchen heißer zu werden, und sofort empfanden dieselben Männer, die wunder wie abgehärtet taten, ihre Jacken und Westen als einen Ballast. Allerdings durfte man nicht vergessen, daß ihnen die Sporthemden besonders gut standen. Ohly, der Theaterkritiker, trug aus diesem Grund eines in violett; wie ein Hauch wirkte er in dem Hemd. Außer dem Sport hatten sie noch Freundinnen, um ihr Bedürfnis nach Liebe zu stillen, das gehörte dazu. Erklärlicherweise legten sie in derartigen Beziehungen ein großes Gewicht auf die Sinnlichkeit, aber deshalb verlangten sie doch nicht minder etwas fürs Herz. Sie hatten eben von der Liebe einen sehr hohen Begriff. So kam es, daß sie mit den Freundinnen, die sie hatten, auch ihre verschiedenen Gefühle austauschten, ins Kino gingen, telefonierten und sonntags aufs Land hinausfuhren. Die Natur war das reinste Mädchen für alles. Verhältnisse, die sich verhältnismäßig innig entwickelten, bis sie eines Tages erloschen, und eine andere Freundin auf der Bildfläche erschien. Das gehörte dazu. Ein beliebter Rendezvousplatz für ein Pärchen war eine im Zentrum gelegene Straßenbahn-Wartehalle, die sich nicht zuletzt dadurch auszeichnete, daß sie unterirdische Damen- und Herrentoiletten enthielt. Hier machte Georg auf den bewußten Streifzügen jedesmal Station, gesellte sich zu den herumstehenden Mädchen und versuchte herauszubringen, welche von ihnen wirklich einen Freund erwartete. Die meisten Mädchen standen nur so herum – Mädchen, die ihr lackiertes Handtäschchen wie einen kostbaren Besitz umklammerten und ununterbrochen das Gelände mit Scheinwerferblicken abtasteten. Georg beobachtete sie. Während er sie noch musterte, gewann er, ohne sich im geringsten darüber zu wundern, den Eindruck, daß sie sich andauernd vermehrten. Denn obwohl er, des Straßenbahnhäuschens überdrüssig, schon wieder weitertrottete, kamen sie ihm doch überall in die Quere. Sonst waren sie kaum zu sehen gewesen, und jetzt bildeten sie geradezu Spalier. Sie gondelten an der Mündung der Nebenstraßen auf und ab, sie wehten, bunten Wimpeln gleich, vor den eintönigen Hausfassaden. Angesichts ihrer unwahrscheinlichen Menge wurde er von einem Taumel gepackt; demselben, der ihn als Kind ergriffen hatte, wenn er unter den Zurufen seiner Spielgefährten: »Heiß! Ganz heiß! Gib' acht, du verbrennst dich!« in der nächsten Nähe des versteckten Gegenstandes hin und her geirrt war . . . Von Huren mag ich nichts wissen, hatte Fred seinerzeit gesagt. Fred verachtete solche Geschöpfe . . . Plötzlich drang Georg blitzschnell ins Dickicht vor und sprach eines der Mädchen an; als ob er endlich das Versteck ausfindig gemacht hätte. Irgendein Mädchen. Zum mindesten war dadurch der Bann gebrochen, und er konnte nun ungehindert das Ziel seiner Expedition erreichen. Ihr fernerer Ablauf gestaltete sich je nach dem Fall verschieden. Mit manchen Mädchen begab er sich, gegen eine vorher vereinbarte Summe, sofort in ein Absteigequartier, mit anderen, die er für Dienstmädchen hielt – es war ihnen mehr um die Handgreiflichkeit der Liebe als des Gewinnes zu tun – promenierte er durch die gefühlvolleren

Teile des Städtischen Parks. Eines Abends geriet er an eine Frau, die sich zwar nicht lang sträubte, ihn zu begleiten, aber unbedingt zuerst ein bekanntes Konzertcafé besuchen wollte. Sicher ging sie nur von Zeit zu Zeit auf die Straße. Das Konzertcafé war ein großstädtisches Lokal, in dem man mit allen Mitteln gegen das Publikum einschritt. Papierblumengirlanden versetzten es gewaltsam in Festfreude, und eine Musikkapelle raubte ihm noch den letzten Rest der Besinnung. Wenn sie nicht patriotische Weisen herausschmetterte, die den Raum unverzüglich mit dem Getöse von Schlachten, Siegesfeiern und Truppenparaden erfüllten, verfiel sie in ein zärtliches Girren, das ebenfalls ein Geschmetter war. Da bei den vielen Pauken und Trompeten der Menge die Möglichkeit fehlte, Liebe und Vaterland richtig auseinanderzuhalten, glühte sie unterschiedslos für beide. Begünstigt wurde diese im Interesse des Vaterlandes gelegene Vermischung durch unaufhörliche Beleuchtungseffekte, die bewirkten, daß sich die Gesichter abwechselnd grün, gelb und rot färbten; so daß am Ende niemand mehr wußte, welche Farbe die Leute tatsächlich besaßen. Ab und zu verwandelten sie sich in Kannibalen. Die Frau murmelte etwas von einem Kind, das sie in Pflege gegeben habe, und für dessen Unterhalt sie allein aufkommen müsse. Jetzt sei das Kind krank geworden, und der Arzt verschreibe Kuren und Medizinen, die sie schlechterdings nicht erschwingen könne. Wie das Café im Schmuck der Papiergirlanden, so prangte ihr armseliges Dasein im Schmuck dieser Geschichte. Georg, der sie inmitten des Lärms nicht genau verstand, erstickte entsetzt den Verdacht in sich, daß die Frau das kranke Kind nur deshalb anbrächte, um einen höheren Preis zu erzielen. Im Grund glaubte er alles, was man ihm erzählte, weil er sich schämte, daß er so ungläubig war. Das ganze Lokal dröhnte vor Lachen; eine Lachsalve, der es aber nicht gelang, die Trauer niederzuknallen. Sie verließen das Lokal und gingen in ein kleines Hotel, dem die Frau anscheinend schon öfters Kunden zugeführt hatte. Oben schoß ein riesiges Doppelbett auf sie zu, und dann standen sie in einem Zimmer, das aufs Haar allen früheren Hotelzimmern glich. Wasserkanne, Nachttischchen, Spiegelschrank – die Gegenstände warteten, fühllose Instrumente, auf ihre Benutzer. Es war wie in einem Traum, der sich hartnäckig wiederholte, und in den Traum gehörte auch die Frau hinein, die sich so unbeteiligt entkleidete, als sei sie selber ein Stück des Mobiliars. Verbraucht genug dafür sah ihr Körper aus. Übrigens war sie bescheiden und verlangte nicht mehr, als Georg ihr gab. Das Bett war kühl, weiße Tapetenblüten wogten zur Decke hinan, das Zimmer schmolz in der Glut. Nachher grübelte Georg noch eine Zeitlang mit geschlossenen Augen. Bestimmt trug die Geschichte mit dem Kind Schuld daran, daß er heute zum erstenmal ermaß, warum ihm die Begegnungen in diesen Hotelzimmern eine solche Verlockung bedeuteten. Sie reizten ihn ihrer Wahllosigkeit wegen. Indem er sie bewerkstelligte, warf er sich weg, und er wollte sich wegwerfen, weil er sich sonst unentrinnbar in Lügen verstricken würde. Immer wieder hatte er dasselbe erfahren: wenn er sich mit seinem vollen Wesen einzusetzen bemühte, entglitt ihm die Wirklichkeit, verfälschte sich ihm das Wort im Mund. Auch die andern durchschauten sicher die Verstiegenheiten des Denkens oder merkten, wie trügerisch die Regungen der Seele waren; aber das hinderte sie nicht, sich selbst zu behaupten und sogar mit ihren Ideen und Erlebnissen gewaltig zu prunken . . . Papierblumengirlanden im Dunst . . . Nein, dieses höhere Wesen entwuchs zweifelhaften Gründen und wurde nachgerade zur unerträglichen Last. Besser, es abzuschütteln und ein Niemand zu sein; sauberer, die Lust mit Geld zu bezahlen, als sie durch die Gefühle zu verklären, die den Freundinnen und Freunden Liebe hießen. So trat er doch nackt und bloß an, und behielt er auch nichts in Händen: das Nichts wenigstens, das ihm blieb, war vor Verwesung geschützt. Der Kopf der Wasserkanne erschien als Vorbote des Zimmers, das aus der Asche erstand. »Willst du schon gehen«, fragte die Frau. Erstaunt drehte sich Georg um. Er hatte sich mechanisch anzuziehen begonnen und gar nicht an die Möglichkeit eines längeren Aufenthaltes gedacht. Die Frau ließ nicht locker. »Wenn du Lust hast, treffen wir uns in acht Tagen wieder . . .« – »Ich mache es dann umsonst«, fügte sie leicht verlegen hinzu. Das war ja . . . Im ersten Augenblick wich Georg tief beunruhigt vor diesem Anerbieten zurück. Daß es ihm auch noch hier überfiel, hier, wo er allen Versuchungen entronnen zu sein wähnte! Ach, man würde stets in Spiel gemengt werden, ewig von vorne anfangen müssen. Und doch empfand er eine Rührung, gegen die sein Widerstreben nicht aufzukommen vermochte. Ich mache es dir umsonst – dieses Versprechen war unschuldig, wie kein andres, es leuchtete so zaghaft im Schutt. Sie brachen auf, die Frau lächelte schon halb in den Alltag hinein. Unten auf der Straße trennten sie sich: am Konzertcafé, in acht Tagen. Vor Ablauf der Frist empfing Georg einen Brief von Frau Bonnet, in dem sie ihm – nach einem beiderseitigen Schweigen von Monaten – plötzlich die Freundschaft kündigte. Er, Georg, habe sich, wie sie deutlich spüre, von ihr fortentwickelt, und alles, was man neuerdings von ihm höre, bestätige nur den Eindruck, daß er sich jetzt zu fremden Ideen bekenne. Da ein fruchtbarer Meinungsaustausch unter diesen Umständen ausgeschlossen sei, erübrige sich auch die äußere Aufrechterhaltung ihrer Beziehung. Der Brief schwelgte in so allgemeinen Andeutungen, daß Georg nicht erriet, ob sich Frau Bonnet vorwiegend über seinen gegenwärtigen Lebenswandel grämte, oder ihm mehr die künstliche Wärme jenes Berichtes nachtrug, den er damals ihrem Frauenvortrag gewidmet hatte. Gleichviel. Er versuchte kaum, sich schuldig zu

fühlen, sondern gestand sich offen ein, daß die Freundschaft, die dieser Brief beenden sollte, bereits vorher vermodert war. Warum schrieb Frau Bonnet überhaupt noch? Die acht Tage waren verstrichen, und Georg erwartete am Eingang des Konzertcafés die Frau aus dem Hotel. Sie kam nicht zur verabredeten Zeit. Geduldig wartete er weiter. Manchmal glaubte er die Frau in der Schar der Mädchen und Pärchen zu entdecken, die unablässig vorbeiwallten; aber hätte sie sich wirklich unter ihnen befunden, so wäre sie gewiß auf ihn zugeeilt. Je länger er ausharrte, desto mehr festigte sich in ihm die Überzeugung, daß er mit dem Wunder ihres Erscheinens nie ernsthaft gerechnet hatte. Nach anderthalb Stunden ging er ins nächste Kino.
Hinter der Durchfahrt erstreckte sich ein langer schmaler Hof, der von lauter Mietshäusern umrahmt wurde, die sich gegenseitig den Platz wegnahmen. Fassaden, auf die ein spätes Tageslicht fiel – an ihren verwahrlosten Putzflächen, deren Gesimse und Konsolen früher bessere Zeiten vorgetäuscht haben mochten, rankten sich, wenn es hoch kam, allenfalls noch Drehorgelmelodien empor. Links und rechts folgten sich in kurzen Abständen die Portale, düstere Öffnungen, die sich so ähnlich sahen, daß man sie leicht hätte verwechseln können. Aber was lag schon daran; ließen sich doch auch sicher die unzähligen Wohnungen und Proletarierfamilien in diesen Häusern beliebig miteinander vertauschen. So ist es recht, dachte Georg, während er auf die ihm von Neubert bezeichnete Haustür am Ende des Hofs zuschritt. Er hatte Neubert vorgestern flüchtig gesehen, und diese Gelegenheit gleich dazu benutzt, um eine Verabredung für heute abend zu treffen. Da er sich mehr und mehr vom Kommunismus bedrängt fühlte, wollte er den Mann tatsächlich seit langem einmal ausführlich sprechen. Schade nur, daß Neubert nicht für Cafés zu haben war, sondern lieber bei sich in der Wohnung blieb, in der man, wie er behauptete, viel ungestörter sei. Der

Hausflur, an den seine Parterrewohnung grenzte, roch nach alten Tapeten, Küchenresten und verstopften Klosetts. Georg klingelte. Gerade als er anfing, ungeduldig zu werden, erschien ein Mädchen, das ihn in ein überraschend geräumiges Zimmer wies.
»Wie geht es Ihnen?« fragte Neubert.
Zum Ärger Georgs, der in der Hoffnung auf ein Gespräch unter vier Augen gekommen war, saßen in der einen Zimmerecke noch zwei junge Männer, und wenn er sich nicht sehr täuschte, hatte Neubert sogar hauptsächlich ihretwegen die Frage nach seinem Befinden getan. Sie entsprang nämlich weniger der Höflichkeit als vielmehr der Absicht, ihn, Georg, von vornherein als einen Vertreter der Bourgeoisie bloßzustellen, in deren Kreisen man solche nichtssagenden Phrasen auszutauschen pflegte. Die jungen Männer hatten beide dunkle Haarmähnen und Hornbrillen und glichen sich auch sonst wie Zwillingsbrüder. Neubert machte eine Handbewegung zu ihnen hin:
»Zwei Genossen ... Genosse Buzaljew ist dieser Tage aus Moskau zurückgekehrt.«
Er sprach von Moskau wie von einer Nachbarstadt. Buzaljew oder Wolzujew – fest stand immerhin, daß der Name auf -ew endigte. Der zweite Genosse hatte hinten ein -ip; vermutlich aus dem Balkan. Auf jeden Fall waren die beiden Revolutionäre. »Einen Augenblick«, sagte Neubert und ging hinaus. Georg schwankte, ob er die Unterlassung Neuberts gutmachen und sich selber vorstellen solle, nahm aber zuletzt davon Abstand, um nicht den Verdacht zu verstärken, der schon sowieso auf ihm lastete. Unter keinen Umständen würde er hier die Anrede Herr gebrauchen dürfen. Das Zimmer besaß außer einem breiten Fenster noch eine Fenstertür, die sich nach einem grünen Gärtchen zu öffnete, das allerdings nur ein Rasenstreifen war, der sich an einer riesigen Backsteinmauer entlangzog. Unmittelbar jenseits der Mauer, die Garten und Zimmer gefangen

hielt, stiegen wieder neue Mietshäuser hoch. In Ermangelung einer anderen Beschäftigung setzte sich Georg schließlich zu den Zwillingen, die verstockt vor sich hinlächelten und so ausdauernd schwiegen, als huldigten sie der Überzeugung, daß es einem Klassenfremden wie ihm gegenüber ja doch an Verständigungsmöglichkeiten fehle. Unbegreiflich, warum man, mit dem Rücken gegen das Zimmer, um den öden Kamin herumsitzen mußte, der trotz des kühlen Septembertags nicht einmal in Brand gesteckt worden war. Hatte vielleicht vorhin das Gärtchen durch seine Freundlichkeit von wichtigen Diskussionen abgelenkt? Neubert trat ein, zündete Licht an und ließ sich zwischen den Genossen und Georg nieder.

»Ehe Sie kamen«, erklärte er diesem, »sprachen wir gerade die allgemeine Situation durch. Es ist wirklich phantastisch, wie ahnungslos die deutschen Kapitalisten und ihre Lakaien in der bürgerlichen Presse sind. Da faseln sie von einer Wiederbelebung unserer Wirtschaft und geben sich allen Ernstes der Erwartung hin, daß eine neue Konjunkturwelle heraufzieht. Immer dasselbe: sie verwechseln die gesetzmäßigen wirtschaftlichen Veränderungen mit zufälligen Wettererscheinungen und verhalten sich ihnen gegenüber wie Meteorologen. Worin aber besteht in Wahrheit die sogenannte Wiederbelebung? Darin, daß man mit Hilfe der ausländischen Kredite die Betriebe in einer Weise durchrationalisiert, die zu einer verheerenden Überproduktion führen muß. Mit anderen Worten: statt auf die Konjunktur loszusteuern, beschleunigt man noch die Weltkrise, die bereits im Anmarsch ist. Und zwar handelt es sich diesmal nicht um eine der üblichen periodischen Krisen, sondern um die Endkrise des Systems überhaupt. Denn der wachsende Einfluß der Sowjetunion in Asien – das Ergebnis einer fabelhaft klugen Nationalitätenpolitik – beginnt dem kapitalistischen Expansionsdrang Grenzen zu ziehen, mit denen der Kapitalismus früher nicht hatte

zu rechnen brauchen. Indien erwacht aus der Lethargie, und China organisiert den Boykott gegen seine bisherigen Unterdrücker. Kurzum, der Kapitalismus schliddert unfehlbar in die Katastrophe hinein. Noch ein paar Jahre, und wir stehen mitten im nächsten Weltkrieg, der nur einen Abschluß haben kann: die Weltrevolution . . .«
China, der nächste Weltkrieg – nie zuvor hatte sich Georg derartige Zusammenhänge vergegenwärtigt. Er bewunderte Neubert, der sie so kaltblütig aufdeckte, während er selber von einer lähmenden Platzangst gepackt wurde; als seien alle Schleier gerissen, und vor seinen Blicken öffne sich mit einem Mal ein viel zu gewaltiges Panorama, das sich endlos in die Zukunft hineindehnte. Ein Panorama; das war es! Und dieses Panorama, in dem er sich zu verlieren fürchtete, war nicht etwa eine trügerische Luftspiegelung, sondern die nackte Wirklichkeit, die notwendig so und nicht anders verlaufen müßte. Nur eines wunderte ihn: daß sie sich gleichsam unabhängig vom menschlichen Willen entfalten sollte. Wenn nun die Menschen ihren Sinn änderten und nicht in das Panorama einströmen würden? Aber die Wirklichkeit, die es beanspruchte, rührte ja eben daher, daß es sich in Übereinstimmung mit den menschlichen Trieben und Bedürfnissen befand. Georg sah keinen Ausweg. Dennoch schauderte er, wider jede bessere Einsicht, vor den neu erschlossenen Räumen wie vor gespenstischen Weiten zurück und suchte den Zwang abzuwehren, der sie durchwaltete.
»Ihr Panorama ist unbedingt zwingend. Ich hätte nur eine Frage . . .« – er zögerte, weil seine Bedenken im Sprechen zu verwehen begannen – »Ich frage mich nämlich, ob man wirklich annehmen darf, daß die Kapitalisten dumm genug sind, um sehenden Auges ihren eigenen Untergang herbeizuführen. Wenn sie erst merken, welche Gefahr ihnen droht, könnten sie doch selber wirksame Gegenmaßnahmen gegen die Weltkrise ergreifen. Ich weiß nicht wie –«

»Was Sie sagen, ist, gelinde gesagt, Unsinn. Die einzige Lösung – hierüber sind wir uns einig – ist der Kommunismus und das heißt: die Diktatur des Proletariats. Wie aber sollten sich die Kapitalisten aus freien Stücken zu dieser Erkenntnis durchringen oder gar nach ihr handeln? Sie müssen sich, umgekehrt, immer erbitterter gegen das richtige Bewußtsein absperren, denn sonst untergraben sie automatisch die eigene Existenz. Und es ist nur ein Zeichen ihres nahen Endes, daß sie sich heute in Orgien der Selbstverblendung gefallen.«
Die Zwillinge saßen stumm da wie Wächter. Von den Worten Neuberts getroffen, stierte Georg auf die dunkle Kaminöffnung, in der sich zerknitterte Zeitungen, Zigarettenstummel und abgebrannte Streichhölzchen häuften. Eine Menge unverdaulichen Zeugs. Das also ist unsere wahre Situation, dachte er, und wo stecken die Leute meinesgleichen, diese Gebildeten, wie sie sich nennen –
»Tag beieinander«, sagte die junge Frau, die eben hereinkam. Sie warf eine Mappe hin. Ihre kurzgeschnittenen Haare fielen zu beiden Seiten herunter.
»Hat Karl Bericht erstattet?« fragte Neubert die Frau.
»Kein Karl in der Sitzung gewesen.«
»Nanu.«
»Wenn ich dir sage. – Wir haben über eine Stunde gewartet.«
»Schweinerei. Und du – was sagst du?«
»Vielleicht unterhandelt er noch.«
Die junge Frau verließ achselzuckend das Zimmer. Sie schienen hier in einem fort zu kommen und zu gehen . . . Diese Gleichgültigkeit der Gebildeten –
»Eure Flugblätter waren so schlecht«, rief es aus der anderen Zimmerecke, »daß mich gar nichts mehr wundert.«
»Quatsch' nicht, Ruth, ja . . .«
Ruth mußte schon die ganze Zeit im Zimmer gewesen sein. Georg, der sie jetzt zum erstenmal bemerkte, erkannte in

ihr das blonde Mädchen wieder, das ihm aufgemacht hatte. In ihrem Hängekleid erweckte sie den Eindruck einer Fabrikstudentin, die beflissen dem Ziel zustrebte, eine Arbeiterin aus dem Volk zu werden.

»Wenn man bedenkt«, sagte Georg, »wie gewissenlos die Gebildeten dahinleben. Kaum einer von ihnen setzt sich ernsthaft mit den bestehenden Verhältnissen auseinander und empört sich gegen das Unrecht, das heute geschieht. Im Gegenteil, die meisten halten noch immer ihre seelischen Privatkonflikte für wichtiger als die äußeren Umstände und streben voller Idealismus nach oben, ohne je unten – ich meine, unten in der Gesellschaft – zu Hause gewesen zu sein. Und welches Gewicht sie auf ihre persönliche Freiheit legen, die doch nur ein elender Rest von Freiheit ist.«

»Richtig!« – Georg freute sich wie ein Schüler über die Zustimmung Neuberts – »Das fängt schon bei den kleinen Gewerbetreibenden an, die auf ihre Selbständigkeit pochen und faktisch zusehends in die direkte Abhängigkeit der großen Konzerne geraten. Die Kneipenwirte sind lauter Freiheitsapostel. Aber solange diese Zwergexistenzen im Rahmen des kapitalistischen Systems ihren Vorteil zu finden glauben, werden sie natürlich den Sozialismus bekämpfen. Und mit dem gehobenen Mittelstand verhält es sich keine Spur anders. Gerade weil er sich unaufhaltsam proletarisiert, klammern sich seine Angehörigen – Studenten, Beamte, Vertreter der freien Berufe – um so zäher an die ausgelaugten reaktionären Ideologien; in der unbewußten Hoffnung, dadurch das System zu stützen, dem sie ihre soziale Position verdanken.«

»Ist das nicht furchtbar? . . . Und diese gebildete Jugend, die sich von Seelendünsten umnebeln läßt . . . Man müßte das Ich ausräumen –« Plötzlich erinnerte sich Georg an das Linoleumzimmer von Pater Quirin. Damals hatte er sich gegen das Ausräumen gesträubt.

»Ja, ja ...« Neubert wandte sich an die Genossen: »Wenn die Sache nicht klappt, wird es morgen einen schönen Stunk geben.«
Er tuschelte mit den beiden. Die junge Frau trat ein, warf einen Blick auf die Männer und setzte sich zu dem blonden Mädchen. Zu trinken bekam man offenbar nichts. Da Georg sich am Kamin für vernachlässigt hielt, stand er auf, nahm sich, ohne zu fragen, noch eine Zigarette vom Tisch und schlenderte dann unauffällig in die Nähe der Frauen, die nach seiner Ansicht überhaupt zu wenig beachtet wurden. Sie brachen ihr Gespräch ab und hoben erstaunt die Köpfe.
»Kühl heute abend«, sagte er. Es fiel ihm nichts ein.
Die junge Frau sah Ruth an:
»Meinen Sie wirklich –«
Schweigen.
»Arbeiten Sie schon lange in der Partei?« fragte er Ruth. Wie bei einer Fremdenführung.
»Na sicher. Wo bist du gestern abend gewesen, Erna? Die Diskussion war fabelhaft organisiert, und wir haben dich alle vermißt.«
Georg erstarrte vollends. Sie taten wahrhaftig so, die Frauen, als sei er heimlich bei ihnen eingedrungen und habe sich damit einen unverzeihlichen Übergriff erlaubt. Nach einer kurzen, peinlichen Frist, die er der Form wegen zugab, kehrte er wieder an den Kamin zurück. Zum Glück war die Beratung dort abgeschlossen.
»Entschuldigung!« sagte Neubert. »Wir stehen aber in wichtigen Vorbereitungen, und morgen schneit uns überdies ein Genosse vom Z. K. herein.«
Ein Hauch der Revolution streifte Georg. Man mußte sich klar werden ...
»Ich möchte noch einmal auf das Verhalten der Gebildeten zurückkommen, das mich eben am meisten beschäftigt.«
»Gewiß doch ... Irre ich mich nicht, so haben Sie vorhin,

dem Sinn nach gesagt, daß die Freiheit des Individuums in der bürgerlichen Gesellschaft ein Schein ist. Entspricht durchaus marxistischer Auffassung. Nur ist Ihre negative Feststellung durch die positive zu ergänzen: daß mit dem Sprung aus der Anarchie der kapitalistischen Privatwirtschaft in die sozialistische Kollektivwirtschaft die echte Freiheit für ihren Schein eingetauscht wird. – Dieser Prozeß der Kollektivierung vollzieht sich zur Zeit in der Sowjetunion –«

Begierig unterbrach Georg:

»Wie gern erführe ich mehr über die Kollektive! . . . Ich könnte mir gut denken, daß manch einer durch den Zwang, im Kollektiv zu arbeiten, auf eine nützliche Weise abgeschabt würde. Das Kollektiv hebt seinen Eigensinn auf, zwingt ihn zur Preisgabe des falschen Überflusses und macht ihn so kahl, daß nur die wirklich notwendigen Dinge durch ihn hindurchscheinen. Sind Sie nicht auch der Meinung?«

»Mag sein«, entgegnete Neubert gereizt. »Jedenfalls ist die Verwirklichung des sozialistischen Aufbaus an die Verwandlung des bisherigen Privateigentümers in den Menschen des Kollektivs geknüpft. Nicht der Einzelmensch, sondern die Gemeinschaft ist das höchste Prinzip . . . Sie wissen natürlich, daß die Kollektive in der Sowjetunion bis oben hin durchgehen. Beim Film etwa gibt es keine Stars mehr, sondern nur noch anonyme Leistungen, deren Quell eben das Kollektiv ist . . .«

»Vielleicht ist so etwas beim Film möglich, aber –«

»Der Mensch drüben wird umkonstruiert«, schloß Neubert mit der Bestimmtheit des erfahrenen Technikers, der eine unbrauchbar gewordene Maschine neu instand setzt.

Georg kam nicht über seinen Einwand hinweg.

»Verlangt man denn auch, daß in den Kollektiven Kunstwerke erzeugt werden? Filme sind schließlich keine Kunstwerke . . . Ich kann mir nicht helfen, aber ich bin der festen Meinung, daß gewisse Leistungen immer dem hervorragenden Einzelmenschen vorbehalten bleiben . . . Überhaupt findet man vieles nur in sich selber.«

»Ach so! Sie glauben, der Künstler ist ein Ausnahmemensch.«

Ruth wies ihn mit einer Schärfe zurecht, die verriet, daß sie nicht allein seine bürgerlichen Vorurteile, sondern auch die Einbildung der Künstler verdammte. Künstler waren nicht besser als andere Menschen. Durch ihren Marxismus konnte sie die Künstler aus der Gesellschaft ableiten, und da sie diese genau übersah, erhob sie sich selbstverständlich auch über die Künstler. Merkwürdig, daß die Frauen auf einmal mitten unter den Männern saßen. Alle schienen von Georg eine Rechtfertigung zu erwarten; bis auf Neubert, der etwas zertrat und in die Kaminhöhle zu stoßen versuchte. Die junge Frau, die mit Erna angeredet wurde, ging zur Tür hinaus.

»In Moskau«, sagten die Zwillinge, »haben sich die revolutionären Schriftsteller und Maler zu Kollektiven zusammengeschlossen. Man diskutiert über die verschiedenen Ideen und führt dann das gewählte Thema gemeinsam durch . . . Das ist gut.«

Die Zwillinge hatten eine dunkle, ruhige Stimme und rollten das R. Wahrscheinlich sprach nur einer von ihnen, aber beide bildeten ein so unzertrennliches Kollektiv, daß immer derjenige zu sprechen schien, der gerade schwieg; wodurch in der Tat der Eindruck entstand, die beiden sprächen zusammen.

»Ich finde auch«, versicherte Georg nachgiebig, »daß das sehr gut ist. Um so mehr, als man ja eben bei Ihnen statt der Kunstwerke viel nötiger Darstellungen gebraucht, die eine revolutionäre Tendenz haben. Und solche Sachen gelingen wohl einer Gruppe gleichgesinnter Menschen am besten.«

Die zwei Genossen beugten sich aufmerksam vor: »Ich verstehe nicht.«
»Er will sagen«, erläuterte Erna, die ungeachtet ihrer häufigen Abwesenheit dauernd zugegen war, »daß die Kunst in der Sowjetunion keine richtige Kunst sei, weil sie propagandistische Ziele verfolgt.«
Ihn so zu verfälschen! Aber bevor er noch widersprechen konnte, fuhr Neubert, der gar nicht zugehört hatte, dazwischen.
»Du Ruth, ruf' doch mal bei Karl an, er möchte vorbeikommen.«
»Wozu –«
»Sei nicht albern, ja.«
Ruth schielte im Hinausgehen zu Erna hin, die ihre Haare zurechtschüttelte und sich einen Augenblick an Neubert schmiegte.
»Natürlich müssen alle künstlerischen Produkte mit der Generallinie übereinstimmen«, antwortete das Zwillingspaar. »Jedes Produkt, das ihr zuwiderläuft, ist konterrevolutionär und fällt damit in sich selber zusammen.«
Die Sicherheit, mit der die beiden ihr Urteil verkündeten, machte Georg befangen. Hinzu kam, daß er merkte: sie forderten nicht, sie tauchten aus den Ereignissen auf. Zum mindesten einer von ihnen war gerade in Moskau gewesen. Ob sie sich allerdings auch hier auskannten.
»Mir liegt doch nichts an der Kunst«, verteidigte er sich, »und erst recht nichts an reaktionärer Kunst. Ich behaupte nur –«
»Was Sie behaupten«, erklärte Neubert, »ist kleinbürgerlicher Individualismus.«
Da hatte er es. Nein, sie wollten ihn einfach nicht verstehen. Würde man denn ewig Partei sein müssen, ewig nur unbedingt? Und doch war es vielleicht in Ordnung, daß sich diese Leute hinter ihren Begriffsklötzen verschanzten. Dann blieb zwar die Schwierigkeit –

»Verzeihen Sie, wenn ich als Außenstehender dumm frage: aber da es nun einmal Tatsache ist, daß sich alle Gebildeten bei uns als besondere Individuen fühlen – warum versucht die Partei nicht auf ihre Anschauungen einzugehen und sie allmählich zu sich herüberzuziehen? Viele von ihnen neigen zum Kommunismus, und man stößt sie zurück ... Ich denke nicht etwa an Zugeständnisse ...«

»Die verkehrten Anschauungen, die innerhalb der Bourgeoisie herrschen, brauchen uns nicht allzu viel zu bekümmern. Erstens ist zu erwarten ...« – es war, als erteile Neubert Instruktionsunterricht – »... daß sich mit der wachsenden ökonomischen Misere der Intellektuellen ihr Individualismus von selber erledigen wird. Zweitens spielt die Einstellung der Mittelschichten, zu denen Ihre Gebildeten zählen, im Klassenkampf überhaupt keine ausschlaggebende Rolle. Nach Marx entscheidet sich bekanntlich das Kleinbürgertum immer für die siegreiche Klasse. Sobald also das Proletariat ans Ruder kommt, werden ihm die Intellektuellen wie eine reife Frucht zufallen ... Und was hätte, nebenbei bemerkt, die Partei zu tun, um sich eine größere Anhängerschaft unter der bürgerlichen Intelligenz zu erwerben?«

»Wie soll ich das sagen. Die Hauptsache war mir etwas anderes ...« Georg verzweifelte – schon wieder hatte ihn Neubert in ein Panorama versetzt. Man konnte nie zupakken, immer entstanden gleich Fernblicke und Perspektiven. Die Hauptsache war ihm diese unheimliche Starrheit gewesen, mit der man hier nicht nur den Intellektuellen begegnete. »Ich will offen sein. Ich habe manchmal das Gefühl, als ob Sie sich durch Ihre – nun ja, Ihre radikale Ausschließlichkeit – als ob Sie sich dadurch selber schädigten. Es sind so viele festeingewurzelte Ideen und Mächte vorhanden, die dem Kommunismus Widerstand leisten, und Sie weigern sich, irgendein anderes Denken zu prüfen und unter Umständen für die eigenen Zwecke zu benut-

zen. So hat die Gegenseite oft leicht gewonnenes Spiel . . . Bitte, verbessern Sie mich, wenn ich Unsinn rede« – Lauter Gesichter ringsum.
»Gäbe es nicht zum Beispiel doch eine Möglichkeit«, fügte er wie ein Getriebener hinzu, »daß sich die Partei mit der Sozialdemokratie praktisch verständigte? . . . Ich habe natürlich keine Ahnung –«
»Oho.«
Er bereute sofort, daß er das mit der Sozialdemokratie angebracht hatte. Die Zwillinge wuchsen feindselig in die Höhe und lächelten vor sich hin wie am Anfang des Abends. »Lenin hat gesagt –« Im Kamin rutschte ein Streichhölzchen über die Zeitungen herab.
Neubert: »Sie verkennen völlig das Wesen einer revolutionären Partei. Eine revolutionäre Partei schließt keine ideologischen Kompromisse; noch dazu mit Klassenverrätern. Ebenso wenig kann sie eine Kritik anerkennen, die von außen her kommt. Kritik an ihrer Taktik vermag einzig und allein das revolutionäre Proletariat zu üben, dessen Avantgarde die Partei ist.«
»Ich dachte nur – wegen der Widerstände.«
Beschämt hingestammelt. Er war von außen gekommen.
»Wir unsererseits rechnen mit einer baldigen Lösung. Die Partei hat einen Zulauf wie noch nie, und die nächste Wahl dürfte die SPD zahlreiche Mandate kosten. Das Übrige wird die Krise besorgen.«
Ein rot angezogenes Mädchen trat ein.
»Tag beieinander.«
»Ohne –«, fragte Neubert.
»Er hat noch eine halbe Stunde zu tun . . . Na, dieser Nachmittag, sage ich euch . . . Ich soll euch inzwischen bestellen, daß –«
»Hildchen«, rief Erna von draußen.
Er mußte Karl sein. Hilde räusperte sich verlegen, als sie Georg erblickte, und flüsterte dann mit Erna. Sie sah blaß

aus – ein Arbeitermädchen wie viele, aus einem der Hinterhäuser mit den vertauschbaren Eingängen. Aber diese Blässe vermochte nicht weiter um sich zu greifen, sondern wurde durch das Glück angehalten, das Hilde erfüllte. Das Glück, ein Zuhause zu haben: die Partei. Zweifellos hatte sie gehofft, hier nur die Genossen zu finden, und den Genossen konnte sie alles erzählen. Jetzt näherte sie sich den Zwillingen, die ihr zugenickt hatten. Und wie sie mit ihnen sprach, ereignete sich etwas Wunderbares: die beiden, die für Georg eine unzertrennliche Einheit gewesen waren, zerfielen in zwei ganz verschiedene junge Männer, deren jeder sich auf seine Weise zu Hilde verhielt. Der eine endigte auf -ew, der andere hatte hinten ein -ip. Von der dunklen Fensterwand aus streifte Ruth quer durch den Raum. Neubert, bei dem sie stehenblieb, legte den Arm um ihre Hüften und wippte dabei mit dem Stuhl. Ohne sich ihm zu entziehen, vermied es Ruth doch, Zärtlichkeiten zu äußern, die als bürgerlich hätten gelten können. In der kommenden Gesellschaft würde sich auch die Liebe verändern. Sie sprachen alle gleichzeitig von irgendeiner Abstimmung in den Betrieben, das Zimmer war voller Rauch. Figuren, Durcheinander, Warten . . . Sich selber überlassen, starrte Georg immer auf einen und denselben Punkt. Ich muß herausbringen, was mit dem Menschen los ist –
»Hören Sie«, fragte er Neubert erregt.
»Bitte.«
»Wir sind an einer Stelle nicht fertig geworden. Der Mensch im Kollektiv: wie ist es damit? Ich bin gewiß auch dagegen, daß sich einer zur Persönlichkeit aufbläht. Das Ich soll gerade umgekehrt klein werden, ganz klein. Darum sagte ich vorhin, man müsse das Ich ausräumen –«
»Erlauben Sie mal! Wovon reden Sie eigentlich in einem fort? Auch ich bin doch sozusagen ein Individuum, und ich erkläre Ihnen hiermit: ich habe niemals das geringste

Bedürfnis gespürt, mich von der Masse der übrigen Menschen als ein besonderes Wesen abzuheben, und kann mir erst recht nichts unter einem Ich vorstellen, das wie eine Wohnung ausgeräumt werden soll. Zugegeben selbst, daß es verschiedene Geschmäcker gibt, und der eine blonde Haare liebt, während der andere schwarz über alles schätzt – aber diese Differenzen, die Sie wahrscheinlich Eigenheiten nennen, sind nun wirklich ohne Belang. Was hat überhaupt Bedeutung? Bedeutung hat allein der Sieg der Revolution. Oder, wenn Sie durchaus wollen: der Einsatz des namenlosen Proleten bedeutet etwas.«

»Dann wäre der Mensch für sich gar nichts? Das habe ich nicht gemeint. Ich möchte, daß der Mensch auf seinen Grund dringt ... Ihn abschaffen dagegen ... Nach Ihrer Auffassung ist ja der Mensch nur für die Gemeinschaft da, nur ein Mittel zum Zweck der Gesellschaft ...«

»Richtig! – – – Wissen Sie, wenn mir die Leute mit ihrer Persönlichkeit daherkommen, pflege ich manchmal verdammt ungemütlich zu werden.«

»Und der Tod?« – in Georg hallte noch das Richtig nach – »jeder Mensch muß ganz allein sterben.«

»Wie das –«

»Ich sage: der Mensch stirbt doch nicht im Kollektiv, sondern allein. Also steht er auch außerhalb des Kollektivs.«

»Begreift ihr?« – Keine Antwort – »Daß die Menschen sterben, mein Lieber, ist eine simple Naturtatsache, an der wir leider einstweilen nichts ändern können ... Ich glaube mich aber in einem nicht zu irren: der Tod wird den vom Kapitalismus befreiten Menschen durch das Bewußtsein erleichtert werden, daß sie in der Gemeinschaft fortdauern, die ihr Leben war ... Wo steckt da ein Problem? Sie suchen Probleme, die keine sind.«

Neubert behielt den Mund offen und sah sein Gegenüber mißtrauisch an. Ich bin allein, dachte Georg. Und er wußte: die andern ahnten tatsächlich nicht, worum es ihm ging. Sie waren nie bei sich selber gewesen, sondern hatten von Anfang an ohne Ich nach außen gelebt ... So menschenlos ... Sein Blick fiel wieder auf Neubert, der jetzt mit einem solchen Gleichmut dasaß, als ob er sagen wolle: was ich sage, ist richtig. Er hatte ein fahles, mit Sommersprossen bedecktes Gesicht und wirkte an sich eher dürftig. Ein Nichts, wenn man ihn genau betrachtete. Doch dieses Nichts war von einer entsetzlichen Richtigkeit, und wer sich mit Neubert einließ, kam überhaupt nicht dazu, ihn so zu betrachten, weil seine Erscheinung hinter der Richtigkeit völlig verschwand.

»Ihr könntet endlich mit dem Gequassel aufhören«, rief Erna. »Schon den ganzen Abend ödet Ihr uns damit an. Dabei platze ich einfach vor Ungeduld, ob es morgen früh losgeht. Aber Ihr! Ihr seid Frösche. Persönlichkeit, Kollektiv, wie großartig das klingt – und die Arbeiter haben nichts zu fressen, jawohl! ... Laßt euch einpacken mit eurer Theorie! ... Wenn nur Karl käme –«

Sie stand herausfordernd am Kamin. Die beiden Genossen lächelten wie Lehrer. Neubert regte sich nicht.

»Ist es nicht nötig«, fragte Hilde schüchtern, »daß man sich theoretisch vollkommen aufklärt?«

»Hildchen, mein Kind –« Erna streichelte das blasse Mädchen und ging hinaus.

»Sie hat heut ihren schlechten Tag«, meinte Ruth.

Sämtliche Stühle wurden gerückt. Georg fühlte sich zu Erna hingezogen, obwohl diese auch gegen ihn gesprochen hatte, und warf sich im stillen vor, daß seine Einwände vielleicht ausgeklügelte Feinheiten waren. Am Ende bin ich überflüssig, ging es ihm durch den Sinn. Aber konnte er anders? Eine tiefe Niedergeschlagenheit bemächtigte sich seiner. Was soll ich tun, man muß etwas tun ... Die Zeitung ... Neuberts Frage vorhin –

»Sie fragten mich im Laufe des Gesprächs«, sagte er zu

diesem, »wie sich die Partei eine größere Anhängerschaft unter der Intelligenz verschaffen könne. Nun, auf keinen Fall, denke ich, schadet es etwas, wenn man den Gebildeten immer wieder zeigt, daß ihre Angst davor, in einem sozialistischen Staat die Freiheit zu verlieren, ein bloßes Hirngespinst ist. Da sie dann keine Existenzsorgen mehr zu haben brauchen, werden sie in Wirklichkeit viel freier sein als jetzt. Erst das Kollektiv macht sie zu den Persönlichkeiten, die sie sein wollen ...« Er berauschte sich ordentlich an seinen Schlüssen – »Ich habe die feste Absicht, bei uns im ›Morgenboten‹ derartige Dinge anzubringen. Zum Beispiel in meinen Vortragsberichten.«
Die Zwillinge wiegten bedächtig den Kopf.
»Werden Sie das im ›Morgenboten‹ schreiben dürfen?«
»Selbstverständlich.«
»Ich bin nicht so sicher«, erklärte Neubert. »Übrigens stand gerade gestern bei Ihnen ein groß aufgemachter Artikel, der ohne ersichtlichen Anlaß gegen die planwirtschaftlichen Tendenzen wütet. Der Verfasser wärmt das alte Argument auf« – Neubert wandte sich mit höhnischer Stimme den Genossen zu –, »daß nur die Privatinitiative dazu imstande sei, einen so komplizierten Organismus wie die deutsche Wirtschaft aufrechtzuerhalten. Bestellte Arbeit natürlich.« Wieder zu Georg: »Sie haben den Artikel gelesen?«
»Nein.« – Er las die Zeitung so gut wie nie. – »Aber ich sehe auch nicht ein, inwiefern mich ein derartiger Artikel hindern soll. In der Zeitung steht viel, und was mich betrifft, so konnte ich bisher immer alles schreiben, wozu es mich trieb ... Erinnern Sie sich an meinen Kongreßbericht.«
»Das war einmal. Inzwischen hat sich die Situation wesentlich geändert. Man munkelt so mancherlei, und das Gerücht, daß sich Ihr Verleger Petri neuerdings um Kredite bemüht, dürfte nicht ganz von der Hand zu weisen sein.

Sollte es sich bewahrheiten – der erwähnte Artikel bestärkt nur die Vermutung –, so werden die Geldgeber ihre Bedingungen stellen. Mir scheint, daß Sie in Ihrem Optimismus diese Vorgänge nicht genügend einkalkulieren.«
»Ich höre davon zum erstenmal«, sagte Georg betreten. Es war ihm im Augenblick nicht klar, welche Folgen die betreffenden Vorgänge für ihn selber hatten.
Ruth lachte geringschätzig: »Wo leben Sie eigentlich?«
Er beachtete sie nicht.
»Je länger ich nachdenke, desto weniger glaube ich an das Gerücht. Bei den vielen Inseraten, die eben in der Zeitung sind . . . Und auch die Stimmung im Haus spricht dagegen.«
»Der Schein trügt«, bemerkte Neubert. »Ich meinerseits nehme an, daß Petri zu große Investitionen gemacht hat. Aber sogar, wenn er nicht in der Klemme ist – solche Gerüchte entstehen selten grundlos. In unserem Fall wären sie darauf zurückzuführen, daß Petri seit einiger Zeit viel in bestimmten, sehr kapitalkräftigen Kreisen verkehrt; denselben, die ihn seiner sozialistischen Neigungen wegen sonst immer scheel anzusehen pflegten. Er hat eine feine Nase, der Bursche. Wahrscheinlich wittert er längst, daß in der Krise der Kurs zunächst scharf nach rechts geht, und trifft bereits seine Maßnahmen, um sich den Anschluß zu sichern.«
»Immerhin . . .« – Georg versuchte sich zu trösten – »halten auch Sie es für möglich, daß keine geldlichen Schwierigkeiten bestehen. Und bis mich der Umschwung erreicht – Außerdem kann ich nur wiederholen, daß mir nie ein Zwang auferlegt worden ist. Ich hätte ihn mir auch nie gefallen lassen. Die Leute sind in dieser Beziehung äußerst anständig bei uns. –«
»Der Anstand hat seine Grenzen am Klasseninteresse.«
»Wir werden sehen.«
»Wir werden sehen.«

In dieser Sekunde fiel Georg die Szene mit Albrecht damals ein, und seine Zuversicht wich der Bedrängnis. Das Panorama donnerte herauf; China war nicht mehr fern. So würden jene gespenstischen Weiten auch ihn selber verschlingen ... Und doch vermochte er nicht zu fassen, daß er ihrem Ansturm ausgeliefert sein sollte. Als wäre das Ganze ein Puppenspiel.
Gefolgt von Erna erschien ein jüngerer kräftiger Mann mit entschlossenen Zügen. Eine Art Mechaniker. Karl.
»Abgeblasen«, sagte Erna.
Karl machte eine Bewegung, als streiche er etwas aus, und musterte rasch den Kreis.
»Wer –« Er wies mit dem Kopf auf Georg. Neubert erteilte Auskunft. Alle standen herum.
»Ich will nicht stören«, sagte Georg.
Nach einem prüfenden Blick gab ihm Karl die Hand.
»Bleiben Sie, wenn Sie wollen.«
In der Nähe sah er völlig erschöpft aus. Hilde schob ihm einen Stuhl hin. Die Zwillinge blieben im Hintergrund.
»Mach' Tee, Erna«, sagte Karl.
Seinen stoßweise herausgeschleuderten Sätzen entnahm Georg, daß ein von den Kommunisten propagierter Streik in letzter Minute durch ein Manöver der Gewerkschaftsvertreter hintertrieben worden war. Karl sprach von Wortbruch, er sagte: »Unsere Leute kochen vor Wut.« Es bildete sich ein Knäuel, aus dem Neuberts Stimme drang. Der Genosse vom Z. K., die Flugblätter, eine neue Aktion – sie schienen die Anwesenheit Georgs vergessen zu haben. Erna brachte den Tee. Georg entfernte sich schweigend. Wie er an der Tür war, winkte Karl ihm noch zu.
Der Hof lag im Dunkel.

»Was ist?«
Herr Krug, der offenbar nur die Tür hat gehen hören, steht mitten im Zimmer und blickt verwirrt vor sich hin; als sei

er in seinem eigenen Redaktionszimmer zu Gast. Wann immer sonst Georg ihn frühmorgens besucht, sitzt er geborgen am Schreibtisch und liest die Zeitungen durch oder gibt doch vor, sie zu lesen, und Georg, an dieses Schauspiel gewöhnt, wartet geduldig, bis der Schreibtischstuhl kreist und Herr Krug sich ihm zuwendet, mit seinen freundlichen Backen, die unter der Hut der zwei Brillengläser gedeihen. Und heute? Aber auch das Zimmer ist nicht mehr wiederzuerkennen. Draußen liegt Schnee, schöner weißer Schnee, die kleine Sonnenscheibe hängt über den Dächern, und alles wäre danach angetan, daß der warme Raum lautlos in den Frieden des Winterbildes hineindämmerte. Statt dessen ist er völlig verstört; einem Schläfer gleich, der plötzlich aus dem Traum aufgeschreckt worden ist.

»Was ist?«

Einen Augenblick später entdeckt Georg die Ursache der Veränderung: die Möbel sind neu. Anstelle des bisherigen Schreibtischs, der mit dem Zimmer zusammen gealtert war und sich so wenig aus ihm wegdenken ließ wie das Fenster oder die Tür, macht sich ein kastenförmiges Ungetüm breit, das anmaßend gelb glänzt. Es erzeugt einen luftleeren Raum um sich, in dem die Stäbe einer Etagere aufsteigen, die zahlreiche moderne Unterkunftsmöglichkeiten bietet. Vergeblich sucht sich Georg des ehemaligen Regals zu erinnern, das abhanden gekommen zu sein scheint. Wie er den Sessel betrachtet, vermißt er nicht ohne Bedauern das graue Füllsel, an dem er heimlich zu zupfen pflegte. Es sproß aus der einen Lehne hervor.

»Man hätte mich zum mindesten gestern verständigen sollen«, sagt Herr Krug, der immer noch hilflos dasteht. »Aber nein, alles wird abgeladen und umgeräumt, wie es den Herrschaften paßt ... Zum Überfluß hat sich die Sekretärin krank gemeldet. Und nun stehe ich in dieser Rumpelkammer und finde mich nicht zurecht.«

In der Tat gewinnt Georg den Eindruck, als seien die verschiedenen Möbelstücke hier willkürlich aufgespeichert. Die Etagere ragt ein ganzes Ende weit über den Türrahmen hinaus, und der gelbe Schreibtisch drängt blindlings der Zimmermitte entgegen. Sämtliche Gegenstände sind zufällig und verschoben.
»Ich suche und suche ...«, murmelt Herr Krug.
Er spricht mit sich selber und läßt dabei den Blick unruhig über seine Papiere schweifen, diese Stöße von Zeitungen, beschriebenen Bögen, Briefen und Manuskripten, durch die er sich, wie er jedem Besucher seufzend versichert, tagtäglich hindurchwühlen muß. Bildeten sie früher stets eine verwahrloste Blättermasse, die aber trotz ihrer scheinbaren Unordnung nach strengen Regeln zusammenhing, so lagern sie jetzt in gleichmäßig hohen Haufen säuberlich auf der Schreibtischplatte. Kein Zweifel, eine fremde Hand hat sich an ihnen vergriffen, sie vielleicht gar zu ordnen gedacht. Dennoch kann sich Georg die Erregung Krugs nicht hinreichend erklären. Die Papiere werden schon vollzählig sein, und es wäre ein Leichtes, jene alte Unordnung wieder herzustellen. Auf einmal fährt Herr Krug in die Haufen, nimmt mehrere Blätter weg und legt sie dann geistesabwesend daneben.
»Ich helfe Ihnen gern«, sagt Georg.
Kaum hat er sich dem Schreibtisch genähert, so entringt sich Herrn Krug ein böser, unverständlicher Laut, und sein einer Arm schießt blitzschnell vor, um die abgehobenen Papiere zu verdecken. Entsetzt weicht Georg zurück. Aber er hat noch gerade gesehen: die Zeitungen sind verjährt, und der Brief obenauf trägt das Datum: 15. März.
Das also ist es gewesen. Manuskripte, derentwegen man jeden Winkel durchforschte, Nachrichten, die einmal viel bedeuteten, Wünsche und Klagen, die zu ihrer Zeit eine Antwort verlangten – sie alle wurden in diesen Haufen beseitigt. Wer hätte sie nicht längst vermodert geglaubt?

Da kommt eines Tages irgendeine Bewegung in Gang, die sich dem Zimmer mitteilt, und es geschieht des Ungeheuerliche: die Finsternis beginnt sich zu rühren, und der ganze vergessene Wust droht aus den Gräbern zu flattern . . . Herr Krug sieht stumm zum Fenster hinaus. Man müßte wissen, was er Abend für Abend allein in der Zeitung tut, während jener Stunden, die er nach seiner eigenen Angabe regelmäßig zur Aufarbeitung des Tagespensums benutzt. Sicher sitzt er zunächst einfach am Schreibtisch und lauert darauf, daß sich die Sekretärin verabschiedet und kein Bote mehr über die Korridore streicht. Eine große Stille tritt ein, und nun hat er vielleicht wirklich die Absicht, sich mit seinen Papieren zu beschäftigen: Wertloses auszusortieren, liegengebliebene Korrespondenz zu erledigen und den einen oder anderen Artikel für den Druck herzurichten. Aber gerade weil er so allein ist, bemächtigt sich seiner die unabweisbare Empfindung, als ob er über dieser Tätigkeit etwas ungleich Wichtigeres versäume. Die Frage ist nur, worin es besteht. Georg vergegenwärtigt sich, wie sich Herr Krug in der Stille, die herrscht, grübelnd zurücklehnt und mit dem Stuhl fortwährend Kreise beschreibt. Er umkreist sich gewissermaßen selber, ohne doch – allen solchen Anstrengungen zum Trotz – das Gesuchte je finden zu können. Es ist begraben, endgültig begraben. Zuletzt hält er erschöpft inne. Langsam erinnert er sich wieder seiner Papiere, mustert sie mit einem Lächeln, das sich Georg so verzweifelt wie grausam vorstellt, und fügt den vorhandenen Blättern ein paar neue hinzu. Sollen sie wachsen, diese Haufen, immer höher, bis zur Decke empor . . . Es schneit draußen. »Der Stuhl«, ruft Georg. Wahrhaftig, in der linken Fensterecke steht, wie durch ein Wunder gerettet, der alte Schreibtischstuhl. Herr Krug, der sich umgedreht hat, bemerkt ihn jetzt ebenfalls und läßt sich auf ihm nieder. Seine Backen sind grau und zerknittert. Plötzlich fängt er zu reden an. Er spricht von seiner Vergangenheit, er hat ersichtlich das Bedürfnis, sich auszusprechen. Es stellt sich heraus, daß er gleich damals, als Dr. Petri die Zeitung kaufte, von diesem engagiert worden ist, also mit Lawatsch zu den ältesten Redakteuren gehört. Je mehr er in Zug kommt, desto offener macht sich ein ungeahnter Groll gegen Petri Luft. Petri habe es nicht nur stets verstanden, ihn mit Hilfe billiger Schmeicheleien und leeren Versprechungen wie einen Sklaven auszubeuten, sondern sich seiner auch oft zu den fragwürdigsten Zwecken bedient. Und zum Dank dafür seien dann jüngere Redakteure, denen es unstreitig an der nötigen handwerklichen und menschlichen Reife fehle, ihm, Krug, rücksichtslos vor die Nase gesetzt worden –

»Wenn Sie überhaupt wüßten, was in diesem Hause alles vor sich geht. In den besten Formen natürlich, wir sind ja gesittete Menschen. Fragen Sie Lawatsch, er kennt die Dinge genau so wie ich ... Oh, ich könnte Ihnen Geschichten erzählen –«

Der neuen Möbel nicht eingedenk, stößt er sich im Erzählen an der Schreibtischkante – ein Mißgeschick, das seine Erbitterung eher noch steigert. Georg versteht auf einmal, warum Krug so geworden ist, wie er ist, und vermag doch kaum zu fassen, daß das derselbe Mann sein soll, der weit und breit als der ergebenste Anhänger Petris gilt und von der gesamten Redaktion bis zu Fräulein Peppel hinunter für die Verkörperung freundlichen Wohlwollens gehalten wird. »Ja, unser Krug«, sagen alle Herren im Haus und schmunzeln dazu so verklärt, als ob sie schon bei der bloßen Namensnennung die Freundlichkeit Krugs schmeckten.

»Ich verhehle mir im übrigen nicht«, fährt dieser fort, »daß die Zeitung kein Einzelfall ist, sondern nur das Spiegelbild der Verhältnisse im allgemeinen. Welche Erfahrungen habe ich nicht in der Gesellschaft gemacht! Man zeichnet wohltätige Spenden und gibt den eigenen Hausangestellten nicht genügend zu essen; man predigt Gemeinschaftssinn und lebt sich persönlich hemmungslos aus. Von einigen rühmlichen Ausnahmen abgesehen, beobachte ich ringsum die schlimmste Verhärtung ... Gewiß, auch ich bin für die Persönlichkeit; aber ich würde doch niemals echte Selbstbehauptung mit krasser Selbstsucht verwechseln. Wie mir scheint, kann sich sogar das Individuum in einem sozialistischen Staat besser als unter den heutigen Bedingungen entwickeln ... Sie merken vermutlich, daß ich Ihre letzten Berichte mit großem Nutzen gelesen habe. Ich stimme Ihnen so vorbehaltlos zu, daß ich nicht anstehe zu erklären, der Umsturz der kapitalistischen Weltordnung würde mir keine einzige Träne entlocken.«

»Das freut mich wirklich«, versichert Georg. Er ist noch zu betroffen, um der Bekehrung Krugs voll inne zu werden. Diese Enthüllungen aus der Zeitung! Schade nur, daß sie sich durchweg auf vergangene Ereignisse beziehen. »Ist Ihnen nichts näheres über Veränderungen bekannt, die bei uns stattfinden sollen? Ich habe das bestimmte Gefühl, es liegt etwas in der Luft ... Die Hauptsache wäre natürlich, herauszubringen, ob Petri Kredite aufgenommen hat oder nicht. Daß er selber es leugnet, ist schließlich kein Beweis ... Wir gerieten in eine furchtbare Abhängigkeit ...«

Das Telefon läutet. Herr Krug greift ins Leere. Der Apparat befindet sich am Boden; zwischen Schreibtisch und Fenster. Niemand meldet sich mehr.

»Wohl aus dem Haus«, meint Krug. Ein wenig zerstreut: »Veränderungen? Daß uns Albrecht zum 1. Januar verläßt, werden Sie wissen. Die Berliner Großbank hat ihn endlich gekapert. Oder er sie ... Es heißt, er heirate bei dieser Gelegenheit auch.«

»Wen?«

»Ein Fräulein Walter, wenn ich recht unterrichtet bin ... Sagen Sie, kennen Sie nicht das Mädchen überhaupt? Ohly

hat mir so etwas erzählt . . . Nach allem, was man hört, hat es Albrecht wieder einmal geschafft.«
Beate – – –
»Pardon, ich störe doch nicht?«
Ein Herr ist eingetreten, ein jüngerer, verbindlich grüßender Herr mit straff durchgebürsteten Haaren und einem gestreiften Anzug, aus dem ein rötlicher Füllfederhalter hervorguckt. Sicher stecken im Innern noch andere Halter. Der gestreifte Anzug sitzt so vorzüglich, als sei auch der Herr auf Maß gearbeitet worden.
»Unser neuer Geschäftsführer, Herr Grün.«
Herr Grün grüßt verbindlich.
»Da ich am Telefon keine Antwort erhielt, komme ich einfach gleich selber vorbei. Die Zentrale funktioniert offenbar schlecht . . .« Er sieht sich im Zimmer um: »Ich wollte mich nur davon überzeugen, ob meine Anweisungen befolgt worden sind.« Seine Worte strömen mit einer Leichtigkeit heraus, die darauf schließen läßt, daß er sie immer gebrauchsfertig bei sich hat. Wie die Füllfederhalter. Nichts weiter nötig, als irgendwo aufzudrehen. – Beate – Albrecht – Und ich habe nicht das geringste gewußt –
»Na also –«
Herr Grün bleibt vor der Möbelfront stehen, hält den Kopf schräg, wiegt sich gönnerhaft hin und her und prüft mit einem zugekniffenen Auge den Sessel.
»Alles in Schuß. Auch der Sessel ist wieder tadellos, finden Sie nicht.«
»Besonders angenehm hat mich Ihre Fürsorglichkeit überrascht«, entgegnete Herr Krug. »Ich komme heute früh zur Tür herein und denke weißgott, daß die Firma neuerdings Heinzelmännchen beschäftigt . . . Was meine Papiere betrifft –«
»Oh, seien Sie bitte ganz unbesorgt« – Herr Grün hebt beschwörend die Arme – »Ihre Papiere sind uns ein Heiligtum.«

»Ich weiß, ich weiß . . .« Krug überfliegt das Zimmer. »Dieser Sessel – eine wahre Pracht, auf mein Wort. Und dann die Etagere . . . Wenn ich aufrichtig sein soll, habe ich allerdings das Gefühl, als müsse sie etwas zurückgeschoben werden. Aber ich kann mich ebenso gut irren.«
Warum Beate nicht lieber mit Ohly – Herr Grün sieht die Etagere an, die Etagere mit ihren leeren Gefächern sieht Herrn Grün an. Er geht auf sie zu, beklopft sie und schiebt an ihr herum, ohne sie auch nur um ein Haar breit von der Stelle zu rücken.
»So gut –«, fragt er schnaufend.
»Ausgezeichnet.«
Und wirklich: obwohl sich nichts geändert hat, scheinen doch jetzt alle Mängel behoben. Die Möbel sind zu einer kompletten Einrichtung geworden, sie haben sozusagen einen lebendigen Mittelpunkt erhalten, auf den sie sich sinnvoll beziehen können. Vom Bewußtsein erfüllt, dieser Mittelpunkt zu sein, sitzt Herr Grün, selber komplett, in lässiger Haltung auf der Sessellehne, und es ist, als liefen die Streifen seines Anzugs über sämtliche Möbelflächen hinweg . . . Was habe ich noch mit Beate zu tun – – –
»Ich möchte Ihnen mein persönliches Kompliment machen« – Herr Grün wendet sich unvermittelt an Georg – »Ihre Berichte aus den letzten Wochen haben mich in helle Begeisterung versetzt. Nebenbei bemerkt, auch Herr Doktor Petri, der sie mir gestern in die Hand drückte, ist sehr davon angetan. Natürlich spreche ich nur als Laie, doch wenn ich das eine sagen darf: Sie servieren diese Referate genau in der richtigen Form. Das Publikum, sage ich immer, zieht spritzige Ausfälle bei weitem den sachlichen Langweilern vor und will heute mehr denn je durch eine scharfgewürzte Kost angeregt werden . . .« Zu Krug: »Wir sollten häufiger solche Sachen haben.«
»Wie bitte –«
Herr Krug hat nicht recht hingehört, weil seine Papiere

inzwischen in Verwirrung geraten sind. Offenbar ist er bei irgendeiner Gelegenheit mit dem Arm ausgefahren. Wie verzaubert brütet er über dem Durcheinander.
»Pardon«, sagt Herr Grün. Immer verbindlich.
»Bitte, bemühen Sie sich nicht . . .« Herr Krug blickt auf. »Ja, unser junger Freund hier ist ein Schwerenöter . . . Obwohl ich Ihnen gestehen muß, daß ich meinerseits auf rein sachliche Referate nur ungern Verzicht leisten würde.«
Als ob ich in einer Tarnkappe steckte, denkt Georg, den das Urteil Petris über seine Berichte verfolgt. Mittendrin fällt ihm Neubert ein, und er triumphiert innerlich. Kann er nicht tatsächlich alles schreiben, was er schreiben will? Die Kommunisten haben eben doch Unrecht gehabt, ihre Prophezeiung, daß man ihm das Handwerk legen werde, ist nicht in Erfüllung gegangen.
Herr Grün schwingt sich vom Sessel ab.
»Noch eine vertrauliche Mittelung, meine Herren! Die Setzer im Reich drohen mit einem Streik, und wir machen uns auf neue Lohnkämpfe gefaßt, deren Ausgang völlig ungewiß ist . . . Daß die Drahtzieher die Kommunisten sind, liegt auf der Hand. Unglaublich, daß diese Bande auch unter den besonnenen Elementen zusehends Anhang gewinnt . . . Es wäre die höchste Zeit, sage ich immer, der kommunistischen Hetze mit allen Mitteln entgegenzutreten.«
Seine Haare glänzten wie lackiert, seine Streifen sind in Reih und Glied aufgepflanzt. Die Unordnung auf dem Schreibtisch hat sich vergrößert.
»So sehr ich Ihren Standpunkt würdige«, äußert Herr Krug, »so wenig möchte ich mich zu der Unbilligkeit hinreißen lassen, die Kommunisten in Bausch und Bogen zu verdammen. Mein Kollege wird Ihnen bestätigen, daß ich mich nicht scheue, manche Forderungen der Kommunisten als durchaus berechtigt anzuerkennen. Unsere

Hauptgefahr ist – auch und gerade in der Politik – die Einseitigkeit. Aus diesem Grunde habe ich ausdrücklich nur von manchen Forderungen gesprochen; andere sind, wo nicht unberechtigt, so doch utopisch zu nennen. Ja, wenn ich das Für und Wider abwäge, gelange ich sogar zur Ansicht, daß der Kommunismus, im großen und ganzen betrachtet, ein bedenkliches Abenteuer ist, das von allen vernünftigen Menschen abgelehnt werden muß. Ich sage bedenklich, und werde hierin durch Ihre erschreckenden Mitteilungen bestärkt. Sie sehen also, wir stimmen in den wesentlichen Punkten annähernd überein, ohne daß ich freilich in allen unwesentlichen soweit ginge wie Sie; wobei ich nicht zu entscheiden wage, was jeweils wesentlich oder unwesentlich ist.«

Herr Grün hebt sich auf den Zehenspitzen.

»Sie treffen den Nagel auf den Kopf.«

Er bleibt einen Augenblick andächtig in der Schwebe, senkt sich dann behutsam und sieht mit einem Ruck nach der Uhr.

»Meine Herren, die Pflicht . . .«

Nachdem er entschwunden ist, richtet sich Herr Krug am Schreibtisch ein; ganz so, als sei der Schreibtisch nie ausgetauscht worden. Seine Backen sind wieder die alten freundlichen Backen. Georg starrt zu Boden . . . So getreten zu werden, wie ein Wurm sich krümmen zu müssen . . .

Die Möbel stehen auseinander. Das Zimmer ist fremd.

»Mein tägliches Brot«, stöhnt Herr Krug, auf die Papiermassen deutend. »Also, mein Lieber, bis morgen.«

Er kreist mit dem Stuhl.

»Sehr erfreut.«
Bankdirektor Heydenreich gab Georg die Hand. Seine Frau und er standen an einer breiten Türöffnung, durch die man aus dem eben von Georg durchschrittenen saalartigen Raum in ein großes Nachbarzimmer blickte, das mit einer Menge Besucher angefüllt war. Georg wollte die Begrüßung zu einem Gespräch ausspinnen, aber die ihm gewährte Audienz war schon zu Ende. Überhaupt wirkte der Hausherr ziemlich unnahbar. Er hatte eine näselnde Stimme, die immer erst eine Flucht von Gemächern zu passieren schien, ehe sie schließlich nach außen drang, und trug seinen Bauch so würde voll zur Schau, als ob es sich nicht um einen gewöhnlichen Bauch, sondern um ein wohlabgerundetes Besitztum handle. Der Herr mit dem Vollbart neben ihm mußte Professor Fischer sein; wenigstens entsprach er der Beschreibung, die Rosin seinerzeit entworfen hatte... Fischer, Sie wissen doch, Fischer...
»Herr Professor, darf ich Ihnen ...«, sagte Frau Heydenreich.
Sie stellte Georg vor und erwähnte dabei seine Tätigkeit am »Morgenboten«. Georg verbeugte sich höflich. Zu seiner Enttäuschung kehrte ihm Professor Fischer gleich nach der Vorstellung den Rücken zu – ein Verhalten, das zweifellos dem Bewußtsein des unermeßlichen Abstands zwischen der strengen Wissenschaft und einem oberflächlichen Journalismus entsprang. Möglicherweise war auch Fischer gerade zerstreut. Während Georg überflüssig dastand, erzeugte Frau Heydenreich aus irgendwelchen gesellschaftlichen Gründen ein Lachen, das genau so klang, als versetze sie ein paar helle Glöckchen in Schwingung, die gar nicht in ihr selber angebracht waren. Dann zog sie einen hübschen Jüngling hervor.

»Das ist Robby ... Ich glaube, Robby möchte Sie kennenlernen.«
Robbys flachsblonde Haare waren wie die eines Mädchens gekräuselt. Er erzählte, daß er bei Fischer studiere und Georgs Berichte sehr mutig fände. Rosin sei zwar öfters etwas verwirrt, meinte er grinsend, wisse aber in der Tat unerhört viel. An diesem Punkt angelangt, wurde er von Frau Heydenreich abberufen, die ihn offenbar wieder gebrauchte. Sie hatte eine Perlenkette um den Hals, und auf ihrem Kleid, das ganz leicht und einfach herabfloß, prangte eine riesige gelbe Blüte.
Ich werde jetzt ebenfalls hinübergehen, beschloß Georg und schlenderte mit einer absichtlich blasierten Miene ins Nachbarzimmer, in dem er schon seit geraumer Zeit das Büffett vermutete. Es befand sich auch wirklich dort, wurde jedoch so hartnäckig belagert, daß er sich nur allmählich durchwinden konnte. Endlich hatte er die vorderste Linie erreicht, und beim Anblick der Geflügelplatten, des zarten Salms, der bunten Salate und der überschäumenden Torten ließ ihn seine Blasiertheit sofort im Stich. An ihre Stelle trat die nackte Gier, sich möglichst vielerlei aufzutischen. Noch schweifte er, ihr gehorchend, von Schüssel zu Schüssel, da stieß er plötzlich gegen einen Herrn, der dasselbe Gebiet durchforschte wie er. »Elster«, sagte der Herr. Sie wechselten einige liebenswürdige Worte, die in Wirklichkeit darin bestanden, daß sich Herr Elster der Entschuldigungen Georgs spielend erwehrte. Ein gepflegter älterer Herr mit glatten rosigen Wangen und einem Siegelring an der Hand. Georg beobachtete ihn, wie er sich gemessen in der Richtung der Gläser und Flaschen entfernte, und suchte dann im beklemmenden Gefühl, daß ihm selber diese Art Überlegenheit fehlte, eine ruhige Ecke auf, um sich ungestört seiner Beute zu widmen. So war doch der Abend nicht völlig verloren. Warum sich überhaupt Frau Heydenreich, bei der er bisher nie zu Gast

gewesen war, auf einmal seiner erinnert haben mochte? Wir gehen alle in den Fischer-Vortrag, hatte sie ihm vorgestern früh telefoniert, und hinterher trifft sich noch die ganze Gesellschaft bei uns. Vielleicht hatte sie vorausgesetzt, daß er über den Vortrag berichten müsse, und ihn im Interesse Fischers, mit dem sie anscheinend neuerdings ihren Salon schmückte, zu beeinflussen gehofft. Dieser Verdacht, der leider erst jetzt in ihm aufstieg, erfuhr dadurch eine gewisse Bestätigung, daß Frau Heydenreich sein gleich zu Beginn abgelegtes Geständnis, er sei in letzter Minute am Besuch des Vortrags verhindert gewesen, tatsächlich etwas ungnädig aufgenommen hatte. Als ob er auch noch freiwillig Vorträge besuchte! Ordentlich heiter gestimmt, stellte er den leeren Teller ab; wobei er entdeckte, daß die von ihm vertilgte Portion längst nicht an die gewaltigen Massen heranreichte, die sich auf anderen Tellern häuften. Das alte Lied; wann immer er rücksichtslos zu sein glaubte, fanden sich doch jedesmal Leute, die ihn weit überholten, und es ergab sich, daß er sich zu schüchtern benahm. Wenn Professor Fischer besonders unmäßig zugriff, so erklärte sich das freilich daraus, daß er gerade mit einem weißhaarigen Kollegen ein wissenschaftliches Problem erörterte, über dessen Tiefgründigkeit er die mehr mechanische Arbeit des Essens zu unterbrechen vergaß. »Sie kennen natürlich Charlie«, sagte Robby, der mit einem Mädchen vorbeizog. »Aber nein, kennen Sie wirklich Charlie nicht? Und ich dachte, alle Welt ist mit Charlie bekannt. Soll ich Ihnen ein Geheimnis verraten: dieses Mädchen hier pflegt einsame Mondspaziergänge zu machen. Oder ist es nicht so, Charlie? . . . Ich muß weiter . . .« Charlie und er schlossen sich mehreren jungen Leuten an, die bald lose dahinstreiften, bald einen dichten Haufen bildeten. Das Zimmer war schwül und lärmte. Einer plötzlich entstandenen Strömung folgend, wandte sich Georg dem saalartigen Raum zu, aus dem er gekommen war, hielt aber an der Türöffnung erstaunt inne. Daß er das vorher nicht gesehen hatte! Der ganze Raum schwamm in einem gedämpften Licht, das sich, ohne einen sichtbaren Ursprung zu haben, nach allen Seiten hin gleichmäßig ausbreitete. Es verwob Wände und Decke zu einem einzigen blassen Grau, umspielte den freistehenden Diwan in der Mitte und ergoß sich über eine Unmenge behaglicher Sessel und Kissen. Eine schattenlose Salonlandschaft. Und um ihren Zauber noch zu erhöhen, leuchteten zwischen Hügeln und Büschen still wie Glühwürmchen vier inwendig erhellte Glasschränke, die sich längs der Fensterwand aufreihten und lauter glitzernde Dinge enthielten. Porzellanschalen, schöngeschwungene Gefäße, Ketten, Münzen, seltsame Tierchen. Georg, der den Raum im umgekehrten Sinn wie zu Anfang durchmaß, verweilte sogar flüchtig vor ihnen; aus einem unbestimmten Mitgefühl heraus, das ihn angesichts ihrer Feinheit ergriff. Als er sich der Rückwand näherte, hörte er irgendwo »Wundervoll« sagen.

Frau Heinisch. Sie saß in einer glänzenden Silberrobe im Hintergrund des Salons, und neben ihr stand verdrossen Dr. Wolff.

»Wundervoll«, hauchte sie, »daß ich Sie in dieser Wüste hier treffe.«

Wolff sah nach oben: »Also, ein andermal . . . Ich freue mich, Sie jetzt in besserer Gesellschaft zu wissen.«

Er lächelte Georg mit einer spöttischen Vertraulichkeit an, die diesen zum Mitverschworenen erhob und ihm zugleich bedeutete, daß er in die Falle gegangen sei. Da Frau Heinisch nichts zu erwidern verstand, konnte sich Wolff ungestraft entfernen. Der Salon hatte sich inzwischen mit den zurückgewanderten Gästen gefüllt.

»Bleiben Sie ein wenig«, bat Frau Heinisch. »Ich hätte Ihnen so viel von Frau Bonnet zu erzählen . . . Seit einer Woche bin ich zurück.«

Täuschte sich Georg nicht, so beschwor sie Frau Bonnet nur herauf, um ihn an sich zu fesseln . . . Wie lang vorbei –
»Sie hat mir die Freundschaft gekündigt«, sagte er und gedachte jenes unerwarteten Abschiedsbriefes, den ihm Frau Bonnet im vorigen Sommer geschrieben hatte.
Frau Heinisch, der die Sache mit dem Brief unbekannt gewesen war, zeigte sich allein um Frau Bonnet bekümmert.
»Das hat sie sicher in einem Anfall von Trübsinn getan. Sie ahnen ja nicht, was die Frau durchmacht . . . Ich war volle vierzehn Tage bei ihr unten und bin noch ganz aufgewühlt von der Grausamkeit dieses Unglücks. Wo sie doch gar keine Schuld trifft . . .«
Ihre Nasenspitze war leicht gerötet; als hätte sie Schnupfen. Georg holte sich einen Sessel.
»Ich weiß von nichts. Erzählen Sie, bitte.«
Er setzte sich mit dem Rücken gegen den Salon. Über Frau Heinisch schwebte ein Bild aus Venedig. Die Schilderung, die sie gab, verdunkelte die Ereignisse fast völlig. Offenbar war Frau Bonnet vor ungefähr einem Jahr dahintergekommen, daß ihr Mann sie betrog, hatte ihm dann in ihrer Langmut verziehen, und die Ehe schien erneut in Ordnung zu sein. Schien; denn kurze Zeit später war Herr Bonnet auf Nimmerwiedersehen verschwunden. »Derselbe Mann, der sie jahrelang umworben und immer bewundernd an ihr gehangen hat.« Vollends unbegreiflich aber fand Frau Heinisch das Folgende: nachdem Frau Bonnet Monate hindurch nichts von ihrem Mann gehört hatte, mußte sie im September auf Umwegen vernehmen, daß er in Wien aufgetaucht sei und sich dort mit liederlichen Personen herumtreibe –

». . . kein Zweifel, daß die Kultur an das Dasein einer Elite geknüpft ist. Nicht umsonst setzt ihr Niedergang mit der Heraufkunft des Fortschrittglaubens ein, dessen

Träger soziologisch betrachtet, die erwachenden Massen sind . . .«

Irgend jemand sprach laut. »Von so einer Frau zu Huren zu gehen«, in ihrer Empörung wurde Frau Heinisch auf einmal deutlich. Und jetzt? Die Arme ersticke im Schmutz des Scheidungsprozesses und bemühe sich vergeblich darum, das Häuschen loszuschlagen. Sie wolle an den Bodensee ziehen . . . Georg sah: die weiße Landstraße schleicht durch die Mittagshitze zum Häuschen, Frau Bonnet quirlt den Schnee in der Küche, und im Gras am Waldrand liegt, halb verdorrt schon, der Mann. So hatte er sich zu guter Letzt in die Verkommenheit geflüchtet? »Ein Frauenschicksal unserer Zeit«, sagte Frau Heinisch aus ihrer Silberrobe heraus. Vergessene Bilder – sie waren auf eigene Faust weitergewachsen und stellen sich nun quer in den Weg.

». . . entstehen die Fortschritte der Technik unter dem Druck der Massen und erzeugen ihrerseits wiederum Massenprodukte. Aber diese Entwicklung vollzieht sich rein in der Ebene der Zivilisation und nichts wäre törichter, als die technischen Erfindungen zu kulturellen Leistungen zu stempeln. Auto und Flugzeug stiften keine Beziehungen zwischen den Menschen, sondern erleichtern nur den Verkehr, durch dessen Überschätzung alle etwa noch vorhandenen Beziehungen verkehrt zu werden drohen . . . Im Vertrauen gesagt: Je mehr Nachrichten der Rundfunk verbreitet, desto weniger wird man erfahren. Auf der anderen Seite . . .«

Der Sprecher war unstreitig Rosin. »Und wie wundervoll«, sagte Frau Heinisch, »bewährt sich ihre Seelengröße im Leid.« Rosin hatte sich anscheinend verspätet und holte das Versäumte jetzt nach. Frau Bonnet ziehe sich keineswegs in sich selber zurück, ströme vielmehr voller denn je und suche mit verdoppelten Kräften zu trösten, zu helfen. Welch' einen Beistand habe Frau Dr. Wolff an ihr, diese Bedauernswerte, die in ihrer Ehe verbittere! Allerdings benehme sie sich auch falsch. Heute abend zum Beispiel hätte sie niemals zu Hause bleiben dürfen; wo sie ganz genau wisse, daß ihr Mann jede Gelegenheit zur Untreue benutze. »Ich habe Wolff vorhin, ehe Sie kamen, einen Brief von Frau Bonnet ausgehändigt, den mich die Gute persönlich zu übergeben bat, und ihm in ihrem Auftrag gehörig ins Gewissen geredet . . .« Eine verwaiste Religion, dachte Georg, in Frau Bonnet versunken. Frau Heinisch sah ungemein wichtig aus, mit ihrer gekräuselten Stirn. Georg langweilte sich.

»Was treibt Fräulein Samuel«, fragte er sie, »und wie geht es Guths und den andern –«

». . . Technik und Massenherrschaft führen also gerade nicht zu jener allgemeinen Nivellierung, von der die Kulturpessimisten immerzu schwatzen. Im Gegenteil, der Sinn des technischen Fortschritts ist eben der: die Menschheit aus allen materiellen Abhängigkeiten zu befreien. Und da erst freie Menschen einer Kultur überhaupt fähig sind, ist diese das Erzeugnis der gleichen Zivilisation, durch die sie aufgelöst wird . . .«

»Unser Kreis hat sich verlaufen«, antwortete Frau Heinisch. »Fräulein Samuel, warten Sie –«

Georg stand unvermittelt auf:

»Entschuldigen Sie mich . . . Ich muß einen Freund –«

Schon hatte er sich umgedreht. Er erblickte ein lebendes Bild: Zu Füßen Professor Fischers, der in seinem schwarzen Gehrock den Diwan in der Mitte einnimmt, kauert, wo nicht auf dem nackten Boden, so doch nur durch ein bauschiges Kissen von ihm getrennt, Frau Heydenreich, und um diese kleine, künstlerisch verschmolzene Gruppe scharen sich die Gäste wie Zuschauer ringförmig an. Dahinter glühen die Schränkchen ...

»Kurzum, für uns Soziologen ist die übliche Unterscheidung zwischen Kultur und Zivilisation selber nichts weiter als die Ideologie einer bestimmten Gesellschaftsschicht. Wie ich bereits in meinem Vortrag bemerkte.«

Professor Fischer hatte geendigt. Frau Heydenreich träumte einen Augenblick in sich hinein und entnahm dann ihren Beständen ein Lächeln, das ihre geistige Einheit mit Fischer bezeugen sollte und wie nebenbei um einen Teil der Bewunderung warb, die diesem zufließen würde. Sämtliche Anwesenden sprachen über den Vortrag. Robby, der sein Gesicht spöttisch verzog, machte Georg in einem fort Zeichen, aber Georg war viel zu sehr mit Fischer beschäftigt, als daß er sie richtig hätte auffassen können, und so ließ Robby ab. Nicht nur die Ausdrucksweise Fischers, auch die Art, in der er sich zwischendurch die Hände rieb, und das dauernde Hin und Her seiner Bewegungen, die dem langsameren Vollbart entweder vorauseilten oder ihn heftig umschwirrten – das alles bewies unwiderleglich, daß er von Rosin besessen war, diesem Teufelskerl, wie er selber nach dessen eigener Angabe ihn nannte. Rosin war in Fischer gefahren. Rosin zerrte an seinen Gliedern, Rosin redete aus ihm heraus. Und wer hatte wiederum Rosin angesteckt? Indem sich Georg die unschließbare Reihe dieser Verwandlungen vergegenwärtigte, bemächtigte sich seiner ein Grauen, das er kannte. So hatte es ihn damals im Gerichtssaal gepackt, beim Verhör des Mörders Ackermann, oder hieß er Angermann, der Mörder, jedenfalls war er nach den Gründen seines Verbrechens gefragt worden, und sofort öffnete sich eine Lücke in der Zeit, der immer neue Gründe entstiegen, eine unschließbare Reihe, die sich im Nebel verlor.

»Sie haben sich noch gar nicht über den Vortrag geäußert, meine Liebe«, sagte Frau Heydenreich mit einer einschmeichelnden Stimme, deren betonte Deutlichkeit dem Umstand zuzuschreiben sein mochte, daß gerade eine Gesprächspause eingetreten war.

»Nein wirklich?« entgegnete Frau Heinisch sinnend. »Oh, ich fand den Vortrag in seiner Tiefe wundervoll transparent . . .« Schweigen ringsum. »Und das Ganze war so harmonisch abgestimmt . . . wie Musik, würde ich sagen . . . Gedankenmusik –«

»Was für ein Zauberer Sie sind, Herr Professor« – Frau Heydenreich wandte sich lachend zu Fischer – »daß Sie zu allem Überfluß auch musikalische Effekte erzielen . . . Einen Tropfen Milch, bitte?«

Die Glöckchen, mit denen sie ihr Lachen hervorbrachte, läuteten Sieg. Frau Heinisch puderte sich die gerötete Nasenspitze, um ihre Niederlage notdürftig zu vertuschen, hatte jedoch trotz dieses Rettungsversuchs auf einmal ganz verfallene Züge, die durch das erbarmungslose Gefunkel der Silberrobe nur noch mehr bloßgestellt wurden. Georg musterte sie heimlich, und es schien ihm, sie sei wie eine Ruine übrig geblieben. »Stresemann verfährt insofern geschickt . . .« – Herr Heydenreich wandelte mit Professor Fischer vorbei, die Gesellschaft zerfiel jetzt in Gruppen.

»Danke, Martin«, sagte Robby zum Diener, der in weißen Handschuhen den Mokka servierte und mit seinem abgeräumten Gesicht so täuschend echt wirkte, daß Georg unwillkürlich das Gefühl hatte, hier werde Theater gespielt und er selber gehöre auch in das Stück. »Einer meiner Wunschträume«, meinte er, sich eine Rolle andichtend, zu Robby, »wäre ein Kammerdiener, der meine Absichten immer im voraus erriete. Wenn ich zum Beispiel aus einer Laune zu verreisen heraus plötzlich zur Bahn ginge, müßte er mich dort bereits mit den gepackten Koffern erwarten.

Natürlich käme ich erst eine Minute vor Abfahrt des Zuges. – Wer ist denn dieser Herr Elster?« Robby schnitt eine Grimasse und klärte Georg, nicht ohne seine Unwissenheit zu beklagen, darüber auf, daß Elster der bekannte Kunsthändler sei. »Ein unangenehmer Snob, obwohl Mary es mir nie recht zugeben will.« Frau Heydenreich – sie hieß also Mary – winkte Robby zu sich heran. Der kleine Kreis, in dem sie saß, schwärmte von einem neuen Buch, das, verschiedenen Andeutungen zufolge, die Schicksale einer Nachkriegsehe behandelte und mit dem Verzicht der Heldin schloß. Aus der Tatsache, daß man besonders die Kunst lobte, mit der das Buch seelische Abgründe erhelle, schöpfte Georg den Verdacht, daß es dafür die äußeren Zustände um so tiefer verdunkelte. Er erkundigte sich nach dem Autor und erschrak, als er seinen Namen erfuhr. Hatte sich alles Dahingegangene verschworen, heute abend wiederzukehren? Dieser Autor war derselbe Mann, der unter dem Decknamen Berg vor vielen Jahren bei Frau Heinisch als großer Revolutionär gefeiert worden war. Noch sah ihn Georg mit seinem Holzschnittprofil im Salon thronen, noch donnerten ihm die Ausfälle Bergs gegen Krieg und Kapitalismus ins Ohr. Fühlen Sie nicht, wollte er Frau Heydenreich fragen, daß Berg durch seinen Rückzug in die seelischen Abgründe der Revolution untreu geworden ist – aber Frau Heydenreich kam ihm mit der Bemerkung zuvor, der Autor sei ein wirklicher Dichter; und aus dem Ton, in dem sie das sagte, war unschwer herauszuhören, daß ihr die Dichter als höhere Wesen galten, die nicht zur Verantwortung gezogen werden durften. »Die englische Ausgabe«, beteuerte eine Dame mittleren Alters, »verspricht sich zum Bestseller zu entwickeln.« Wie Robby Georg zuflüsterte, war die Dame eine Frau Gilbert, die aus dem Englischen und Amerikanischen übersetzte und sich damit schlecht und recht durchs Leben schlug. Sie hatte unzählige gerollte Löckchen und steckte in einer Wolke von Rüschen, Fältchen und Bändern, deren wahlloses Durcheinander sicher die mannigfachen Anregungen widerspiegelte, die sie ihren Beziehungen zur Literatur verdankte. Irgendwo am Rand erhob sich ein Stimmgewirr, aus dem sich Professor Fischer löste. Er schritt auf Frau Heydenreich zu.

»Liebe gnädige Frau ... Sie wissen, unter welcher Bedingung ich gekommen bin.«

»Muß es schon sein«, schmollte Frau Heydenreich. »Wenn ich nicht die Unerbittlichkeit kennte, mit der Sie meinen Verführungskünsten widerstehen, würde ich Sie bestimmt zu halten versuchen.«

Neben den beiden tauchte Frau Heinisch auf.

»Darf ich Sie in meinem Wagen bringen, Herr Professor?« Sie strahlte Frau Heydenreich an, und ihre silberne Robe wurde zum Panzer: »Ich bin untröstlich, daß auch ich gehen muß. Da ich aber morgen in aller Frühe verreise ... Eine Freundin von mir hat die lächerliche Idee, daß sie sich ohne mich im Engadin nicht erholen könne ... Es war wundervoll, meine Liebe, lassen Sie sich um Himmelswillen nicht stören.«

Frau Heydenreich strahlte ebenfalls: »Wie gut ich Ihre Freundin begreife! ... Wir selber kommen erst später fort und werden uns wohl mit der Riviera begnügen ...« Mehr zu den andern hin: »Allerdings machen wir im Sommer eine Amerikareise ... Bitte, meine Herrschaften, der Abend ist noch kaum angebrochen.«

Arme Frau Heinisch, dachte Georg, als diese an der Seite Fischers entschwunden war; nun hat sie sich solche Mühe gegeben und kann doch gegen Frau Heydenreich so wenig ausrichten wie die einzelne Glasvitrine in ihrem Salon gegen die vier Schränkchen hier. Alle Welt begeisterte sich für Reisen. Italien, Spanien, Ägypten – der blasse Raum zerfloß im Licht und wogte davon. Charlie hielt sich von den übrigen abgesondert; es war, als stehe sie, eine schlanke Silhouette, am Schiffsgeländer und blicke ins weite Meer hinaus. Georg näherte sich ihr, gelangte jedoch nicht dazu, sie anzusprechen, weil Dr. Wolff einen knappen Vorsprung über ihn gewann. Immerhin glaubte er zu spüren, daß Charlie Wolffs Gegenwart nur aus Höflichkeit duldete. Während er, an eine Konsole in der Mitte der Längswand gelehnt, dem Gespräch der beiden mit halbem Ohr folgte, fing er zugleich Bruchstücke aus der allgemeinen Unterhaltung auf, die wie hinter einem Schleier verlief.

»Die Hauptsache ist eben doch Geld«, tönte es zu ihm herüber. »Wer über genug Geld verfügt, hat es im Leben viel leichter.«
»Diese Ansicht«, sagte Herr Elster, »scheint mir – Verzeihung! – ein Vorurteil Ihrer Jugend zu sein.« Er musterte seinen Siegelring: »Je älter man wird, desto mehr erkennt man, daß Geld durchaus nicht zu den wichtigsten Gütern gehört. Geschweige denn zu den höchsten.«
»Jawohl«, nickten die Gäste.
»Oho!« – Robby fuhr gegen Elster los – »Nehmen Sie nur den verhältnismäßig harmlosen Fall, es habe einer eine schwere seelische Enttäuschung erlitten. Ist er reich, so besteht für ihn zum mindesten die Möglichkeit, sich auf die Bahn zu setzen und in einer exotischen Landschaft Vergessenheit zu suchen . . . Das hat mit Jugend oder Alter nicht das geringste zu schaffen.«
Noch ehe Robby fertig war, raschelte und flatterte es um Frau Gilbert, die sich vor Ungeduld kaum zu halten vermochte. »Ganz falsch!« erklärte sie eifrig. »Entscheidend ist nicht das Vermögen, sondern das Temperament. Menschen mit einem richtigen Temperament, die das Leben anzupacken verstehen, sind keineswegs auf Geld angewiesen, um ihre Enttäuschung zu überwinden . . . Sonst wären die Reichen ja alle glücklich!« Sie wandte ihr vergrämtes

Gesicht, über das fortwährend Schatten huschten, die gewissermaßen zwischen den Löckchen und Rüschen vermittelten, mit einem fragenden Ausdruck Herrn Elster zu; als wolle sie herausbringen, ob sie die Reichen zu seiner Zufriedenheit verteidigt hätte.
»Ich finde, meine Beste«, sagte Frau Heydenreich, die sich vielleicht durch die entgegenkommende Miene Elsters gereizt fühlte, »daß Sie weiter gehen, als nötig ist. Ein richtiges Temperament in Ehren: aber ich stimme mit Robby darin überein, daß Geld seine großen Vorzüge hat.«
Georg meinte zu träumen. »Meine Seligkeit wäre ein Mondspaziergang mit Ihnen«, flüsterte Dr. Wolff links von ihm und schimmerte dabei bengalisch wie ein kreisrunder Postkartenmond. Charlie zuckte die Achseln: »Sie sind mir gerade der Rechte.« Wo war das Gewesene hin? Und was hatte sich inzwischen vorbereitet, unhörbar in der Stille, und zog jetzt herauf –
»Daß die Hungernden und die Kranken ohne Geld verloren sind«, begann Robby von neuem, »wird auch Frau Gilbert schlechterdings nicht bestreiten können.«
Diese lächelte zerfahren: »Ganz verkehrt! Von den Hungernden – sie gehören überhaupt nicht hierher – möchte ich nur das eine sagen, daß sich immer Menschen finden werden, die ihnen helfen. Es verhungert keiner so schnell! Und die Kranken – mein Gott, eine bessere Pflege kostet natürlich etwas. Doch Sie werden mir zugeben müssen, daß gerade für die Minderbemittelten in den Krankenhäusern und Sanatorien recht schön gesorgt wird ... Vor allem für die Festbesoldeten«, fügte sie halblaut hinzu.
»Unsere herrliche Sozialpolitik«, sagte Herr Heydenreich, »richtet die Wirtschaft zusehends zugrunde.«
Frau Heydenreich seufzte: »Wenn jeder soviel täte wie wir ...«

Ich bin im Theater – wieder, und stärker als vorhin, wurde Georg von diesem Eindruck beherrscht; nur daß er sich jetzt in einem völlig gelähmten Zustand befand, er ihn daran verhinderte, mitzuspielen oder gar einzugreifen. Dr. Wolff bearbeitete Charlie wie eine Klientin, die noch nicht weiß, ob sie soll: »Also abgemacht. Sie besuchen mich morgen in meinem Büro.« – »Ausgeschlossen, erkläre ich Ihnen«, erwiderte Charlie. »Um welche Zeit dachten Sie überhaupt?« Der Diener beugte sich über Frau Heydenreich, Frau Gilbert zuckte blitzartig mit dem Kopf. Man durfte nicht ihre Aufmerksamkeit erregen, sie alle, wie sie da saßen, waren erfundene Figuren, die flüchtig auf der Bildfläche erschienen und sich bei der leisesten Störung davongemacht hätten.

»Wenn ich mir vorstelle«, sagte der junge Mann, der zu Anfang gesprochen hatte, »daß einer Mutter ihr Kind weggestorben ist, und sie muß am andern Tag, als sei nichts geschehen, wieder in die Fabrik und acht Stunden lang die Maschine bedienen, bis sie vor Kummer und Müdigkeit umsinkt . . . Würde nicht eine der vielen Ablenkungen, mit denen sich die Begüterten helfen, auch ihren armen Schmerz etwas lindern?«

»Nein, o nein!« sagte Frau Gilbert, über ein solches Unverständnis entrüstet. »Die Fabrik ist ja gerade das Glück der Mutter. Die Mutter ist froh, daß sie in die Fabrik gehen kann. Und es gibt keine wirksamere Medizin für ihren Schmerz als die Arbeit in der Fabrik.«

»Nun erzählen Sie uns bitte noch«, höhnte Robby, »daß die Menschen in den Fabriken und Betrieben ihre Fronarbeit gern verrichten und nicht nach einem schöneren Dasein verlangten.«

»Aber natürlich ist es so. Aus dem einfachen Grund, weil sie von nichts anderem wissen . . Man sollte sich auch hüten, ihnen das Andere zu zeigen. – Denn mit den besseren Verhältnissen schwellen die Bedürfnisse unabsehbar an, und dann werden sie überhaupt nicht mehr zufrieden sein können.«

»Seien wir uns darüber klar«, äußerte Herr Elster in entsagendem Ton, »daß Frau Gilbert recht hat ... Wenn ich morgens in meinem Wagen ins Büro fahre, begegne ich häufig einem Lumpensammler, und ich versichere Ihnen, sooft ich ihn pfeifend und singend seines Wegs dahinschlendern sehe, denke ich regelmäßig: wie frei und wohlgemut ist doch dieser Mann im Vergleich mit mir, der ich mich zuletzt für nichts und wieder nichts plage.«

»Jawohl«, nickten die Gäste.

Robby brauste auf: »So werden Sie Lumpensammler, verehrter Herr!«

»Sie sind wirklich unmöglich, Robby«, sagte Frau Heydenreich, »und ich frage mich ernsthaft, warum ich Sie derart verwöhne.«

Sie stand auf. Ihrem Beispiel folgend, machten sich sämtliche Anwesenden Bewegung. Fast wäre Georg mit dem Diener zusammengeprallt, der plötzlich aus dem Nachbarzimmer drang und die Flügeltür, die anscheinend nach dem Imbiß geschlossen worden war, weit hinter sich offen ließ. Er reichte Bier und Mineralwasser herum. Georg blieb an der Türöffnung stehen, von der aus er seine Wanderung durch den Salon angetreten hatte. Verschwand dieser jetzt wie eine abgelebte Landschaft im Dunst, so strahlte das Nachbarzimmer in um so hellerem Glanz. Es war inzwischen ausgeräumt worden, und über seinen spiegelglatten Fußboden strich eine kühle Brise hinweg. Einer nach dem andern schlängelten sich Tanzlustige – Charlie an der Spitze – in den neu erstandenen Raum, liebäugelten mit dem schwarzen Grammophonkasten und beschrieben dann leere Kurven; als müßten sie sich erst einspielen oder als warteten sie auf irgendein unverhofftes Ereignis. Unter ihnen Herr Elster, der freilich, die Arme über die Brust gekreuzt, ruhig am Fenster harrte. Seine Haltung verriet, daß er nicht nur die jungen Leute zu betrachten wünschte, sondern es ebenso sehr darauf anlegte, selber von ihnen betrachtet zu werden; hierin einem Gipfelfernrohr ähnlich, das in die Runde blickt und zugleich als Wahrzeichen dient. Da es Georg nach allem Vorangegangenen widerstrebte, sich noch durch eine Tanzerei einzulullen, kehrte er in den Salon zurück und gesellte sich einer Gruppe bei, die sich um Herrn Heydenreich bildete. Der geringeren Fülle nach zu urteilen, hatten sich einige Gäste stillschweigend entfernt.

»Gestehen Sie doch ein«, sagte Herr Heydenreich zu Wolff, »daß die Tarifpolitik Ihrer Gewerkschaften unsinnig ist . . . Ein Wirtschaftskenner wie Sie . . .«

Er wölbte sich im Sessel, eine winzige Wölbung, an der zwei Beine hingen, die kaum die Erde erreichten.

Wolff lachte: »Wieso unsinnig? Sie vergessen, daß Ihre Angestellten schließlich auch leben wollen.«

»Schon wieder Politik«, rügte Frau Heydenreich. »Kommen Sie, Robby.«

Robby, der Georg durch eine komische Gebärde von seiner Ohnmacht verständigte, trottete gehorsam neben der Herrin her, die ins Nachbarzimmer rauschte. Das reinste Schoßhündchen; es fehlte nur die Schleife am Hals. Die Flügeltür schob sich zu.

»Der vermeintliche schlechte Lebensstandard der Angestellten«, näselte Herr Heydenreich, »gehört ins Bereich der politischen Fabeln.«

Wahrscheinlich näselte er deshalb stärker als sonst, weil der Weg von ihm zu den Angestellten so lang war. Daher auch sein Zögern; die Stimme brauchte Zeit. »Ich denke zum Beispiel an die junge Sekretärin in meinem Privatbüro«, fuhr er fort, »ein tadellos adrettes Mädel, das mit ihren 150 Mark noch zwei Geschwister durchfüttert und immer gleichmäßig freundlich im Dienst erscheint.«

Mädel nannte er sie – wie ein Besitzer.

»Es gibt Arbeiterfamilien«, sagte Wolff, »die mit sechs Kinder von weniger leben. Aber sehen Sie sich die Kinder an.«
»Keine Wahlreden, lieber Doktor.«
Die andern schwiegen. Georg verlor die Fassung.
»Das sind keine Wahlreden ... Und was Ihre Sekretärin betrifft, dieses adrette Mädel, so ist sie mir mit ihren 150 Mark ein unerklärliches Wunder ... Nicht nur eine Fabel.«
»Nehmen Sie doch Platz.« – Herr Heydenreich wies auf einen Sessel und holte zwei Zigarrenkisten hervor: »Eine gute leichte Marke. Oder eine Importe?«
Wenn schon, dachte Georg, dann lieber die Importe mit der schönen roten Binde. Das Grammophon ertönte von nebenan. Er leistete Wolff innerlich Abbitte. Herr Heydenreich wischte sich Zigarrenasche von seiner Wölbung:
»Als Student – ich mußte das Studium nach dem Tod des Vaters vorzeitig abbrechen – bin ich sogar mit 120 Mark glänzend ausgekommen.«
»Wann war das?« fragte Wolff.
»Ich mit 100«, sagte ein alter Herr, der erst alles zusammengezählt hatte. Auch ein Professor.
»Um 1895 herum.«
»Aha.«
Wolff verwertete die Herrn Heydenreich entlockte Auskunft zur Feststellung, daß das Leben damals wesentlich billiger gewesen sei.
Leider unterließ er es aber, die nötigen Schlüsse daraus zu ziehen; so daß das Gespräch ohne richtiges Ergebnis zu enden drohte. Georg, der sich seiner eigenen Studienzeit erinnerte, war über diese Gleichgültigkeit erbittert. Es kam ja nicht so sehr auf die Billigkeit als auf die andern Umstände an.
»Wieviel Lebensmittelpakete hat man Ihnen von zu Hause

geschickt?« wandte er sich an Herrn Heydenreich. »Ferner: haben Sie nicht sämtliche Anzüge, Wäsche und Schuhe mitgebracht? Die Sache ist in Wahrheit die, daß Ihr Monatswechsel zur Hälfte Taschengeld war – für Theater, Konzerte, Gesellschaften und was weiß ich . . . Die Sekretärin dagegen muß mit den 150 Mark wirklich existieren. Rechnen Sie bitte selber nach, ob sie davon ein Vergnügen bestreiten kann! . . . Außerdem, und das ist das Schlimmste: sie lebt in einer Abhängigkeit, die ziemlich ausweglos ist, während das Studium nach oben führt . . . Der Hauptunterschied wird durch den Grad der Hoffnung bedingt.«

Die Musik klang jetzt deutlich herüber. »I love you« – sicher war einer ins andere Zimmer gegangen und hatte einen Spalt offen gelassen. O Zärtlichkeit, blaues Meer, Schmelz in der Luft . . . »Ihre psychologischen Erwägungen lenken vom Gegenstand ab«, sagte Wolff und summte I love you. Herr Heydenreich hatte sich mit Papier und Bleistift versehen.

»Sie sollen nicht sagen können«, sprach er Georg an, »daß ich mich Ihrem Bedürfnis nach Genauigkeit entzogen hätte. Ergründen wir also das Geheimnis der Sekretärin. Zunächst die Wohnungskosten . . .«

Wie bei einem Gesellschaftsspiel beteiligten sich alle an der Aufstellung eines Haushaltsbudgets; bis auf Wolff, der ersichtlich durch die Musik weggelockt wurde. Eine wohlmeinende Dame billigte der Sekretärin ein Bad monatlich zu, ein junger Mann empfahl das Essen in der Kantine, eine andere Dame veranschlagte eine geringe Summe für Wäsche. Vom Spareifer ringsum angesteckt, steuerte Georg nach sorgfältigem Grübeln ein Straßenbahn-Abonnement bei. Herr Heydenreich notierte; als sei er selber die Sekretärin. Mitten im Addieren erhob sich der alte Professor mit den 100 Mark, der die vielen Zahlen nicht zu ertragen schien, und vertiefte sich in den Inhalt der Schränkchen.

»Unmöglich!« erklärten die Gäste.
Es stellte sich nämlich heraus, daß der Endbetrag die 150 Mark der Sekretärin bedeutend überschritt.
»Dabei sind nicht einmal die primitivsten Anschaffungen inbegriffen«, klagte die wohlmeinende Dame.
»Und wo bleiben«, rief Georg dazwischen, »solche lebenswichtigen Dinge wie Zigaretten, Briefmarken und Kino?«
Niemand antwortete. Nach einer Pause bemerkte Herr Heydenreich:
»Die Rechnung mag fehlerfrei sein, aber sie zeigt doch nur, daß sich das Leben nicht kleinlich errechnen läßt. Es birgt ungeahnte Hilfsquellen in seinem Schoß, die man weder beziffern noch verbuchen kann. Den besten Beweis hierfür liefert eben meine Sekretärin, die munter weiter lebt, obwohl sie theoretisch längst verhungert sein müßte. An der Fülle des Daseins ist noch jedes Kalkül zuschanden geworden . . .« Er legt das Papier auf die Zigarrenkisten. »Im übrigen halte ich eine übertriebene Wehleidigkeit für schlecht angebracht. Wer in die Höhe will, soll sich im Kampf bewähren . . . Auch ich habe harte Zeiten hinter mir und ich wüßte nicht, daß ich je gejammert hätte.«
Man hörte ein Aufatmen im Kreis.
»Die Philosophie des Unternehmers«, lächelte Wolff. »Im Ernst: so problematisch die ganze Rechnung ist, sie veranschaulicht immerhin drastisch die Unentbehrlichkeit der Gewerkschaften. Ist Ihre Sekretärin organisiert? Sie sollte sich schleunigst bei uns organisieren! . . . Nun, wir kennen unsere Standpunkte, und ich weiß zum Glück, daß Sie nicht der verstockte Sünder sind, als der Sie sich gebärden. Dennoch unterliegen auch Sie der allgemeinen Unternehmerpsychose. Wenn die Unternehmer, behaupte ich immer, ihre wahren Interessen unbefangen einzuschätzen verstünden, würden sie sich weniger gegen die notwendigen Ausgleiche und Reformen sperren, die wir im Hinblick

auf den Sozialismus erstreben ... Diese Halsstarrigkeit könnte sich rächen.«

I love you ...

Georg, der noch bei Herrn Heydenreich hielt, vergaß die Umwelt, sich selber:

»Vielleicht hat Ihre Sekretärin besondere Hilfsquellen – Millionen haben sie nicht. Und nennen Sie *das* Leben, wenn einer unter solchen Bedingungen tagaus, tagein dieselbe stumpfsinnige Arbeit machen muß? Ein Leben am Rande, jawohl! Man krepiert zwar nicht geradezu, aber man krepiert allmählich doch. An Unterernährung, an Angst vor Entlassung, an der Öde, die herrscht. Als ob man heut so leicht in die Höhe käme! Die Rechnung stimmt, sage ich Ihnen.«

»Sie sind wohl zu den Kommunisten übergegangen«, meinte Wolff.

»... Und kommt einer sogar in die Höhe – wohin kommt er schon? Ich finde die Gesellschaft, die obenauf sitzt, erbärmlich. Sie haust im Dunkeln. Sie betäubt sich nur noch. Mit sozialem Interesse, mit Reisen, mit Liebe, mit Schlagern. Und nicht genug damit, daß sie sich selber betäubt, betäubt sie auch ihre Opfer. Bald werden alle auf der Straße I love you pfeifen und sich einbilden, glücklich zu sein. Bis zuletzt keiner mehr merkt, warum er eigentlich lebt ...«

Plötzlich fiel ihm Elli ein, das Mädchen, mit dem er vor langen Jahren geschlafen hatte ... Sonntag nachmittag, auf dem Sofa, und hinter dem Vorhang die ausgestorbenen Häuser ... Zwischendurch hatte sie aus ihrem Büro erzählt, lauter Winzigkeiten –

»Ich persönlich«, sagte Herr Heydenreich, »hätte nicht das mindeste gegen den Kommunismus einzuwenden, wenn er durchführbar wäre. Aber wo ist das Hirn, das von einer Zentrale aus den unendlich verwickelten Organismus der Wirtschaft zu bewegen vermöchte?«

»Sehr richtig«, sagte Wolff abwesend.
»Gar nicht richtig!« schrie Georg, »denn es handelt sich um etwas völlig anderes. Um die Gerechtigkeit. Die Gerechtigkeit verlangt, daß einmal diejenigen nach oben kommen, die bisher unten waren. Dieses Theater muß aufhören, der ganze Stall muß von oben bis unten ausgefegt werden. Darum und nur darum handelt es sich. Nicht aber um die Frage, ob das durchführbar ist oder nicht. So gut wie in dieser Gesellschaft wird es immer noch sein!«
Er fühlte, daß er sich überschlug. Er sah Neubert vor sich.
»Allerdings ist es auch dann schwierig«, setzte er hinzu.
Seine letzten Worte gingen unter, weil Herr Heydenreich gleichzeitig sprach.
»Ich befürchte« – Herr Heydenreich quoll wie eine Kuppel aus dem Innern des Sessels empor – »daß man beim ›Morgenboten‹ nicht sonderlich entzückt von Ihren Ansichten ist – – – Ja, Mary?«
Alle Gäste aus dem Nachbarzimmer umstanden die Gruppe. Es läutete hell. Die Glöckchen im Raum –
»Hoffentlich erstreckt sich Ihre Zerstörungswut nicht auch auf uns . . . Man will sich verabschieden, Sid.«
Frau Heydenreich war erhitzt, ihre gelbe Blüte hing lose am Stengel. Frau Gilbert versuchte die Schatten zu vertreiben, die ihr über das Gesicht wimmelten. Wie die Fliegen.
»Morgen ist Neumond«, sagte Charlie zu Wolff. Herr Elster grüßte verbindlich. Jenseits der Türöffnung stieg der Fußboden schräg an. Das Grammophon spielte für sich allein weiter. So schmachtend –

Nach knapp zwei Wochen wurde Georg, der gerade in seinem Zimmerchen in der Zeitung ein paar dringende Manuskripte bearbeitete, durch einen Anruf Fräulein Peppels davon verständigt, daß er unverzüglich zu Dr. Petri kommen solle. Es war spät am Nachmittag, zu einer

Stunde geringeren Betriebs. Seit der Gesellschaft bei Heydenreichs hatte er wie ein Einsiedler gelebt und auch im Haus kaum einen Menschen gesprochen.

Er begab sich zum Vorzimmer, das auf der anderen Seite der Korridore lag. Schon von außen hörte er Fräulein Peppel klappern. Als er eintrat, begrüßte sie ihn nicht wie sonst mit einem Nicken, klapperte vielmehr eher noch lauter – ein unwirscher Eifer, der ihn in eine gewisse Spannung versetzte. Infolge seiner Gereiztheit empfand er die an sich keineswegs außergewöhnliche Tatsache als befremdlich, daß die ledergepolsterte Tür heute ganz offen stand. Die Tür dahinter war ebenfalls nur leicht angelehnt. Sie hatte eine rechteckige Füllung aus Glas, und durch die Glasscheibe hindurch sah man Dr. Petri an seinem Schreibtisch sitzen, in irgendein Schriftstück vertieft. Obwohl er in nächster Nähe weilte, wirkte er doch so fern wie ein eingerahmtes Bild. In einer Ecke des Vorzimmers wartete ein einzelner Herr.

»Ist der Herr zuerst –«, fragte Georg und suchte Fräulein Peppel durch verschiedene Zeichen zu einer Mitteilung über den Zweck der bevorstehenden Unterredung zu bewegen. Fräulein Peppel ließ die Zeichen geflissentlich unbeachtet.

»Der Herr wartet«, erklärte sie vernehmlich. »Gehen Sie sofort hinein.«

Sie klapperte weiter. Georg klopfte ans Glas und ging hinein.

Petri blickte flüchtig auf; wobei er sich so stellte, als ob er Georg erst jetzt bemerke. Offenbar war die Glasscheibe von innen undurchsichtig.

»Setzen Sie sich. Gleich . . .« Er blätterte in einem Akt, der eine Menge Briefe enthielt. »Ich verreise heut Nacht und wollte Sie vorher sprechen.«

»Schön, solche Reisen«, sagte Georg, um von sich abzulenken.

»Vor lauter Reisen komme ich kaum noch zur Arbeit. Aber das Unternehmen verlangt Opfer. Von jedem von uns . . .« Endlich legte er den Akt weg. »Sagen Sie, mein Lieber, sind Sie sich darüber klar, daß die Zeitung mit ernsten Schwierigkeiten zu kämpfen hat? – Nicht so, als ob wir im Augenblick bedroht wären! Doch es heißt, rechtzeitig Vorsorge treffen.«
Was will er, dachte Georg, er sieht mich so an.
»Die Lage erfordert einschneidende Sparmaßnahmen. Das ist auch der Grund, aus dem ich Sie zu mir bat.«
Fräulein Peppel steckte den Kopf durch die Tür: »Herr Doktor! Ihr Gespräch mit Berlin!«
»Ich möchte nicht mehr gestört werden.«
Während Petri telefonierte, saß Georg wie gelähmt da. ». . . Morgen früh, Herr Präsident. Die Sache ist mehr als dringend . . .« Wochenlang hatte ihn schon eine unbestimmte Angst geplagt, vielleicht handelte es sich um eine Gehaltskürzung, das wäre nicht schlimm – ». . . Ausgezeichnet. Wir werden beim Essen die Frage in Ruhe besprechen . . .« Wie selbstverständlich Petri mit dem Präsidenten – sicher nur eine Gehaltskürzung – die Kreditfrage – Schluß machen – – – ». . . Auf Wiedersehen, Herr Präsident . . . Wann kommt eigentlich die Gattin zurück . . . Freut mich, freut mich . . . Natürlich, Heydenreich ist auch in Berlin Also morgen, halb zwei.« Petri hängte ein und wandte sich an Georg wie an einen Vertrauten:
»Diese ewigen gesellschaftlichen Verpflichtungen, bei denen meistens nicht so viel herausspringt . . . Wissen Sie, was mein Herzenswunsch wäre: ein halbes Jahr in völliger Abgeschiedenheit zu leben und ein Buch zu schreiben . . . Irgendwo auf dem Land –«
Erleichtert dehnte Georg die Glieder. Wenn Petri hauptsächlich das Bedürfnis spürte, sich einmal auszusprechen, war wohl nichts zu befürchten. Zum Glück konnte er, Georg, ihn mit dem besten Gewissen in seinem Unmut

bestärken und dadurch zugleich gut für sich stimmen.
»Ich bin wirklich froh, daß sich meine Kritik an der Gesellschaft mit der Ihren ungefähr deckt. Sie werden beobachtet haben, daß auch ich in meinen Artikeln –«
»Ja, nun berühren Sie selber den heikelsten Punkt unseres Gesprächs. Ihre Artikel – haben Sie sich noch nie Rechenschaft darüber abgelegt, daß die Gesinnung, die Sie neuerdings entwickeln, der politischen Haltung des ›Morgenboten‹ schnurstracks zuwiderläuft? Ich drücke mich milde aus.«
Das Zimmer verschwamm. Ein Knopf an Petris Weste stand auf.
»Aber ich hörte doch«, stammelte Georg, »daß Sie das Gegenteil, ich meine, daß Sie mit meinen Sachen zufrieden sind, erzählte man mir.«
»Wer behauptet das?«
»Herr Grün. Allerdings vor einiger Zeit –«
Petri schnalzte ärgerlich mit der Zunge und griff zu einem schwarzen Lineal.
»Herr Grün hat nichts mit der Redaktion zu tun. Herr Grün dürfte Sie höchstens von seiner persönlichen Ansicht unterrichtet haben, die uns in redaktioneller Hinsicht durchaus uninteressant ist ... Außerdem gilt nicht alles zu jeder Zeit. Wie die Dinge liegen, ist die Richtung, die Sie verfolgen, für die Zeitung einfach untragbar.« Er bemächtigte sich von neuem des vorhin beiseite geschobenen Akts, durchblätterte ihn hastig und schlug manchmal mit dem Lineal auf die Bögen. »Hier sind Beschwerdebriefe über Sie, ein ganzer Stapel Beschwerdebriefe, die gerade Ihren Herrn Grün in helle Verzweiflung versetzen ... Mich persönlich kümmert dieser Quark weniger«, fügte er hinzu. »Die Abonnenten beschweren sich bekanntlich immer.«
Georg raffte sich zusammen.
»Kurzum, ich bin Ihnen zu radikal. Woran Sie sich stoßen,

sind die radikalen Anschauungen, die ich vertrete.«
Ein schmerzliches Lächeln glitt über Petris Züge. Es verklärte ihn förmlich. Er erweckte den Eindruck eines Menschen, dessen edelste Absichten verkannt worden sind.
»Sie kränken mich, wenn Sie mir so etwas unterstellen. Ich, der ich die Linke –« Mitten im Satz stockte er. Wahrscheinlich hielt er es mit seiner Würde nicht für vereinbar, sich einem von ihm abhängigen Menschen gegenüber zu verteidigen. Sein Blick wurde durchdringend; als sei er selber der Präsident. »Nein, mein Lieber, so bequem wollen wir es uns nicht machen! Gewiß beanstande ich Ihre Artikel; aber nicht, weil sie zu radikal wären, sondern weil sie die herrschende Gesellschaft – was nennen Sie überhaupt herrschende Gesellschaft? – in einer Weise kritisieren, die mir als vollkommen unfruchtbar erscheint. Übrigens keineswegs mir allein – die Herren der Redaktion urteilen genauso wie ich. Sommer zum Beispiel liegt mir Ihretwegen beständig in den Ohren. Leider muß ich ihm recht geben. Jedes bloße Negieren ist unfruchtbar, und Sie haben tatsächlich Ihre Lust am Negieren. Um von der Eintönigkeit zu schweigen, in die Sie derart verfallen, so klingt das meiste eben doch nach Ressentiment . . . Lassen Sie mich ausreden! Man weiß selber nie, aus welchen Beweggründen man handelt –« Inzwischen war sein Gesicht zu einem Antlitz geworden, das von zahlreichen Falten durchzogen wurde. Lauter Erfahrungen . . . »Sehen Sie, die Gesellschaft ist, wie sie ist, und es ist nichts damit geändert, wenn man immer nur an ihr herumnörgelt. Wesentlich wäre –«
»Da wird nichts zu ändern sein«, sagte Georg dumpf.
Aber bevor er sich ausführlicher erklären konnte, deutete Petri mit Hilfe eines fast unmerklichen Stirnrunzelns an, daß jetzt nicht der geeignete Moment sei, ihn durch nüchterne Bedenken niederzuziehen. Dann entwölkte er sich und schwebte nach oben. Ein Leuchten ging von ihm aus.

»Wesentlich wäre in diesen Zeiten, die Menschen zu stärken und aufzurichten. Die Menschen wissen auch ohne Ihre Artikel, daß sie es schwer haben und manches in Unordnung ist. Man braucht es ihnen wahrhaftig nicht wieder und wieder zu sagen. Was ihnen dagegen bitter not tut, ist positive Lebensbejahung und ein wenig Zuversicht. Sie alle, die im täglichen Daseinskampf stehen, dürsten nach Trost; und sei es selbst jener, der aus Illusionen erwächst. Warum sonst sind die Kinos heut so bevölkert? Offenbar haben Sie sich darüber niemals Gedanken gemacht. Statt dessen malen Sie alles grau in grau und glauben noch wunder, wie gut Sie es mit den Menschen meinen. In Wirklichkeit rauben Sie ihnen den Lebensmut, die Möglichkeit des Vergessens ... Ich rede wie billig gar nicht davon, daß auch Sie in dem Literatenwahn befangen sind, die Kapitalisten seien eine besonders bevorzugte Menschenklasse, der das Schicksal seine Härten erspart.«
Je länger Petri sprach, desto weniger fühlte sich Georg einer Antwort fähig. Das heißt, er bildete zwischendurch wiederholt Sätze, die als Antworten hätten dienen können, hütete sich aber stets davor, sie aus sich herauszustellen. Denn hier gab es nichts Festes mehr, der Boden war aufgeweicht, und das kleinste Wort würde im Grundlosen versinken. Durch die eigene Stummheit gedemütigt, starrte er unverwandt Petri an – ein rein äußerliches Hinstarren, das dem Peiniger lediglich insofern galt, als dieser das einzige sichtbare Wesen im Umkreis war. Er darf mich nicht nur quälen, dachte Georg, er wird mir auch noch zum Signal.
Petri selber lehnte sich bequem in den Stuhl zurück und schwelgte im Triumph, den er sich von seinen rednerischen Eingebungen versprach. Vielleicht wartete er, ein reumütiges Geständnis zu hören, oder er rechnete gar mit einem Aufschrei der Empörung, der ihm die angenehme Gelegenheit böte, sich erneut in die Höhe zu schwingen. Da

sämtliche Wirkungen ausblieben, auf die er gehofft haben mochte, verfinsterte er sich rasch wieder und versuchte es mit dem schon einmal erprobten durchdringenden Blick des Präsidenten. Aber auch der Blick hatte nicht den Erfolg, Georg von seinem Hinstarren abzubringen. Unruhig rutschte Petri auf dem Stuhl herum, sah an sich entlang und bemerkte dabei den offenstehenden Westenknopf. Kaum wurde er ihn gewahr, so rümpfte er die Nase wie über etwas Niedriges. Kein Zweifel, er huldigte der Überzeugung, in dem Knopf den Gegenstand von Georgs Aufmerksamkeit entdeckt zu haben, und zwar nun voller Verachtung dafür, daß man einen lächerlichen Knopf anstarrte, während er, Petri, ein Reich durchmaß, das sich weit jenseits aller Knöpfe befand.

»Es ist auch deshalb nichts zu ändern«, sagte er, die Weste zuknöpfend, »weil Sie sich unmöglich benehmen. So haben Sie erst vor kurzem in einer großen Gesellschaft das peinlichste Aufsehen erregt ... Bitte, ich verzichte auf Namen ... Menschen, in deren Kreis Sie ohne Arg zugelassen werden, gleichsam aus dem Hinterhalt mit beleidigenden Reden zu überfallen, wie sie in gewissen Volksversammlungen gang und gäbe sind – eine sonderbare Genugtuung, die Sie sich derart verschaffen! Daß ein Skandal vermieden worden ist, haben Sie nur den Gastgebern zu verdanken. Seit wann wäre übrigens Gesellschaft ein Verbrechen? ... Vermutlich kommt Ihnen Ihr Verhalten äußerst radikal vor; ich für meinen Teil nenne es taktlos. Und die Taktlosigkeit wird noch dadurch verschlimmert, daß Sie als Vertreter des ›Morgenboten‹ doppelt die Pflicht gehabt hätten, in einer so exponierten Situation Ihre Worte zu wägen. Welch ein Licht fällt auf unsere Redaktion ... Als Privatperson können Sie natürlich treiben, was Ihnen beliebt ...«

»Sie wollen mir kündigen«, hörte Georg sich sagen.

Er war von einem Verlangen erfüllt, das er nur mit Mühe

unterdrückte: dem Verlangen aufzuspringen und Petri nach Herzenslust zu verprügeln. Anders als durch Handgreiflichkeiten würde man diesen Mann doch nicht stellen können. Ohrfeigen rechts für seine Wendungen, Ohrfeigen links für seine Windungen ...

»Sie wollen mir kündigen?«

Georg wiederholte die Frage, weil er das erste Mal keine Antwort erhalten hatte. Petri war tief in Gedanken. Sein beseeltes Gesicht verriet, daß er sich innerlich über die ganze Auseinandersetzung erhob und möglicherweise die hauchartigen Regungen des Takts noch ein Stück weiter verfolgte. Nach und nach sammelte er sich.

»Wie direkt Sie immer gleich werden«, meinte er gönnerhaft. »Ihr Fehler ist geradezu die Direktheit ... Allerdings muß ich Ihnen bekennen, daß ich mir eine Fortsetzung unserer Zusammenarbeit nicht recht denken kann. Eine Trennung dürfte für beide Teile ersprießlicher sein. Sagen wir zum 1. April ...« Eilig winkte er mit der Hand ab: »Ich weiß, was Sie glauben, doch Sie irren sich sehr. Ihre radikale Gesinnung, von der wir eben beiläufig sprachen, wäre nun wirklich der letzte Grund, aus dem ich mich dazu entschlösse, eine altbewährte Beziehung wie die unsrige zu lösen; so gern ich auch – und das ist nicht etwa ein Konjunkturwunsch von mir – alles nur Kritische zurückgedrängt wissen möchte. Maßgebend sind vielmehr einzig und allein jene finanziellen Schwierigkeiten, die ich anfangs erwähnte. Wir werden Ihren Posten einsparen müssen, mein Lieber ... Der unerbittliche Zwang des Budgets ...« Er trommelte auf die Tischplatte, wie um das Pochen des Schicksals zu veranschaulichen. Der Zwang des Budgets, sagte sein Trommeln, ist in Wahrheit der des Schicksals, gegen das wir Menschen ohnmächtig sind. »Leider, leider«, seufzte er mit hochgezogenen Brauen.

Georgs Zorn verflog. Es war ihm plötzlich so leicht zumute, als habe er sich selber den Laufpaß gegeben und weile jetzt gewissermaßen außerhalb seines Ichs. Ein sorgloser Zuschauer, der keinerlei persönliche Interessen zu verteidigen hatte, genoß er die akrobatischen Künste Petris mit einem ungemischten Vergnügen. Mehr noch: sein sportlicher Eifer wurde durch sie in einem solchen Grade erregt, daß er die Lust verspürte, Petri zu immer tollkühneren Leistungen anzustacheln.

»Man erzählt sich überall«, begann er unbekümmert, »daß die Zeitung Kredite aufzunehmen beabsichtige oder schon aufgenommen hätte. Verzeihen Sie, daß ich davon spreche, aber in diesem Fall könnten die finanziellen Schwierigkeiten –«

Petri schnalzte ungeduldig.

»Man erzählt viel. Ich bitte Sie um eines: ersparen Sie mir müßigen Klatsch. Unser Gespräch ist zu ernst dazu ... Wahr ist, nebenbei bemerkt, das genaue Gegenteil: daß ich mich nämlich darum bemühe, der Zeitung ihre bisherige Unabhängigkeit zu erhalten.«

»Dann müßte Ihnen doch gerade meine radikale Einstellung willkommen sein ... Ich sehe vom Finanziellen ab.«

»Ihre Naivität! Gerade dann nicht. Will man sich heutzutage unabhängig bewahren, so ist man zu einer außerordentlichen Elastizität gezwungen. Wer unelastisch ist, wird ohne Erbarmen geschluckt ... Sie werden nicht behaupten, daß Ihre Einstellung diesen Vorzug besäße.«

»Wenn die Unabhängigkeit an die Bedingung der Elastizität geknüpft ist, wie Sie sich ausdrücken, weiß ich in der Tat nicht, worin sie sich noch von der Abhängigkeit unterscheidet. Eine offene Abhängigkeit wäre meines Erachtens ehrlicher als eine solche Art Unabhängigkeit. Und finanziell praktischer.«

»Als ob praktische Erwägungen immer die Hauptrolle spielten! Es gibt auch eine Moral. Und die Unabhängigkeit ist in erster Linie eine moralische Forderung.« Petri emp-

fand es als peinlich, daß man das Moralische über dem Praktischen vergaß. Ein Verdacht stieg in ihm auf: »Weshalb wünschen Sie eigentlich so innig, daß wir uns in irgendeine Abhängigkeit begeben? Sie am allerwenigsten hätten einen Gewinn davon. Die Sparnotwendigkeiten blieben dieselben, und was Ihre Einstellung betrifft – Leute, die Geld in die Zeitung stecken, dürfen zum mindesten erwarten, daß man sie mit Anwürfen verschont. – – – Wir sind hier aber nicht zusammen, um zu theoretisieren.«
Georg konnte nicht mehr.
»Verlieren Sie nicht den Mut«, sagte Petri in tröstendem Tone. Anscheinend erinnerte er sich seiner Beteuerung, daß sich die Menschen nach Trost sehnten. »Ich spreche von Möglichkeiten. Ich habe es einfach für meine Pflicht gehalten, Sie auf mögliche Entwicklungen aufmerksam zu machen.«
»Möglichkeiten? Der 1. April ist doch keine Möglichkeit!«
»Nun ja. Also eine Wirklichkeit, wenn Sie wollen. Immerhin sind bis zum 1. April noch über zwei Monate, und bei Ihrer Anspruchslosigkeit werden Sie sicher bald etwas finden. Zum Beispiel einen ruhigen Posten an einem Institut – Sie sehen, die Sache ist durchaus nicht so tragisch. Natürlich stehe ich Ihnen jederzeit mit Rat und Empfehlungen zur Verfügung. – – – Bitte?«
Fräulein Peppel war in der Tür aufgetaucht.
»Herr Doktor Stöckler wartet schon dreiviertel Stunden. Soll ich ihn fortschicken?«
»Ach richtig!« – Petri sah nach der Uhr – »Zu dumm, diese Reise. Ich habe jetzt noch die schlesische Angelegenheit zu erledigen, was vielleicht eine halbe Stunde – Gut, er möchte in einer halben Stunde vorbeikommen, wenn es ihm paßt . . . Ich lasse mich entschuldigen.« Zerstreut wandte er sich an Georg: »Wir wären wohl einstweilen fertig, mein Lieber.« In den Hausapparat hinein: »Bitten

Sie Herrn Grün herauf.« Wieder zu Georg: »Fast beneide ich Sie. Welch' eine Erlösung, dem Betrieb und der Gesellschaft den Rücken zukehren zu können! Glauben Sie mir, die Aussicht auf ein ruhiges Institut würde auch mich verlocken.«

Er strahlte wie ein Chirurg nach einer geglückten Operation. Ersichtlich freute es ihn besonders, daß ihm der hübsche Abschluß mit dem Institut eingefallen war.

Georg ging; sein Körper war ihm zuviel. Wie er grußlos durchs Vorzimmer wollte, hielt Fräulein Peppel ihn an. »Kopf hoch«, sagte sie sanft. Er wunderte sich über ihre zarte Stimme, die er ihr nie zugetraut hätte, und begriff auf einmal, daß sie auch vorhin nur aus Zartheit so laut geklappert hatte. Stumm nickte er ihr zu. Auf dem dunklen Korridor stand Herr Sommer bei einem Herrn, in dem er den Herrn aus dem Vorzimmer wiedererkannte. Die zwei Herren erfüllten den ganzen Korridor, so daß es ihm nicht gelang, durchzuschlüpfen. »Herr Doktor Stöckler«, sagte Sommer, »unser neuer Kollege.« Herr Dr. Stöckler glich aufs Haar Herrn Grün, der offenbar massenweise hergestellt wurde. »Ich empfinde wie Sie«, erklärte Herr Dr. Stöckler, »diese neue Jugend ist vollständig neu.« – »Ha«, sagte Herr Sommer. Dann schwiegen beide, um die Jugend besser rauschen zu hören. Alles war neu. »Gibt es etwas Neues«, fragte Herr Sommer. Sie sahen Georg nach, sie wußten Bescheid. In seinem Zimmerchen lagen unverändert die Manuskripte. Während er sie mechanisch in druckfertigen Zustand brachte, grübelte er über Petri. Das Merkwürdige war, daß Petri selber die Ausflüchte, die er in einem fort machte, für bare Münze nahm und bestimmt sehr überrascht gewesen wäre, hätte ihn jemand einen Lügner gescholten. In gewissem Sinne war er auch keiner; denn er ermangelte so völlig der Beziehung zur Wahrheit, daß er Wahrheit und Lüge überhaupt nicht auseinanderzuhalten vermochte. Angesichts dieses Mangels konnte man es ihm nicht verdenken, daß er alle seine Äußerungen im Glauben an ihre Richtigkeit tat, sofern sie ihm nur einen Vorteil verschafften. Da er außerdem über die Fähigkeit verfügte, das soeben Gesagte immer gleich zu vergessen, gaukelte er, ohne sich um ein Vorher und ein Nachher zu kümmern, unbeschwert wie ein Schmetterling von Überzeugung zu Überzeugung, und es wäre einfach eine Torheit gewesen, ihn fangen oder gar aufspießen zu wollen. Als Georg den Korridor betrat, wurde ihm plötzlich bewußt, daß er lang über die gewohnte Zeit hinaus in seinem Zimmerchen geblieben war. Die Redaktionsstuben lagen verödet am Flur, die Putzfrauen krochen aus ihren Höhlen hervor. Oben in der Setzerei war es warm und behaglich. Er suchte einen Setzer, dem er die Manuskripte aushändigen könne, und entdeckte schließlich den Boxer, der mit fast entblößtem Oberkörper seine Maschine bediente. »Einen Moment«, sagte der Boxer, »ich muß noch eine Verlagsnotiz setzen. Der Verlag ist wieder einmal generös und zeichnet für die Hilfsaktion in Schlesien 500 Mark.« Nachdem er zu Ende getippt hatte, erhob er sich und wölbte gewaltig die Brust. »Wie sehen Sie aus!« rief er besorgt. »Oh, nichts weiter«, sagte Georg, zerschmolz und erzählte von seiner Kündigung. Sie waren inzwischen, des Bürstenabzugs wegen, in den anderen Saal hinübergegangen. Der Boxer ließ ingrimmig seine Muskeln spielen, aber obwohl er nicht übel Lust zu haben schien, die ganze Bude in Stücke zu hauen, regte er sich doch nicht. Ohnmächtig stand er da, ein gezähmter Menschenfresser für Kinder. »Gerade Sie«, sagte er kleinlaut. »Die Leute wissen warum . . . Wir werden alle traurig sein, wenn Sie uns verlassen.« Er klatschte mit der Bürste aufs Papier; nicht zu zaghaft und nicht zu fest. »Es ist überhaupt nicht mehr schön in der Welt . . . Der Druck, der auf uns lastet, verstärkt sich von Tag zu Tag, und bald wird man uns noch die letzten armseligen Freiheiten entrissen haben, an denen wir hängen. Ich spüre es in den Knochen . . . Was sollen wir Arbeiter dagegen tun?« Das Glasdach entschwand in den Schatten. Sorgfältig wischte er sich die Hand an der Hose ab und streckte sie Georg hin, eine vielfach vergrößerte Hand. »Lernen Sie boxen«, meinte er väterlich. »Mit dem Boxen kommen Sie überall durch.« Georg liebte ihn wie einen guten, guten Gefährten. Er ging, er hatte das Gefühl, immer gehen zu müssen. Blindlings durchstreifte er sämtliche Korridore, von oben bis unten, an Türen, Fenstern, Treppen vorbei. Daß er sich einst in ihnen verlaufen hatte! Jetzt kannte er sie im Schlaf, und das Haus war kein Labyrinth mehr, sondern ein alter, enger Behälter.

XIV

Georg saß auf einer Café-Terrasse am oberen Kurfürstendamm und erwartete Fred. Er hatte sich mit Absicht etwas verfrüht; nicht nur, weil er überhaupt gern vor der Zeit kam, sondern auch, weil er diese Ecke am Nachmittag liebte. Helles Laub leuchtete in der Sonne, Autos glitten zwischen den Baumstämmen wie durch einen schattigen Kanal an Fassaden vorbei, die sich, kaum daß sie aufgestiegen waren, hinter dem Laub verloren, und ein feiner Benzingeruch, der sich wunderbar mit dem des Frühlings vereinigte, erfüllte die warme grüne Luft. Wie gut, hier zu sitzen, inmitten des offenen Lebens, das aus der Welt in die Welt rann! Immer wieder zerstreuten sich die Menschen nach allen Seiten, immer wieder brachen die Autobusse aus dem Dickicht hervor, wuchsen steil in die Höhe und verschwanden urplötzlich. Und um das Glück der Stunde noch zu steigern, schimmerten, wohin man auch blickte, Veilchenbuketts. Stille innige Pünktchen – sie schmückten die Blusen, sie grüßten aus den Fahrzeugen, sie drangen ins Café ein, das jetzt von vielen Pärchen aufgesucht wurde, die selber an Veilchen erinnerten, wenn sie so dasaßen und in der Öffentlichkeit für sich blühten. Kein Tisch auf der ganzen Terrasse war mehr frei. Oh, diese Gesichter! Bordellmütter mit gelben Haaren, verzuckerte Herrchen, ein keifendes Pekineserhündchen, Witwen im Glanz der vermieteten Guten Stube, Geschäftsleute, Aasgeier, Filmmädchen, andere Mädchen ...

Der Kurfürstendamm leuchtete. Ein kleiner Wagen fuhr an. Fred. Schlank und groß betrat er die Terrasse. Als er von fern Georg erspähte, hob er vor Freude die Arme.

»Fred«, sagte Georg. Er lächelte: »Ich wußte nicht, daß du ein Auto hast.«

»Gehört mir auch nicht. Ein Bekannter hat mir vorhin den Wagen geliehen. Lorey, weißt du, aus meiner Klasse ...

Doch erzähle, Georg, ich bin ja so gespannt . . . Du hast dich eigentlich nicht verändert.«
»Meinst du« – Georg empfand es als merkwürdig, daß er sich nicht verändert haben sollte – »Zuerst mußt du selber erzählen. Wer aus Amerika kommt . . .«
»Da ist nichts zu erzählen. Die Hauptsache: daß ich hierher engagiert worden bin, habe ich dir geschrieben . . .«
Seinen paar Mitteilungen zufolge hatte er einmal in New York – ein reiner Zufall – den einen Direktor seiner neuen Berliner Firma kennengelernt und offenbar auf den Mann einen sehr günstigen Eindruck gemacht. Jedenfalls war die betreffende Firma unlängst völlig überraschend mit einem Angebot an ihn herangetreten, das abzulehnen, wie er sagte, aus den verschiedensten Erwägungen heraus ein Leichtsinn gewesen wäre. Mehr sagte er nicht darüber, und dieses Wenige warf er so gleichmütig hin, als handle es sich um eine andere Person. Im Lauf des gestrigen Tages sei er in Bremerhaven eingetroffen und sofort nach Berlin weitergereist. »Mein Glück ist, daß ich perfekt Englisch kann. Ich habe mich heute früh vorgestellt, und wenn der Direktor seine Versprechungen hält . . . Den größten Teil des Jahres werde ich im Ausland verbringen.«
Er war hübsch wie früher, nur viel männlicher, oder wie sonst man die Verschlossenheit nennen mochte, die seinem Wesen anhaftete. So fertig wie mit einer hauchdünnen Schicht überzogen. Und lag auch in den Augen die alte Trauer – der Grund, dem die Trauer entwuchs, schien endgültig versiegelt zu sein.
»Bist du gern von Amerika fort?«
»Wie man's nimmt. New York ist schon eine gewaltige Stadt. Obwohl, die ewige Geldrafferei – Und die Abende sind in New York ziemlich öd. Es gibt dort keine Cafés in unserem Sinn, das Theater ist unerschwinglich, und immer ins Kino zu gehen – Selbstverständlich wäre ich trotzdem geblieben . . . Dann ist auch meine Mutter nicht mehr die

jüngste. Morgen fahre ich übrigens zu ihr, bin aber Montag wieder hier, um mich noch schnell einzuarbeiten, bevor ich nach England reise ... Zu schön, Georg, daß wir gleich heute zusammen sind. Hoffentlich hast du Zeit.«
»Soviel du willst.«
»Seit wann bist du in Berlin? Sicher erst kurz.«
»Seit ungefähr vierzehn Tagen ... Ich suche –«
»Hast du schon eine greifbare Aussicht?«
»In Aussicht einiges.«
Tatsächlich hatte er sich bisher erfolglos bemüht. Immer dieselben Absagen, Ausreden, Vorbehalte, Hinweise – eine einzige Lauferei. Das Pekineserhündchen wurde auf dem Arm getragen. Wie in einem Luxusauto. Verlieren Sie nicht den Mut. Sein Geld würde noch zwei Monate reichen.
»Höre, mein Freund – du darfst mir aber nicht verübeln, daß ich davon spreche. Heute ist es schwer unterzukommen, und in deinem Fall wahrscheinlich besonders. Wenn ich dir inzwischen aushelfen soll ... Ich verlange unbedingt, daß du dich an mich wendest. Schließlich bin ich dein Freund.«
»Das ist lieb von dir, Fred. Zum Glück brauche ich einstweilen nichts. Und irgend etwas wird klappen.«
»Hoffen wir ... Sag' einmal, warum hat man dir denn gekündigt? Meine Mutter schrieb nur, daß du gekündigt worden seist, ohne einen Grund zu erwähnen. Sie macht sich Sorgen um dich. Geht es der Zeitung so schlecht? Oder steckt eine Gemeinheit dahinter? Eine Kraft wie dich baut man doch nicht einfach ab. Du kannst mir wirklich alles erzählen.«
Georg zuckte die Achseln:
»Da ist nichts zu erzählen. Den Leuten haben meine politischen Meinungen nicht gepaßt, und damit Schluß ... Ich habe zu deutlich die Wahrheit gesagt ... Lassen wir das.«

Er merkte im Sprechen, wie sehr es ihm widerstrebte, sich zu enthüllen.
»Schade. Ich finde, daß man heute –«
»Kaufen Sie Veilchen, mein Herr.«
Fred unterbrach sich, winkte der Frau, nahm einen dicken Bund und legte ihn neben seine Zeitung. Ein Stilleben. Die Frau wollte herausgeben, aber er bedeutete ihr, daß sie sich entfernen könne; wobei es Georg auffiel, daß er sie gar nicht ansah. Sie war alt und wackelte mit dem Kopf.
»Weißt du, was mich erschreckt«, sagte Fred, »daß sich die Spannung in Deutschland während meiner zweijährigen Abwesenheit außerordentlich verschärft hat. Vor allem bin ich über die Zunahme der nationalistischen Welle betroffen, die von euren Zeitungen anscheinend unterschätzt wird. Du machst dir keinen Begriff davon, wie man solche Dinge schon am ersten Tag spürt. Vielleicht gerade am ersten. Und diese krassen Gegensätze! Ich habe das Gefühl, daß sich ein Bürgerkrieg vorbereitet. Meiner Ansicht nach gehört ja die Zukunft den nationalen Parteien. Nicht so als ob ich es wünschte ... Immerhin muß ich dir gestehen, daß ich die Kommunisten mit ihrem irrsinnigen Programm für das größere Übel halte. Läßt man diese Narren weiter gewähren, so beschwören sie noch ein namenloses Unheil herauf. Drüben hätte man ihnen bald das Handwerk gelegt.«
»Das sagst du so –«, fing Georg an.
Er verstummte. Er wußte jetzt, daß er nur deshalb geschwiegen hatte, weil er auf ein derartiges Geständnis gefaßt gewesen war. Sollte er sich empören? Fred saß ihm gegenüber und spielte mit den Veilchen, ein junger Mann, wie es deren Tausende gab, geputzt, ahnungslos und bereits von der Welt zum Gebrauch der Welt zurechtgeschliffen. Es hat keinen Zweck, dachte Georg. Und doch konnt er sich nicht ganz verbergen.
»Das sagst du so. Hast du dir noch nie überlegt, welches

entsetzliche Unrecht in der Welt geschieht? Und daß es das Ziel der Kommunisten ist, dieses Unrecht zu tilgen? ... Aber auch sonst sind mir deine Anschauungen fremd. Sie erwecken den Verdacht, als würdest du im Grund von keiner Sache ernsthaft berührt. Und ich kann und kann nicht verstehen, wie es einer aushält, nur so dahinzuleben, ohne eine Beziehung zu einer Sache zu haben. – Nun also ... Nebenbei bemerkt, erscheint es mir als durchaus möglich, daß deine Voraussagen stimmen.«

Fred blieb ruhig.

»Wir wollen uns doch nicht streiten. Tatsache ist, daß ich gewissen Fragen aus dem Wege gehe, die dich andauernd beschäftigen. Du hast vorhin erklärt, daß du in der Zeitung für die Wahrheit gekämpft hättest, und regst dich außerdem über das Unrecht in der Welt auf. Nenne mich oberflächlich, aber ich bin davon überzeugt, daß es ein Wahn ist, der Gerechtigkeit nachzujagen. Die Welt ist eine Räuberhöhle, weiß Gott ... Und auch die Wahrheit: ich erinnere mich, daß du zu einer Zeit stark religiös warst. Später bist du, glaube ich, vom Religiösen abgekommen, und wahrscheinlich hältst du heute wieder wo anders. Du hast dich immer rasch gewandelt, mein Freund, und sicher immer gemeint, deine augenblickliche Wahrheit sei die letzte. Ich bewundere dieses unermüdliche Suchen. Nur eines bedrückt mich und zwar in deinem Interesse: Was hast du mit alledem erreicht? Ich sehe bloß, daß du zum Dank für deine Wahrheitsliebe auf die Straße gesetzt worden bist und zufrieden sein darfst, in absehbarer Zeit eine kleine Stellung zu finden, die vielleicht deinen Fähigkeiten nicht im geringsten entspricht ... Sei nicht böse, wenn ich so rede –«

»Ich bin nicht böse.«

Während Georg, äußerlich lächelnd, die Vermutung zurückwies, er könne böse sein, legte er sich schonungslos darüber Rechenschaft ab, daß Fred seine Lage richtig beurteilte. Was hatte er erreicht? Die Antwort, die er sich selber gab, lautete: nichts. Noch gut entsann er sich der dunklen, kindischen Begierde, die er einst, vor seinem Eintritt in die Zeitung, nach der Öffentlichkeit empfunden hatte. Und jetzt? Jetzt stand er wieder draußen wie damals, und die Öffentlichkeit fuhr unverändert über ihn hinweg. »Haben Sie Quenn«, fragte Fred den Zigarettenboy. Das heißt, dachte Georg, wenn ich auch nichts erreicht habe, so ist doch etwas geändert. Er versuchte der Änderung auf die Spur zu kommen, und stellte fest, daß er heute zum mindesten wußte, wohin er gehörte. Und nicht genug damit: dieses Wissen war in eine allgemeine Wandlung eingebettet, die er freilich kaum zu bezeichnen vermocht hätte. Das Bild einer Landschaft stieg vor ihm auf, über der sich die Nebel zerteilen, und die Landschaft erscheint bis in jede Einzelheit hinein klar. Wieviele Träume waren von ihm gewichen – »Ist Ihnen Silber recht«, sagte der Zigarettenboy, und Fred unterhandelte mit ihm über das Kleingeld. Die langen Störungen, die regelmäßig mit dem Erwerb von ein paar Zigaretten verbunden waren. Es hing überhaupt alles an unscheinbaren Kleinigkeiten, und auch die großen Mißstände waren nur durch einen winzigen Fehler bedingt. Natürlich mußten diese Mißstände unmittelbar angegriffen und so gut es ging beseitigt werden: aber mit der traumlosen Klarheit, die ihm im Augenblick eignete, erkannte Georg, daß darum noch nicht ohne weiteres der winzige Fehler aufgehoben würde, den die Konstruktion irgendwo hatte. Da war zum Beispiel Fred. Er war nicht schlecht, und ebensowenig war die Welt, der er glich, die Räuberhöhle, als die er sie auffaßte. Wäre sie es doch gewesen – man hätte sie ausbrennen und neu schaffen können! Die Schwierigkeit bestand eher darin, daß das Schlechte, wo es sich fand, nicht allein auftrat, sondern unzertrennlich mit dem Guten verschmolz, ja, daß das Gute in den meisten Fällen sogar überwog. Kein Zweifel,

die Welt weilte dicht beim Guten, und es bedurfte nur eines millimeterfeinen Ausschlags, um sie vollends in Ordnung zu bringen. Das aber war die Schwierigkeit. Denn sei es, daß man den geringfügigen Fehler nicht gewahrte, sei es, daß man es einfach für unnötig hielt, ihn zu verbessern – gerade seine Winzigkeit war schuld daran, daß er nie ausgemerzt wurde. Und so sank die Welt, eine träge Masse, stets von neuem herab. Allerdings hätte es auch wahrscheinlich eine ungeheure Anstrengung gekostet, die Dinge um die geforderte Haaresbreite zu verschieben. Auf der Straße gegenüber stand ein Schutzmann, der mit drei, vier Armbewegungen den Ansturm der Autos bändigte. Stimmen, Hupen, grünes Geriesel ...
»Dieser Verkehr«, sagte Georg.
Fred lächelte weitgereist.
»Nichts gegen New York. Berlin ist ein Dorf im Vergleich mit New York. Du solltest den Broadway kennen! Wenn du auf dem Broadway bist, glaubst du in der Mitte der Welt zu sein. Und erst die 42. Straße. Als ich seinerzeit in New York landete, legte der Dampfer in der Höhe der 42. Straße an, und ich weiß noch genau, wie mich nach der ruhigen Überfahrt das Gebrüll niederschmetterte, mit dem mich diese Straße empfing ... Ach, Georg ... Komisch, mir fällt eben die vorsintflutliche schwarze Dame ein, deren Vortrag wir bei unserem letzten Wiedersehen besuchten. Was treibt sie? Wenn ich mich nicht irre, hatte sie einen englisch klingenden Namen: Bennett oder so ähnlich.«
»Bonnet ... Doch warum davon reden.«
Als ob es Fred nicht gleichgültig sei, was Frau Bonnet trieb. Rein um die Zeit auszufüllen, rupfte er an der Vergangenheit. Die Stadt schnellte vor, ebbte zurück. Das Publikum auf der Terrasse erneuerte sich ununterbrochen. Filmmädchen, andere Mädchen ...
»Schön ist es in Berlin«, sagte Georg. Eine tiefe Erregung

bemächtigte sich seiner. »Manchmal schlendere ich stundenlang durch die Straßen und vergesse alles darüber. Oder vielmehr umgekehrt, ich sehe alles: die Menschen, die Sachen, die Häuser. In ihnen unterzutauchen, bildet mein allergrößtes Entzücken. Und indem ich so ungekannt die Menge durchstreife, ist mir oft nicht anders zumute, als spüre ich gleichsam die Verteilung sämtlicher Gewichte und belausche ihr unmerkliches Auf und Nieder. Denk' an eine Waage, die zittert. Nicht selten ertappe ich mich dabei, daß ich den Atem anhalte, und meine Finger spreize und dehne; wie wenn ich mit leisen Fingern eine Waage zu richten hätte.«

»Wo lebst du eigentlich?« – Freds Stimme klang zärtlich bekümmert. »Hier in Berlin muß man die Ellenbogen doppelt gebrauchen.«

Georg stutzte: Schon einmal hatte ihn jemand gefragt, wo er eigentlich lebe. Da es ihm so vorkam, als lebe er ganz wach und sichtbar, begriff er die Frage nicht recht. Man hätte sie eher denen stellen sollen, die aus der Wirklichkeit flohen und deren Leben auch dann nicht wirklicher wurde, wenn sie große Erfolge hatten. Die Luft war mit dem Tag beladen, der sich schwer machte, bevor er erlosch.

»Ich möchte dir etwas anvertrauen«, sagte Fred. »Ich war drüben mit einem Mädchen zusammen –«

»Jane?«

»Jane. Du wirst es von meiner Mutter gehört haben, der ich natürlich nichts näheres schrieb ... Georg, ich liebe dieses Mädchen und sage das wahrhaftig nicht leichten Herzens hin ... Wie kalt und verstockt ich früher gewesen sein muß ... Die Sache war die, daß ich noch nicht genug verdiente, um Jane heiraten zu können. Weißt du, sie ist in guten Verhältnissen aufgewachsen. Wir sprachen viel von der Zukunft, und Jane schien sich durchaus gebunden zu fühlen. Unter Umständen wäre ich auch schon in einem Jahr soweit gewesen. Mit der Zeit wurde sie jedoch immer unruhiger, ohne daß ich erriet, was in ihr vorging. Eines Tages rückte sie damit heraus, daß ihr das müßige Warten nicht mehr behage, und sie ein College zu besuchen gedenke. Sie habe Lust zu studieren. Nachträglich nehme ich an, daß hinter diesem Plan ihre Mutter steckte, die unsere Beziehung überhaupt nicht gern sah. Und jetzt kommt mein unverzeihlicher Fehler. Vielleicht fürchtete ich, Jane durch die lange Abwesenheit zu verlieren, vielleicht war ich aufs Studium eifersüchtig, dem sie sich widmen wollte: ich stellte sie vor die Wahl, entweder bei mir in New York zu bleiben, oder – kurz im anderen Fall müßten wir uns trennen. Das spielte vor einem Vierteljahr. Jane wählte das College. –«

Er blickte gradaus, das Café war leer geworden. Wie alt sie sei, fragte Georg. Bald Neunzehn, antwortete Fred. Die Dämmerung hatte eingesetzt.

»Sie schrieb mir einmal aus dem College, und ich schrieb ihr wieder. Dann war es zu Ende. Ich sehnte mich weg aus New York . . . Heute ist mir alles gleichgültig, Georg. Ich habe eine Menge Mädchen. Irgendwann heirate ich sicher auch . . . Übrigens soll ich im September fürs Geschäft nach Amerika . . .«

Und ich, dachte Georg, der ich in meiner Überheblichkeit glaubte, daß Fred von nichts berührt werden könne . . . Du bist noch so jung, wollte er sagen. Die Bogenlampen brannten. Freds Augen schimmerten in ihrem Licht.

»Ich danke dir, Fred«, sagte Georg, »daß du mir das von Jane erzählt hast.« Er hatte die Absicht, Fred aufzuscheuchen und nach außen zu reißen, brachte es aber nicht fertig, sofort im Anschluß an sein Bekenntnis mit ihm zu rechten.

»Wenn du magst, reden wir heute abend nach dem Essen ausführlicher.«

»Heute abend« – Fred war erstaunt. »Habe ich dir nicht gesagt, daß ich zum Abendessen eingeladen bin? Weißt du, bei dem Direktor, dem ich das Ganze verdanke.

Ich konnte mich dieser Einladung unmöglich entziehen.«
»Aber ich bitte dich . . . Also nach deiner Rückkehr.«
Fred sah auf die Uhr. »Gehen wir.« Er rief den Kellner, zahlte, griff nach seinem Veilchenbukett. Einige übriggebliebene Mädchen musterten ihn, wie er, schlank und groß, die Terrasse verließ. Georg folgte. Vor dem Wagen zog Fred die Handschuhe an.
»Willst du mitkommen – doch wir hätten nichts voneinander. Ich muß nach Dahlem und ziehe mich vorher nur schnell im Hotel um. Dienstag telefoniere ich . . . Auf Wiedersehen, Georg.«
Eine Melodie ertönte. Sehr innig.
»Auf Wiedersehen, Fred. Grüß' deine Mutter.«
Das Auto verschwand im Handumdrehen. Die Melodie stammte von einem armen Mann, der vor der Terrasse geigte. Während Georg den Fahrdamm kreuzte, pfiff er die Melodie gedankenlos nach. Plötzlich hielt er mitten auf der Straße inne; wurde ihm doch bewußt, daß er, streng genommen, einen Diebstahl beging. Da er dem Mann nichts gegeben hatte, durfte er auch seine Melodie nicht verwenden. Ob er zurück sollte? Zuletzt beschloß er, daß Pfeifen zu unterlassen und noch ein wenig zu Fuß zu bummeln. Fast wäre er überfahren worden, die Chauffeure schimpften hinter ihm her. War es der Abend mit seinen Verheißungen oder die Melodie: er befand sich in einem Zustand der Losgelöstheit, der ihn beseligte – als habe er alles überflüssige Gepäck abgeworfen und fange erst jetzt richtig an. Unbeschwert strolchte er den Kurfürstendamm hinunter, der hier, in seinem oberen Teil, an eine Kurpromenade gemahnte. Beschattete Gesichter, schmale Lädchen voller Parfüms, Täschchen und Konfitüren, marmorne Treppenhäuser hinter den Portalen und das gleichmäßige Rauschen der Wagen. Von Zeit zu Zeit mündeten kerzengerade breite Straßen ein, die sich mit ihren Vorgärten und Mietshäusern im Ungewissen verflüchtigten. Stra-

ßen, aus denen kaum ein Laut drang – sicher schrien sie manchmal nachts, wenn sie die Leere nicht länger ertrugen. In der Ferne glomm ein rötlicher Schein. Hell und hart strahlte vom anderen Ufer der Allee ein Café herüber, das gerade eröffnet worden sein mußte. Nach ein paar Monaten würde sich vielleicht niemand mehr seiner erinnern. Die Betriebe wechselten unaufhörlich, und jeder neue gebärdete sich so, als dauere die Gegenwart eine Ewigkeit. Zeitungshändler priesen ihre Zeitungen an, der Strom der Passanten nahm zu, und ein freier Raum tat sich auf, der als Treffpunkt mehrerer Straßen diente. Hoch über ihm funkelten Lichtreklamen, die einen Wirrwarr von Türmen, Dächern und Karyatiden beglänzten. Ihre bunten Worte und Ornamente begleiteten fortan den Kurfürstendamm und erzeugten mit der Fülle der übrigen Lichter zusammen jenen rötlichen Schein. Er sickerte durchs Laub, er umwob das Gewimmel. »Streichhölzer, Streichhölzer – bitte, helfen Sie mir.« Der Wind wehte. In einer Lücke, die auf einmal entstand, zeigten sich schöngekleidete Damen, lächelten Kinder und Männerköpfe, die mit der Finsternis rangen – ein lautloser Zug von Photographien, der über eine Wand ins Hausinnere schlüpfte. Die Menschen stießen sich gegenseitig, ohne darauf zu achten. Wieder und wieder rief die Stimme: »Streichhölzer, Streichhölzer – bitte, helfen Sie mir.« Sie gehörte, wie sich endlich herausstellte, einem Blinden, der eine alte Soldatenmütze trug und so unbeteiligt dastand, als sei er auch stumm und könne nur lauschen. Von ihm auf Wanderschaft ausgeschickt, verfolgte die Stimme einem Boten gleich ihren Weg. An der nächsten Straßenecke ballte sich die Masse zu dichten Haufen, die fortwährend zerfielen und sich im selben Augenblick neu bildeten. Viele sprachen gewaltsam, um die Müdigkeit und den Hunger zu betäuben. Verkäuferinnen, die sich nach Büroschluß noch rasch geschminkt hatten, junge Gents aus der Konfektion, Stenotypistinnen,

Ladenmädchen, halbflügge Burschen: wie ein Ameisenheer bedeckten die Schwärme der Angestellten zu dieser Stunde den unteren Kurfürstendamm, stürzten sich auf die Autos und Straßenbahnen, fegten durch die Löcher und Ritzen. Streichhölzer – Lokale neben Lokalen – bitte, helfen Sie mir. Dunkel überragte die Gedächtniskirche das kurze letzte Stück der Allee. Immer heftiger wehte der Wind. Auf dem ungeschützten Platz, in dessen Mitte sich die Kirche erhob, brauste er an einer Front von gleißenden Säulen und Röhren, Spiegelscheiben und riesigen Plakatflächen entlang. Das Licht, das die Front entsandte, vertrieb die nächtlichen Schrecken und war schrecklicher als die Nacht. Sein unerbittliches Lärmen mischte sich mit dem Heulen des Sturms.

Bibliothek Suhrkamp

Verzeichnis der letzten Nummern

448 Robert Musil, Törleß
449 Elias Canetti, Der Überlebende
450 Robert Walser, Geschwister Tanner
451 Alfred Döblin, Berlin Alexanderplatz
452 Gertrude Stein, Paris Frankreich
453 Johannes R. Becher, Gedichte
454 Federico García Lorca, Bluthochzeit/Yerma
455 Ilja Ehrenburg, Julio Jurenito
456 Boris Pasternak, Kontra-Oktave
457 Juan Carlos Onetti, Die Werft
458 Anna Seghers, Die schönsten Sagen vom Räuber Woynok
459 Harry Levin, James Joyce
464 Franz Kafka, Der Heizer
465 Wolfgang Hildesheimer, Masante
466 Evelyn Waugh, Wiedersehen mit Brideshead
467 Gershom Scholem, Walter Benjamin
468 Rainer Maria Rilke, Duineser Elegien
470 Alain, Die Pflicht glücklich zu sein
471 Wolfgang Schadewaldt, Der Gott von Delphi
472 Hermann Hesse, Legenden
473 H. C. Artmann, Gedichte
474 Paul Valery, Zur Theorie der Dichtkunst
476 Erhart Kästner, Aufstand der Dinge
477 Stanisław Lem, Der futurologische Kongreß
478 Theodor Haecker, Tag- und Nachtbücher
479 Peter Szondi, Satz und Gegensatz
480 Tania Blixen, Babettes Gastmahl
481 Friedo Lampe, Septembergewitter
482 Heinrich Zimmer, Kunstform und Yoga
483 Hermann Hesse, Musik
486 Marie Luise Kaschnitz, Orte
487 Hans-Georg Gadamer, Vernunft im Zeitalter der Wissenschaft
488 Yukio Mishima, Nach dem Bankett
489 Thomas Bernhard, Amras
490 Robert Walser, Der Gehülfe
491 Patricia Highsmith, Als die Flotte im Hafen lag
492 Julien Green, Der Geisterseher
493 Stefan Zweig, Die Monotonisierung der Welt
494 Samuel Beckett, That Time/Damals
495 Thomas Bernhard, Die Berühmten
496 Günter Eich, Marionettenspiele
497 August Strindberg, Am offenen Meer

498 Joseph Roth, Die Legende vom heiligen Trinker
499 Hermann Lenz, Dame und Scharfrichter
500 Wolfgang Koeppen, Jugend
501 Andrej Belyj, Petersburg
503 Cortázar, Geschichten der Cronopien und Famen
504 Juan Rulfo, Der Llano in Flammen
505 Carlos Fuentes, Zwei Novellen
506 Augusto Roa Bastos, Menschensohn
508 Alejo Carpentier, Barockkonzert
509 Elisabeth Borchers, Gedichte
510 Jurek Becker, Jakob der Lügner
512 James Joyce, Die Toten/The Dead
513 August Strindberg, Fräulein Julie
514 Sigmund Freud, Eine Kindheitserinnerung des Leonardo da Vinci
515 Robert Walser, Jakob von Gunten
517 Luigi Pirandello, Mattia Pascal
519 Rainer Maria Rilke, Gedichte an die Nacht
520 Else Lasker-Schüler, Mein Herz
521 Marcel Schwob, 22 Lebensläufe
522 Mircea Eliade, Die Pelerine
523 Hans Erich Nossack, Der Untergang
524 Jerzy Andrzejewski, Jetzt kommt über dich das Ende
525 Günter Eich, Aus dem Chinesischen
526 Gustaf Gründgens, Wirklichkeit des Theaters
527 Martin Walser, Ehen in Philippsburg
528 René Schickele, Die Flaschenpost
529 Flann O'Brien, Das Barmen
533 Wolfgang Hildesheimer, Biosphärenklänge
534 Ingeborg Bachmann, Malina
535 Ludwig Wittgenstein, Vermischte Bemerkungen
536 Zbigniew Herbert, Ein Barbar in einem Garten
537 Rainer Maria Rilke, Ewald Tragy
538 Robert Walser, Die Rose
539 Malcolm Lowry, Die letzte Adresse
540 Boris Vian, Die Gischt der Tage
541 Hermann Hesse, Josef Knechts Lebensläufe
542 Hermann Hesse, Magie des Buches
543 Hermann Lenz, Spiegelhütte
544 Federico García Lorca, Gedichte
545 Ricarda Huch, Der letzte Sommer
546 Wilhelm Lehmann, Gedichte
547 Walter Benjamin, Deutsche Menschen
548 Bohumil Hrabal, Tanzstunden für Erwachsene und Fortgeschrittene
550 Ernst Penzoldt, Kleiner Erdenwurm
553 Strindberg, Traumspiel
554 Carl Seelig, Wanderungen mit Robert Walser

Bibliothek Suhrkamp

Alphabetisches Verzeichnis